천불 천배 자비도량참법

천불천배 자비도량참법

泳柱 · 牛辿 共編

2023년 11월 3일 초판

편집 · 교정: 이미연
펴낸 곳: 정우북스

서울. 종로구 삼봉로 81 두산위브 1231호
신고 1992.5.16. 제1992-000048호
전화: 02 / 720 - 5538

20,000원

ISBN 979-11-984309-0-8   13220

천불 천배
자비도량참법

일러두기

이 『천불 천배 자비도량참법』은 경전의 한글화의 태두 동국역경원 원장 운허 용하 스님께서 번역한 『자비도량참법』을, 법수선원에서 정우서적의 협조로 현대 불자들에게 맞도록 윤문하고, 중복하여 모시는 부처님 명호는 현겁의 일 천 부처님의 명호를 10권에 적절히 안배하여 예참할 수 있도록 편집 교열한 판입니다.

편집과 윤문의 원칙은 다음과 같습니다. 문체는 『禮佛大懺悔文』과 같이 서원체를 원칙으로 하였고, 글자체는 경문은 궁서체로, 참법을 인도하는 법사와 대중의 서원은 명조체로 구분하였습니다. 또 참법을 설하는 법사의 법문은 동참대중이 합송하므로 높임체로, 명령문은 서원문체로 하였습니다.(예: '마음을 가다듬고 자세히 들으라' → '일심으로 독송합니다', '내가 하는 대로 따라할지니라' → '함께 독송합니다' 등)

의고체에서 보이는 허두 발어사와 반어구는 문장의 의미 전달에 지장이 없는 한 삭제하였습니다.(예: 생각컨대, 바라건대, 무슨 까닭인가 등은 문미의 서원 또는 원인의 설명과 중복될 뿐만 아니라 연문이라 할 수 있고 하여)

참법의 시설 당시 참법대중은 출가 사문이었으나 현재는 사부대중이므로 그에 맞도록 윤문하였습니다.(예: '부모를 하직하고 속세의 영화를 버렸으니 ~' → '우리는 불법을 좋아하는 불자로서 속세의 영화 못지 않은 영원히 안심입명할 곳을 어찌 구하지 않으리오’, ‘출가하여 구족계를’ → ‘불문에 들어 계를’ 등)

자비도량참법의 협주는 각 권 말미에 실었으며, ‘삼보’ 등을 제외한 법수는 가능하면 ‘한글’로 표기되었을 때의 고정성을 지양하고자 아라비아 숫자로 표기하였습니다.

술이부작(述而不作)의 큰 뜻을 잊지 않으려 하였으나 좀 더 쉽게 불교와 참법을 전하고 싶은 간절한 마음에 이 책을 펴냈습니다. 조금이라도 불조의 자비원력에 누가 되지 않을까 염려스럽습니다. 조금이라도 잘못이 있다면 삼보 전에 머리 숙여 참회하옵니다. 제방선덕께서는 해량하오시고 질정하여 주시옵기를 앙망하옵니다.

모쪼록 이 새로 편역한 참법을 통해 부처님의 가르침을 잊지 말고 알게 모르게 지은 업장을 참회하여 자비의 화신이 되는 불자가 수없이 탄생하여 이 땅에 부처님 나라가 건설되기를 기원합니다.

편집자 화남

차   례

자비도량참법기 慈悲道場懺法記

이 참법은 양무제(梁武帝)가 황후 치(郗)씨를 위하여 편집한 것이다.

양무제는 치씨가 죽은 후 수 개월이 지나도록 항상 치씨를 생각하고 슬퍼하여, 낮에는 나라 일도 제대로 못하고, 밤에는 잠도 이루지 못하였다.

어느 날 양무제가 침전(寢殿)에 있는데 밖에서 이상한 소리가 들려 내다보니 큰 구렁이가 전상으로 기어 올라오고 있었다. 빨간 혀를 날름거리며 슬픈 눈으로 무제를 바라보는 것이었다. 무제는 크게 놀랐으나 도망칠 수 없었다. 할 수 없이 벌떡 일어나 구렁이에게 말하였다.

"짐의 궁전이 엄숙하여 너 같은 구렁이가 생길 수 없는 곳인데, 이는 필시 요망한 것들이 짐을 해치려는 음모일지로다."

그러자 구렁이가 사람 목소리로 임금께 여쭈었다.

"폐하, 저는 옛날의 치씨옵니다. 신첩이 살았을 적에 성품이 혹독하여 여섯 궁들을 질투하고, 한번 성을 내면 불이 일어나는 듯, 활로 쏘는 듯 물건을 부수고 사람을 해쳐 죽은 뒤에 그 죄보로 구렁이가 되었습니다. 입에 넣을 음식도 없고, 몸을 감출 구멍도 없으며, 굶주리고 곤궁하여 스스로 살아갈 수가 없습니다. 또한 비늘 밑마다 많은 벌레가 있어 살을 뜯어먹으니 아프고 괴롭기가 송곳으로 찌르는 듯합니다. 구렁이는 보통 뱀이 아니라 변화할 수 있으므로 궁궐이 아무리 깊더라도 장애가 되지 않습니다. 예전에 총애하시던 폐하의 은혜를 생각하여 누추한 몸으로 어전에 나타나 간청하오니, 부디 공덕을 지어서 저를 제도하여 주시옵소서."

무제는 치씨를 만난 듯 감격하였지만, 이를 듣고는 흐느끼며 애통해 하였다. 이윽고 다시 구렁이를 찾았으나 구렁이는 어디론가 사라져 아무 곳에서도 보이지 않았다.

이튿날 무제는 덕 높은 스님들을 궁궐로 불러 어제 들었던 사실을 말하고, 치씨를 구제할 수 있는 좋은 방법을 물었다. 이때 지공(誌公) 스님이 아뢰었다.

"부처님께 지극한 마음으로 예배하고 자비참법(慈悲懺法)을 행하면 가능할 것이옵니다. 치씨를 구제하는 것은 물론 극락왕생하게 하며, 시방세계의 모든 중생들도 해탈을 이룰 수 있을 것이옵니다."

무제는 그 대답이 옳다고 여겼다. 그리고 연화장 세계의 불경을 수집하여 부처님 말씀을 찾아 공덕이 될 만한 구절을 엮고, 부처님 명호를 기록하여 참법을 만들어 예참하였다.

어느 날, 궁전에 향기가 진동하면서 점점 주위가 아름다워지는데 아무도 그 연유를 알지 못하였다. 무제가 문득 하늘을 바라보니 하늘에서 용모가 단정한 천인이 무제에게 말하였다.

"저는 구렁이의 후신입니다. 폐하의 은혜로 부처님의 공덕을 입어 도리천에 왕생하였으니, 이제 저의 모습을 나타내어 영험을 보이나이다."

그리고나서 은근하게 사례하고는 마침내 사라져 보이지 않았다.

양나라 때부터 오늘날까지 천여 년 동안, 이 참회본을 지성으로 예참하면 재앙은 소멸하고 원하는 모든 것에 부처님의 감응이 있었다. 혹시 그런 사실이 사라지고 없어질까 두려워 이렇게 기록하여 여러 사람들에게 두루 알리고자 한다.

『慈悲寶懺』(元, 至元 4, 1338년)의 「慈悲道場懺法記」에서

정단찬 淨壇讚

거향수찬 擧香水讚

버들가지 청정한 물 3천세계에 두루 뿌려

8공덕수 공(空)한 성품, 인간 천상 이익하니

아귀들은 고통 벗어나 죄와 허물 소멸하고

불길 변해 연꽃 피네.

나무 청량지보살마하살 (淸凉地菩薩摩訶薩) 〔3칭〕

광명진언 光明眞言

「옴 아모가 바이로차나 마하 무드라

 마니 파드마 즈바라 프라바룻타야 훔」〔21편〕

아미타불 종자진언 阿彌陀佛種子眞言

「옴 바즈라 다르마 흐릭」〔108편〕

관자재보살 미묘본심 육자대명왕 진언
觀自在菩薩 微妙本心 六字大明王 眞言

「옴 마니 파드매 훔」〔108편〕

삼보찬 三寶讃

부처님 찬탄 그지없어

무량 겁에 공을 이루시니

우뚝하신 자금(紫金)빛 장육 금신이여,

설산(雪山)에서 도를 이루시니

미간의 백옥호(白玉毫) 찬란하신 빛

육도(六途)의 어둠을 비추시나니

용화회상(龍華會上)에서 서로 만나

참된 법문 연설하오리.

나무 붓다야(佛陀耶)

가르치신 법보 한량이 없어

부처님의 금구(金口)로 말씀하신 것

용궁해장(龍宮海藏)에 하늘 향 흩으며

깨달은 이 경전을 외우나니

훌륭한 책, 좋은 종이에 금으로 쓴 글자.

가을 기러기 항렬을 짓듯,
옛날의 삼장법사가 가져온 것
만고(萬古)에 길이길이 드날리도다.
나무 달마야(達摩耶)

스님네들 부사의하여라.
몸에는 세 가지 가사 입고
잔을 타고 바다를 건너오셨네.
원하는 대로 여러 중생에게 나아가나니
인간·천상의 공덕주(功德主) 되며
함이 없는 계율 굳게 지니어
저희 이제 머리 조아려 서원하오니
육환장으로 인도하소서.
나무 승가야(僧伽耶)

자비보참의문 慈悲寶懺儀文

향찬 香讚

계 · 정 · 혜향 오분향이 천상으로 뻗치네

저희들의 지극한 정성으로

황금 향로에 사르오니

잠깐만에 향기가 시방 세계에 가득하네

옛날에도 야수다라께서

난을 면하고 재앙을 소멸하였나이다.

나무 향운개보살마하살 (香雲盖菩薩摩訶薩) 〔3칭〕

양무제는 처음 시작하면서 자비(미륵)라고 썼으며, 지공 스님은 연화장(蓮華藏) 세계의 글을 모아 모든 경에서 부처님들의 명호를 기록하고, 스님들을 청하여 참법을 선양하였습니다.

　(저희들은 현겁천불명호를 기록하고 청하여 참회하고자 합니다.)

참회하는 법문은 양나라 황제의 꿈을 감응케 하였고 상서로운 기운이 양무제 주변을 드날렸습니다. 찬란한 황금광명이 어둡지 않고, 치성한 불길이 향기로워 향연이 대궐에 진동하고 꽃술이 왕궁에 화려하니, 푸른 구름 속에는 천인(天人)이 단정한 몸을 나타내었고, 백옥의 섬돌 앞에서 치씨는 구렁이의 괴로움을 벗었습니다. 이렇게 재앙이 소멸하여 죄업(罪業)이 없어지고 길상한 복에 이르렀습니다.

이 참법은 병을 구원한 좋은 약이며, 어두움을 깨뜨리는 밝은 등불입니다. 은혜는 온 세상에 젖었고 공덕은 모든 중생에게 입혔으니, 참법의 공덕을 무엇이라 찬탄하겠습니까.

이제 참법의 글을 처음 열어 보현보살께 아뢰옵고, 마음을 움직여 시방의 부처님께 향화를 공양하오며, 청정한 참법의 단(壇)을 장엄하려고

15

먼저 비밀한 글월을 외우며 선과를 바라오니,
죄업의 원인[因]이 소멸케 하여지이다.

넓으신 자비에 호소하오니
크게 영험을 드러내 주시옵소서.
나무 보현왕보살마하살 (普賢王菩薩摩訶薩) 〔3칭〕

결가부좌한 한 보살이 계시니
이름은 보현이요, 몸은 백옥 빛이며
50가지 광명과 50가지 빛깔은
후광(後光)이 되어 빛나고
몸의 털구멍마다 금색 광명이 흘러나오며
그 광명 위에는 한량없는 화신(化身)부처님께서
화신 보살로 권속을 삼고
천천히 거닐며 보배꽃을 피우면서
수행자의 앞에 이르시네.
타고 있는 코끼리가 입을 벌리니
어금니 위의 여러 못에는 옥녀(玉女)들이

풍류를 즐기는데, 그 소리 미묘하여
대승의 실다운 도리를 찬탄하네.
수행자가 보고는 환희하여 예배하고,
깊고 깊은 경전을 다시 읽고 외우며,
시방의 무량한 부처님께 두루 예배하고,
다보불탑(多寶佛塔)과 석가모니불께 예배하고,
아울러 보현보살과 모든 큰 보살에게도
예배하고 서원을 발하나니,
저희들이 전생의 복덕으로
보현보살을 뵈올 수 있다면,
보살이시여, 기꺼이 저희에게
색신(色身)을 나타내소서.
나무 보현보살(普賢菩薩) 〔10칭〕

일체공경 一切恭敬

지심귀명례 시방법계 상주불(十方法界常住佛)

지심귀명례 시방법계 상주법(十方法界常住法)

지심귀명례 시방법계 상주승(十方法界常住僧)

저희들은 각각 호궤¹⁾하고 향과 꽃으로
시방 법계의 삼보 전에 법답게 공양합니다.

꽃과 향기 시방에 퍼져
아름답고 미묘한 광명대(光明臺) 되고
하늘 세계 풍류와 보배로운 향과
하늘 나라 음식과 보배로운 의복과
부사의하고 오묘한 법의 티끌²⁾ 속에서
티끌마다 나오는 모든 티끌과
티끌마다 나오는 모든 법들이
감돌며 장애없이 번갈아 장엄하니
시방세계 삼보 전에 두루 이르고

시방세계 삼보님 계신 곳마다
그곳에서 이내 몸 공양 받들며
그런 몸이 법계에 가득 찼으되
복잡도 아니하고 걸림도 없어
오는 세상 끝나도록 불사(佛事)를 지어
온 법계의 중생들께 두루 풍기고
향기 맡은 중생들은 보리심 내어
무생법인[3] 불 지혜를 얻어지이다.

[이같이 하면서 준비된 꽃잎을 흩으며 사른 향을 받든다.]

이 향기와 꽃구름이 시방세계에 두루 퍼져
여러 부처님과 가르침과 모든 보살들과
그지없는 성문들과 천인들께 공양하오니,
광명대를 이루어 무량한 세계 지나면서
한량없는 부처님 세계에서
갖가지로 불사를 지으며
중생들께 널리 풍겨

모두들 보리심을 내어지이다.

나무 보단화보살마하살 (寶檀花菩薩摩訶薩) 〔3칭〕

상호가 매우 기특하시고

광명은 시방을 두루 비추니

저희들이 일찍이 공양하였고

이제 또한 친근합니다.

부처님은 천상 중의 왕이시오며

가릉빈가 음성으로

중생을 어여삐 여기시는 이,

저희 이제 일심으로 예배합니다.

[자비도량참법 제1권~제10권 시작할 때마다 정단찬·삼보찬·자비
보참의문을 독송한다.]

1) 호궤(胡跪): 오른쪽 무릎을 땅에 대고 꿇어앉는 예법(禮法).
2) 법진(法塵): 육진의 하나. 의근(意根)의 대상인 여러 가지 법. 집착
　　　　　 을 일으키는 현상.
3) 무생법인(無生法忍): 진리를 깨달은 평안함 또는 진여의 깨달음, 모
　　　　　 든 것이 불생불멸임을 아는 것.

자비도량참법 제1권

[먼저 11~20쪽 정단찬 · 삼보찬 · 자비보참의문을 독송 후 시작한다.]

입참문 入懺文

화신이 시방국토에 두루 응하시고, 설법하는 목소리는 삼계의 인간 · 천상에 들리옵니다.

모든 것에 걸림없는 사람들이 모두 한 길[道]과 한 문(門)으로부터 생사의 고해를 벗어나고, 일승[1]의 원교[2]와 돈교[3]가 모두 한 모양과 한결같은 맛으로 열반을 증득하게 합니다. 근거를 따름은 달이 일천 강에 비치는 것 같고, 물건에 응함은 봄이 온 누리에 돌아오는 듯하여, 법계에 두루 반연하고, 도량마다 두루 앉으십니다.

도안(道眼)으로 증명하사 범부의 괴로움을 보살피소서.

오늘, 참회하고자 하는 저희들이 자비도량참법을 건설하고, 이제 제1권의 단(壇)에 들어가는 연기(緣起)를 당하여 저희들은 일심으로 정성을 다하여 3업을 깨끗이 하고, 과목을 따라 범음(梵音)을 연설하며, 향을 사르고 꽃을 흩어 시방의 삼보님께 공양하고 부처님의 명호를 칭양하며, 오체를 엎드려 귀의하고 발로(發露) 참회하여 업장을 소멸하려 하나이다.

저희들이 끝없는 옛적부터 오늘에 이르도록 본 성품을 모르고 일승의 이치를 등져 눈을 가리는 병으로 공화(空華)가 어지럽고, 무명(無明)의 물거품이 일어나 환멸의 바다가 출렁거립니다. 참된 삼매를 어겨 무명이 어지러이 일어나 마음에는 3독이 치성하여 천만 가지 업을 지었습니다. 팔만 가지 번뇌의 문이 열렸고, 번뇌는 백천 가지 업장을 지었으며, 탐욕의 경계는 고삐 없는 미친 코끼리 같고, 허망한 인연을 쫓는 것은 등불에 모여드는 나비와 같아서, 죄는 태산같이 쌓였고 악업은 창해처럼 깊고 선근이 없으니 나쁜 과보에서 도망할 길이 없습니다.

이제 간곡한 생각으로 마음을 고치고, 밖으로는 좋은 인연을 의지하고 안으로는 참회하는 마음으로, 청정한 대중과 함께 참회의 법문을 외우옵니다. 현겁 일천 부처님의 광명을 입사와 여러 생의 죄업이 씻어지이다.

크신 자비를 드리워 가피하여지이다.

천상천하 부처님 같은 분 없고
시방세계 누구도 비할 수 없네
온 세상을 두루 다 둘러보아도
부처님 같은 분은 다시 없어라.

자비도량참법을 행하오며 지극한 마음으로 현겁의 부처님께 오체투지 절하옵니다.

1 지심귀명례 구류손불 (拘留孫佛)

2 지심귀명례 구나함모니불 (拘那含牟尼佛)

3 지심귀명례 가섭불 (迦葉佛)

4 지심귀명례 석가모니불 (釋迦牟尼佛)

5 지심귀명례 미륵불 (彌勒佛)

6 지심귀명례 사자불 (獅子佛)

7 지심귀명례 명염불 (明焰佛)

8 지심귀명례 모니불 (牟尼佛)

9 지심귀명례 묘화불 (妙華佛)

10 지심귀명례 화씨불 (華氏佛)

11 지심귀명례 선숙불 (善宿佛)

12 지심귀명례 도사불 (導師佛)

13 지심귀명례 대비불 (大臂佛)

14 지심귀명례 대력불 (大力佛)

위없이 높고 깊은 미묘한 법은
영원 속에 만나기 어려웁지만

저희 이제 뵙고 들어 간직하오며
부처님의 가르침을 깨치오리다.

자비도량이란 네 글자는 현몽으로 인하여 세워진 것이므로 미륵보살의 인자하심은 세상에서 가장 높고, 자비심은 후세에까지 이릅니다. 그러므로 이에 의지하여 이름을 지은 것이니 어찌 감히 어기오리까.

이 염원을 받들어 삼보를 수호하여 마군(魔軍)은 숨게 하고, 자기만을 주장하는 증상만을 꺾어버리며, 선근을 심지 못한 이는 선근을 심게 하고, 이미 선근을 심은 이는 더욱 증장케 하며, 얻을 것이 있다고 잘못된 소견을 가지는 이는 모두 버리려는 마음을 내게 하며, 소승법을 좋아하는 이는 대승법을 의심치 않게 하고, 대승법을 좋아하는 이는 환희심을 발하여지이다.

이 자비심은 여러 선한 법 중의 왕이어서 일

체 중생이 귀의할 곳이니, 해와 달이 낮과 밤에 비치듯 사람의 눈이 되고, 사람의 길잡이가 되고, 사람의 부모가 되고, 사람의 형제가 되어, 도량에 함께 나아가는 선지식이자 자비하신 어버이어서 혈육보다 소중하니, 세세생생 서로 의지하여 죽더라도 떠나지 아니하려고 평등한 마음으로 위와 같이 이름합니다.

오늘 이 도량에서 산 대중과 가신 이가 함께 이 참법을 세우고 큰 마음을 발하는 데는 열두 가지 큰 인연이 있다고 하였습니다.

첫째는 6도를 교화하며 마음에 제한이 없음이요, 둘째는 자비하신 은혜를 갚되 공덕이 무한함이요, 셋째는 이 선근의 힘으로 모든 중생들이 부처님의 계율을 받되 범할 마음을 일으키지 않음이요, 넷째는 이 선근의 힘으로 모든 중생들이 어른을 대할 때 경솔한 마음을 일으키지 않음이요, 다섯째는 이 선근의 힘으로 모든 중생들이 태어난 곳에서 성내는 마음을 일으키지 않음이다.

여섯째는 이 선근의 힘으로 모든 중생들이 다른 이에게 질투하는 마음을 내지 않음이요, 일곱째는 이 선근의 힘으로 모든 중생들이 안팎의 법에 대하여 간탐하는 마음을 내지 않음이요, 여덟째는 이 선근의 힘으로 모든 중생들이 복을 닦되, 자기를 위하지 않고 보호받지 못하는 중생을 위함이요, 아홉째는 이 선근의 힘으로 모든 중생들이 자기만을 위해 네 가지 섭수하는 법[4]을 행하지 않음이요, 열째는 이 선근의 힘으로 모든 중생들이 고독한 이와 구속된 이와 병든 이를 보거든 구제하려는 마음을 내어 안락을 얻게 함이다.

열한째는 이 선근의 힘으로 모든 중생에게

굴복시킬 이는 굴복시키고 거두어 줄 이는 거두어 주게 함이요, 열두째는 이 선근의 힘으로 모든 중생들이 태어난 곳에서 항상 보리심을 내고 계속 이어지게 함이다.

산 대중과 가신 이, 범부와 성현 모두 보호를 입고 섭수를 받으며, 저희들의 참회함이 청정하여 소원을 성취함이 부처님의 마음과 같고 부처님의 서원과 같아서 6도 4생이 모두 따라와 보리심을 만족하여지이다.

1. 귀 의 歸依

오늘 이 도량의 동참대중은, 각오할 뜻을 일으키되 세상이 무상하니 이 몸이 오래가지 못할 것이라 생각합니다. 젊다고 하나 반드시 노쇠해지니 용모만을 믿고 나쁜 행동을 하지 않겠습니다. 만물이 무상하여 필경에 죽어가는 것이니 천상천하에 누가 영원히 머물 수 있으리오.

젊은 얼굴의 살결은 아름답고 숨결이 향기로우나 이 몸을 영원히 보존하지 못하고, 마침내 늙고 죽는 것이어서 생로병사는 기약이 없으니, 누가 나를 위하여 물리칠 수 있겠습니까. 재앙은 갑자기 이르는 것이므로 벗어날 수 없습니다. 귀천을 가리지 않고 한번 죽으면 몸이 퉁퉁 붓고 썩어 냄새를 맡을 수 없으니, 속절없이 아낀들 무슨 이익이 있으리까. 만일 훌륭한 업을 행하지 않으면 벗어날 길이 없습니다.

우리들이 스스로 생각하니, 몸은 아침 이슬과 같고, 생명은 저녁 햇빛과 같으며, 가난한 집에 태어나서 지은 공덕이 없고, 대인(大人)의 신선한 지혜가 없고, 성인의 통철한 식견이 없으며, 충성되고 인자한 말이 없고, 진퇴하는 데 절조 있는 행이 없으니, 뜻을 세웠으나 여러 어른을 괴롭힐 뿐이요, 여러 대중을 억울하게 만드니 부끄러움이 그지없습니다.

오늘 참법의 자리에서 기약합니다. 이제 각각 노력하여 조석으로 공양을 받들고 부지런히 정진하는 것은 좋은 일이니, 저희들은 마음을 가다듬어 인욕하는 정성으로 법문에 깊이 들어갑니다.

오늘 이 도량의 동참대중은, 각각 진중한 생각으로 용맹한 마음, 방일하지 않는 마음, 평안히 머무는 마음, 큰 마음, 훌륭한 마음, 자비한 마음, 착한 일 좋아하는 마음, 환희하는 마음, 은혜 갚을 마음, 모든 중생 제도할 마음, 모든 중생 수호할 마음, 모든 중생 구제할 마음, 보살과 같은 마음, 여래와 같은 마음을 일으키며, 부모·스승과 상중하좌(上中下座)와 선지식·악지식과 천인과 신선과 호세 사천왕과 선한 일을 권장하고 악한 일을 벌주는 이와 주문을 호지하는 이와 5방의 용왕과 8부 용신과 시방의 무궁무진한 중생들과 수륙공계(水陸空界) 모든 유정들을 위하여 지극한 정성으로 현겁의 부처님께 오체투지 절하옵니다.

15 **지심귀명례 수왕불** (宿王佛)

16 **지심귀명례 수약불** (修藥佛)

17 **지심귀명례 명상불** (名相佛)

18 **지심귀명례 대명불** (大明佛)

19 **지심귀명례 염견불** (焰肩佛)

20 **지심귀명례 조요불** (照曜佛)

21 **지심귀명례 일장불** (日藏佛)

22 **지심귀명례 월씨불** (月氏佛)

23 **지심귀명례 중염불** (衆焰佛)

24 **지심귀명례 선명불** (善明佛)

25 **지심귀명례 무우불** (無憂佛)

26 지심귀명례 제사불 (提沙佛)

27 지심귀명례 명요불 (明曜佛)

28 지심귀명례 지만불 (持鬘佛)

　　오늘 이 도량의 동참대중은, 무슨 뜻으로 삼
보에 귀의합니까. 부처님과 보살들은 한량없이
큰 자비가 있어 세상을 제도하고, 한량없는 큰
인자함이 있어 세상을 위로하며, 모든 중생을
외아들처럼 생각하고, 대자대비하심은 쉬지 않
고 선한 일을 항상 지어 모든 중생을 이익케 하
며, 중생들의 3독의 불을 소멸하고, 아뇩다라삼
먁삼보리를 얻도록 교화하시며, 중생이 깨닫지
못하면 정각을 취하지 아니한다고 하셨으니 귀
의해야 합니다. 또 부처님은 중생을 어여삐 여
기심이 부모보다도 더 하십니다.

　　부처님께서 경에 말씀하셨습니다.

　　부모가 자식을 생각함은 한 세상에 그치거니

와, 중생에 대한 붓다의 자비는 끝이 없다. 또 부모는 자식의 배은망덕을 보면 성을 내며 자비가 박약하지만, 붓다와 보살의 자비는 그렇지 아니하여 이런 중생을 보면 자비심이 더욱 커지며, 내지 무간지옥에 들어가고 큰 불구덩이에 들어가더라도 중생들을 대신하여 무량한 고통을 받는다.

그러므로 부처님과 보살들이 중생을 생각하심이 부모보다 더한 것이어늘, 중생들의 무명과 번뇌가 지혜를 가리우고 마음을 덮어서 부처님과 보살들에게 귀의할 줄 모르며, 법을 말하여 교화하더라도 믿지 않고 험한 말로 비방하며, 부처님의 은혜를 생각하지 않으며, 믿지 않는 까닭에 지옥이나 아귀 축생의 나쁜 갈래에 두루 다니면서 무량한 고통을 받으며, 죄가 끝나고 인간으로 태어나더라도 이목구비가 온전하지 못하며, 선정이 없고 지혜가 없나니, 이런 것들이 다 신심이 없는 탓입니다.

오늘 이 도량의 동참대중이여, 믿지 않는 죄는 모든 죄의 으뜸이라, 수행자로 하여금 길이 길이 부처님을 보지 못하게 합니다. 오늘 서로가 강개(慷慨)한 마음을 내어 나쁜 뜻과 정(情)을 꺾어버리고, 증상(增上)하는 마음을 내고 부끄러운 뜻을 일으켜 머리 조아려 간절히 지나간 죄를 참회해야 합니다.

죄업이 다하여 안팎이 깨끗해진 연후에 생각을 일으켜 믿는 문에 들어가야 하거니와, 만일 이런 마음과 이런 뜻을 내지 않으면, 길이 막혀 장애를 통과하지 못하고, 이 길을 한 번 잃으면 다시는 돌아오지 못합니다. 사람마다 오체투지 하기를 산이 무너지듯이 하는데, 어찌 일심으로 믿어 다시 의심이 없게 하지 않으리오.

우리들은 오늘 부처님과 보살들의 자비하신 힘으로 깨달아 부끄러운 마음을 내어 이미 지은 죄는 소멸하고 아직 짓지 아니한 죄는 다시 짓지 않기로 서원합니다.

오늘부터 보리를 증득할 때까지 견고한 신심을 내어 다시 물러나지 않으며, 이 몸을 버린 후 지옥에 태어나거나, 아귀로 태어나거나, 축생으로 태어나거나, 인간으로 태어나거나, 천상에 태어나 3계에서 남자가 되기도 하고 여자가 되기도 하고, 남자도 아니고 여자도 아닌 몸을 받기도 하며, 크게도 나고 적게도 나며, 올라가기도 하고 내려가기도 하면서 모든 견디기 어려운 고통을 받더라도 결코 그 고통으로 인해 오늘의 신심을 어기지 않을 것이며, 차라리 천 겁, 만 겁 동안 갖가지 고통을 받더라도 결단코 오늘의 신심을 어기지 않을 것입니다.

부처님과 보살들이 한가지로 구호하시고 섭수하시어, 저희들로 하여금 신심이 견고하여 부처님 마음과 같고, 부처님의 서원과 같아서 마군과 외도들이 파괴하지 못하게 하여지이다.

일심으로 대자대비하신 현겁의 부처님께 오체투지 절하옵니다.

29 **지심귀명례 공덕명불** (功德明佛)

30 **지심귀명례 시의불** (示義佛)

31 **지심귀명례 등요불** (燈曜佛)

32 **지심귀명례 흥성불** (興盛佛)

33 **지심귀명례 약사불** (藥師佛)

34 **지심귀명례 선유불** (善濡佛)

35 **지심귀명례 백호불** (白毫佛)

36 **지심귀명례 견고불** (堅固佛)

37 **지심귀명례 복위덕불** (福威德佛)

38 **지심귀명례 불가괴불** (不可壞佛)

39 지심귀명례 덕상불 (德相佛)

40 지심귀명례 라후불 (羅睺佛)

41 지심귀명례 중주불 (衆主佛)

42 지심귀명례 법성불 (梵聲佛)

오늘 이 도량의 동참대중이여, '인간과 천상이 모두 환술 같고 세계가 헛된 것이니, 환술이 헛된 것이므로 진실한 과보가 없고, 헛된 것은 뿌리가 없으므로 변천이 끝이 없으며, 진실한 과보가 없으므로 오랫동안 생사에 헤매고, 변천이 끝없으므로 고해에 항상 유전하나니, 이런 중생들을 성현은 가엾이 여기신다' 하였습니다.

보살이 성불하는 데는 각각 본래의 서원이 있다. 석가모니 부처님께서 장수하지 않으시고 목숨이 짧은 것은 '이 중생의 변화가 잠깐이며, 고해에 항상 헤매면서 벗어나지 못함을 가엾이 여겨 그것을 나타내 보이기 위함'이며, 이 국토

에 계시면서 여러 나쁜 일을 구제하시기 위해
가르침에도 힘 있고 애쓰는 말씀이 있기에 괴
로움을 버리지 않으시고 중생을 제도하시면서
선한 방편으로 구제하는 마음이 간절하시기 때
문이다. 『비화경』

모든 부처님의 마음은 대자비심이니, 자비심
으로 고통 받는 중생을 반연하실 때에 만일 중
생이 괴로움 받는 것을 보면 화살이 염통에 박
히는 듯, 눈동자를 찌르는듯하여 슬피 우시면서
그 괴로움에서 구해 안락케 하시며, 평등한 지
혜로 교화하느니라. 석가모니 부처님을 용맹하
시다고 칭찬함은 괴로움을 참으시고 중생을 제
도하시는 까닭이다. 그러므로 알라. 본래 석가
부처님의 은혜가 막중하여 괴로움을 받는 중생
에게 여러 가지 말씀으로 모두 다 이익 되게 하
시느니라. 『삼매경』

우리들이 오늘까지 제도하심을 입지 못하여 이전에는 한결같은 음성을 듣지 못하였고, 이후로는 열반하심을 볼 수 없었던 것은 업장이 두텁기 때문입니다. 우리의 생각이 부처님의 자비를 어긴 까닭이니 오늘 각각 연모하는 마음을 내야 합니다.

여래를 연모하는 선한 마음이 농후하여 괴로움 가운데서도 부처님의 은혜를 생각하고 흐느끼고 서러워하며, 부끄러워하고 슬퍼합니다.

다 같이 지극한 마음으로 국왕과 대신과 토지와 인민과 부모와 사장(師長)과 시주 단월과 선지식·악지식과 하늘과 신선과 총명하고 정직한 천지허공의 호세 사천왕과 선한 일을 주관하고 악한 일을 벌주는 이와 주문을 수호하는 이와 5방 용왕과 8부 용신과 시방의 무궁무진한 중생들을 위하여 간절하게 오체투지 절하옵니다.

43 지심귀명례 견제불 (堅際佛)

44 지심귀명례 불고불 (不高佛)

45 지심귀명례 작명불 (作明佛)

46 지심귀명례 대산불 (大山佛)

47 지심귀명례 금강불 (金剛佛)

48 지심귀명례 장중불 (將衆佛)

49 지심귀명례 무외불 (無畏佛)

50 지심귀명례 진보불 (珍寶佛)

51 지심귀명례 화일불 (華日佛)

52 지심귀명례 군력불 (軍力佛)

53 지심귀명례 향염불 (香焰佛)

54 지심귀명례 인애불 (仁愛佛)

55 지심귀명례 대위덕불 (大威德佛)

56 지심귀명례 범왕불 (梵王佛)

[호궤 합장하고 마음으로 생각하면서 독송합니다.]

부처님 대성존(大聖尊)께서
모든 법을 다 깨달으시고
천상·인간의 큰 스승 되오시니
저희들은 일심으로 귀의합니다.

모든 법이 항상 머물러
청정한 모든 경전이
몸과 마음의 병을 없애 주시니
저희들은 일심으로 귀의합니다.

대지(大地)의 모든 보살과
집착하지 않는 네 가지 스님들,
모든 괴로움 구제하시니
저희들은 일심으로 귀의합니다.

삼보께서 세간을 구호하시니
저희 이제 머리 숙여 경례하노니
여섯 갈래 모든 중생들
이제 모두 일심으로 귀의합니다.

모든 유정을 자비로 덮어
모두 다 안락케 하시니
중생을 애민하시는 이에게
우리 함께 일심으로 귀의합니다.

오체투지하고 사뢰옵니다.

시방의 삼보께서는 자비의 힘과 본원의 힘과
신통의 힘과 불가사의한 힘과 끝없이 자재한 힘
과 중생을 제도하는 힘과 중생을 감싸 보호하는
힘과 중생을 위로하는 힘으로써 중생들을 깨닫
게 하시니, 저희들이 오늘 삼보에 귀의함을 아
시리이다. 이 공덕의 힘으로써 중생들이 각각의
소원을 이루게 하여, 천상이나 신선 중에 있는
이는 번뇌가 끝나게 하고, 아수라에 있는 이는
교만한 버릇을 버리게 하고, 인간에 있는 이는
괴로움이 없게 하고, 지옥·아귀·축생에 있는
이는 그 갈래를 여의게 하여지이다.

오늘날 삼보의 이름을 들은 이나 듣지 못한 모든 중생들이 부처님의 신통으로 해탈을 얻어서 끝까지 무상보리를 성취케 하여 여러 보살들과 같이 정각에 오르게 하여지이다.

2. 단 의 斷疑

저희들은 인과법문을 일심으로 독송합니다.

인과의 관계로 나게 되는 것은 필연한 도리여서 어긋남이 없건만, 중생들의 업행(業行)이 순일하지 않고 악을 번갈아 쓰느니라. 업행이 순일하지 않으므로 과보에 정미롭고 거친 것이 있어서, 귀하고 천하고 선하고 악한 일이 한결같지 않으며, 만 가지 차별이 있느니라.

차별이 있으므로 본래의 행을 알지 못하고 알지 못하므로 의혹이 어지러이 일어나, 정진하고 계행을 지키는 이는 마땅히 오래 살아야 할 것인데 도리어 단명하고, 도살하는 사람은 단명해야 할 터인데 도리어 장수하며, 청렴한 선비는 부귀해야 할 것인데 오히려 빈곤하고, 도둑질하는 사람은 곤궁해야 할 것인데 도리어 잘산다 하느니라. 그러나 이러한 의혹은 누구나 할 수 있겠지만 과거의 업으로 받는 과보인 줄을 알지 못하도다.

『반야경』에 '이 경을 읽으면서도 업신여김을 받는 이는 과거에 지은 죄업으로 나쁜 갈래에 떨어질 것인데, 지금 다른 이의 경천함을 받는 까닭에 전세의 죄업이 소멸된다' 하셨습니다. 중생들이 경의 말씀을 믿지 않고 이런 의심을 하는 것이니, 다 무명의 망념으로 뒤바뀐 생각을 내는 것입니다.

중생은 3계의 안은 고통이요, 3계의 밖이 즐거움이란 것을 믿지 않습니다. 세간의 일이 즐거움이라고 생각하지만, 세간이 즐거움이라면 어째서 고통이 있고 걱정이 있겠습니까.

음식을 먹어도 병이 생기고 숨이 차고 배가 아프고, 의복에서도 근심과 걱정이 생기나니 겨울에 베옷을 입게 되면 원망이 앞서며, 여름에 솜옷을 보게 되면 괴로운 생각이 깊어집니다. 그러므로 음식과 의복도 진정한 즐거움이 아닙니다.

가족과 친지가 즐거움이라면 늘 즐거이 노래하고 웃어야 할 텐데, 어째서 무상하여 문득 죽어갑니까. 지금까지 있던 이가 갑자기 없어지면 땅을 치며 통곡하고 창자가 끊어지는듯하여 슬퍼합니다. 날 때는 어디서 오고 죽어서는 어디로 가는 것입니까. 광막한 산속에까지 가서 이별하여 보낼 적에 한 번 가면 만겁(萬劫)에도 돌아오지 않습니다. 이렇게 괴롭기 한량없는데 중생은 무명에 가려 이것을 즐거움이라 생각하고, 세간에서 벗어나는 것은 괴로움이라 합니다.

나물밥 먹어 음식을 조절하며, 가벼운 옷을 버리고 누더기 입는 것을 억지로 고통으로 산다 생각하고, 이것이 해탈하는 일인 줄을 알지 못합니다.

또한 보시하고 계행을 가지며 인욕하고 꾸준히 노력하며 예배하고 경을 읽는 사람들이 부지런히 애쓰는 것을 모두 괴로운 일이라 하고, 이것이 출세간의 마음인 줄은 알지 못합니다.

그러다가 병들어 죽는 것을 보고는 문득 의심을 내어 종일토록 몸과 마음을 괴롭히며 잠깐도 쉬지 못하니, 사람의 기력으로야 어떻게 이를 감당하겠습니까. 만일 부지런히 노력하지 않으면 피곤하게 되며 부질없이 목숨만 버리나니 무슨 이익이 있으리오.

자기의 소견만 고집하여 이치가 그른 것이라 하면서도 결과를 보고 원인을 찾을 줄 알지 못하고 의혹만 내나니, 만일 선지식을 만나면 의혹을 없앨 수 있고, 악지식을 만나면 어리석음만 더할 뿐입니다. 의혹하는 탓으로 3악도에 떨어지니, 악도에 있으면서 후회한들 무엇하겠습니까.

오늘 이 도량의 동참대중이여, 이러한 의혹은 인연이 한량없어서, 의혹하는 습기는 3계 밖으로 벗어난다 해도 버릴 수가 없거늘, 하물며 이 몸으로야 어떻게 버릴 수 있겠습니까. 이 생에서 끊지 못하면 내생에는 더욱 증장할 것입니다. 대중들과 더불어 이 먼 길을 걸어가는 것이니, 부처님 말씀대로 수행할 것이요, 아직도 의혹하면서 고달픔을 사양하지 말아야 합니다. 여러 부처님들이 생사에서 벗어나 피안에 이르신 것은 쌓은 선한 공으로 무애하고 자재하게 해탈한 것이어늘, 우리들은 오늘까지 생사를 떠나지 못하였으니, 진실로 슬픈 일이온데 어찌하여 이 나쁜 세상에 다시 있기를 탐내리오.

오늘 다행히 4대(大)가 강건하고 5복(福)을 갖추어 다니며 일하는 것이 마음과 같이 자재한데도, 노력하지 아니하고 다시 어느 때를 기다리오. 지나간 생에 이미 도리를 보지 못하였고, 금생에도 그냥 보낸다면 다시 증득할 기약이 없으리니 오는 세상에서 어떻게 구제되리오. 가슴에 손을 얹고 생각하면 진실로 슬픈 일입니다.

동참대중이여, 오늘 과정을 엄하게 세우고 노력하여야 합니다. 다시는 성인의 길이 멀고 멀어 하루에 끝낼 수 없다고 하지 마십시오. 이렇게 하루하루 미루면 어느 때에 일을 마치리까.

지금 경을 읽고 참선하면서 고행하다가 몸이

조금 아프면 '경 읽고 참선하다가 이렇게 되었다'고 하지만, 수행하지 않았다면 벌써 죽었을지도 모를 것이며, 다행히 이런 수행을 하는 까닭에 오늘까지 이른 것을 알아야 합니다.

사대는 더하기도 덜하기도 하여, 병 나고 늙고 죽는 것은 피할 수 없는 일이니, 사람은 세상에 나면 필경은 없어지는 것입니다. 도를 얻으려거든 부처님의 말씀을 의지해야 하니, 부처님 말씀을 어기고 도를 얻는 것은 있을 수 없는 일입니다.

모든 중생이 부처님의 말씀을 어긴 탓으로 3도에 헤매면서 여러 가지 고통을 받습니다. 부디 부처님의 말씀과 같이하여 잠깐도 쉬지 말고 부지런히 법을 닦되, 머리에 불타는 것을 끄듯해야 할 것이며, 일생이 끝나도 아무런 소득이 없지 않게 해야 합니다.

지금 모든 사람이 다 같이 간절히 오체투지하기를 태산이 무너지듯 해야 합니다. 중생된 후부터 오늘에 이르기까지의 다생부모(多生父母)와 친척과 화상과 아사리와 단상의 증사 스님과 상중하좌와 시주단월과 선지식·악지식과 하늘과 신선과 호세 사천왕과 선한 일을 주관하고 악한 일을 벌주는 이와 주문을 수호하는 이와 5방 용왕과 8부 용신과 시방의 무궁무진한 중생들을 위하여 현겁의 부처님께 절하옵니다.

57 **지심귀명례 무량명불** (無量明佛)

58 **지심귀명례 용덕불** (龍德佛)

59 **지심귀명례 견보불** (堅步佛)

60 **지심귀명례 불허견불** (不虛見佛)

61 **지심귀명례 정진덕불** (精進德佛)

62 **지심귀명례 선수불** (善守佛)

63 **지심귀명례 환희불** (歡喜佛)

64 **지심귀명례 불퇴불** (不退佛)

65 **지심귀명례 사자상불** (獅子相佛)

66 **지심귀명례 승지불** (勝知佛)

67 **지심귀명례 법씨불** (法氏佛)

68 **지심귀명례 희왕불** (喜王佛)

69 **지심귀명례 묘어불** (妙御佛)

70 **지심귀명례 애작불** (愛作佛)

시방의 다함없는 모든 삼보께 귀의하오니 자비하신 힘으로 함께 거두어 주시며, 신통력으로 두호하시고 건져 주옵소서. 오늘로부터 보리에 이르도록 4무량심과 6바라밀이 항상 앞에 나타나며, 4무애지와 6신통이 뜻대로 자재하여서 보살도를 행하여 부처의 지혜에 들어가며, 시방의 중생을 함께 교화하여 다 같이 정각에 오르게 하여지이다.

오늘 이 도량의 동참대중은, 다시 지극한 정

성으로 마음을 잘 거두고 서로 더불어 귀의하고 믿는 문에 들어가며, 생각을 가다듬어 나아가기로 기약하고, 내법(內法)과 외법(外法)에 대하여 망설이지 말아야 합니다.

만일 본래의 업이 분명하지 못하여 스스로 지을 수 없더라도 다른 이의 복 짓는 일을 보거든 권장하며, 탄지(彈指)하고 합장하여 덕에 나아갈 것을 분명히 할지언정 부질없이 마음을 일으켜 장애를 지어서 수행하는 사람을 방해하지 말아야 합니다. 만일 훼방하지 않으면 그의 나아감이 여전할 것이며, 그에게 감손함이 없으니 나만 해로울 것입니다. 부질없이 시비만 일으켜 내 몸에 무슨 이익을 기약하리오.

만일 선한 일을 장애하는 이가 없으면 도리어 합장하여 유력한 대인(大人)이 되려니와, 만일 장애를 짓는다면 오는 세상에 어떻게 부처님의 도를 통달하겠습니까. 이치에 따라 생각하면 손해가 막심하고 다른 이의 선근을 방해하면 죄가 진실로 클 것입니다.

형상이 흉악한 아귀가 있었다. 보는 이는 소름이 끼쳐 두려워하지 않는 이가 없고, 몸에서는 맹렬한 불길이 나와서 마치 불더미 같으며, 입에서는 구더기가 한량없이 나와서 고름과 피로 몸을 덮었으며, 구린 냄새가 멀리 퍼져서 가까이 갈 수 없었다. 입으로 불꽃을 토하고 골절마다 불이 일어나서 소리를 높여 부르짖어 통곡하면서 사방으로 돌아다녔다.

이때 만족(滿足) 아라한이 아귀에게 물었다.

"너는 전세에 무슨 죄를 지었기에 지금 이런 고통을 받느냐."

아귀가 답하였다.

"나는 전세에 사문이었는데 재산에 연연하여

탐내고 버리지 못하였으며, 위의를 돌보지 않고 추악한 말을 함부로 하였으며, 계행을 지니고 정진하는 이를 보면 꾸짖고 욕설하며 눈을 흘겨 비웃고, 스스로는 언제까지나 호강하며 죽지 않으리라 여겨 한량없이 나쁜 짓을 한 탓입니다. 지금 생각하고 뉘우친들 무슨 소용이 있으리오. 차라리 잘 드는 칼로 혀를 끊고 싶으며, 이 겁에서 저 겁에 이르도록 모든 고통을 달게 받을지언정 한마디라도 다른 이의 선한 일을 비방하지 않으려 합니다. 존자께서 남섬부주에 가시거든 나의 이 꼴을 여러 비구와 불제자에게 전하여 구업을 잘 수호하고 망령된 말을 하지 말며, 계행을 지니거나 지니지 아니하더라도 그 덕만을 선포하라고 하십시오. 내가 받은 아귀의 몸은 수천 겁을 지내도록 밤낮으로 끝없는 고초를 받다가 이 과보가 다하면 다시 지옥에 들어갈 것입니다."

그때, 아귀가 이 말을 마치고, 부르짖어 통곡하며 땅에 엎드려 넘어지니 마치 태산이 무너지는 듯하였다. 　　　　　　『호구경(護口經)』

오늘 이 도량의 동참대중이여, 경에 있는 사실은 매우 두렵습니다. 한 가지 구업으로도 여러 겁 동안 과보를 받거늘, 하물며 그 외의 여러 가지 불선한 근본이리오. 이 몸으로 고통을 받는 것은 모두 스스로 지은 업의 과보이니, 만일 인(因)을 짓지 않았으면 어찌 과보를 얻을 것이며, 인을 지으면 과보는 없어지지 않으니, 죄나 복이 멀지 아니하여 이 몸으로 받는 것이니, 마치 그림자나 메아리 같아서 여윌 수 없습니다. 무명으로 말미암아 난 몸이니 역시 그로 인하여 죽을 것입니다. 과거 · 현재 · 미래에 방일한 사람은 해탈을 얻지 못할 것이나, 수호하는 이는 무궁한 복을 받을 것입니다.

오늘 대중들은 각각 참괴한 생각으로 몸과 마음을 씻어버리고 예전의 허물을 참회하여, 옛일을 고치고 새 일을 도모하면 부처님들이 칭찬할 것입니다.

우리는 오늘부터 남의 선한 일을 보면 성취하거나 성취하지 못하거나 오래하거나 오래하지 못하거나를 막론하고 기뻐해야 합니다. 가령 일념이나, 잠깐이나, 일시나, 일각이나, 한 달이나, 반 년이나, 1년만 하더라도 벌써 선을 짓지 않는 이보다는 훌륭합니다.

그러므로 『법화경』에 '만일 탑 속에 들어가서 산란한 마음으로라도 나무불(南無佛) 하고 한 번 외우는 사람은 모두 불도를 이루느니라' 하였습니다. 하물며 이러한 큰 마음을 세우고 복과 선을 부지런히 닦는 사람을 보고 따라 기뻐하지 않아서야 되겠습니까. 그렇지 아니하면 성현들이 슬퍼하십니다.

저희들은 무시 이래 나고 죽으면서 오늘에 이르도록 이미 한량없는 나쁜 마음으로 남의 선한 일을 방해하였을 것입니다. 만일 그런 일이 없었으면 어찌하여 오늘날까지 선한 일을 망설이고, 선정(禪定)을 익히지 않고, 지혜를 닦지 않으며, 잠깐 동안 예배하고는 큰 고생을 하였다 하고, 잠깐 동안 경을 읽고는 문득 게으른 생각을 내며, 종일토록 분주히 악업을 일으켜 이 몸으로 하여금 해탈을 얻지 못하게 하겠습니까.

마치 누에가 고치를 짓듯이 자승자박하고, 나비가 불에 들어가듯이 밤새도록 타게 되나니, 이런 업장이 무량무변하여 보리심을 장애하고, 보리의 원(願)을 장애하고, 보리행을 장애하는 것이 모두 악한 마음으로 남의 선한 행을 비방한 탓입니다.

이제 비로소 깨닫고 부끄러운 마음을 내어 머리를 조아리고 어여삐 여기심을 원하며 이런 죄를 참회합니다. 여러 부처님과 보살께서는 자비심으로 신력(神力)을 가피하시어 저희들의 참회하는 죄업을 멸하며, 뉘우치는 허물을 청정케 하시며, 지은 죄와 한량없는 업이 이번의 참회로써 깨끗이 없어지게 하시옵소서.

저희들은 다 같이 현겁의 부처님께 오체투지 절하옵니다.

71 **지심귀명례 덕비불** (德臂佛)

72 **지심귀명례 향상불** (香象佛)

73 **지심귀명례 관시불** (觀視佛)

74 **지심귀명례 운음불** (雲音佛)

75 **지심귀명례 선사불** (善思佛)

76 **지심귀명례 선고불** (善高佛)

77 **지심귀명례 이구불** (離垢佛)

78 **지심귀명례 월상불** (月相佛)

79 **지심귀명례 대명불** (大名佛)

80 **지심귀명례 주계불** (珠髻佛)

81 **지심귀명례 위맹불** (威猛佛)

82 **지심귀명례 사자후불** (獅子吼佛)

83 **지심귀명례 덕수불** (德樹佛)

84 **지심귀명례 환석불** (歡釋佛)

시방의 다함없는 모든 삼보께 귀의하옵고, 호궤합장하며 사뢰옵니다.

저희들이 시작도 없는 생사로부터 오늘에 이르도록 도를 얻지 못하고 업보의 몸을 받았음에, 네 가지 일[5] [四事]에서 한 가지도 버리지 못하고, 탐욕과 질투하는 3독이 치성하여 모든 악업을 일으켰사옵니다.

남이 보시하고 계 지키는 것을 보고도 스스로 행하지 않고 따라서 기뻐하지도 않으며, 남이 인욕하고 정진함을 보고도 스스로 행하지 않고 따라서 기뻐하지도 않으며, 남이 좌선하고 지혜를 닦는 것을 보고도 스스로 행하지 않고 따라서 기뻐하지도 않았습니다. 이러한 무량무변한 죄를 오늘 참회하여 없애기를 원하나이다.

비롯함이 없는 예부터 오늘에 이르도록 남이 선한 일을 하여 공덕 닦는 것을 보고도 따라서 기뻐하지 않았고, 행주좌와(行住坐臥)의 네 가지 위의(威儀)에 부끄러운 마음이 없고, 교만하고 게을러서 무상함을 생각지 못하며, 이 몸을 버리고는 지옥에 들어갈 줄을 알지 못하며, 다른 이의 몸에 갖가지 악해를 가해 삼보를 건립하고 공양을 이바지함을 훼방하였으며, 다른 이가 닦는 모든 공덕을 장애하였습니다. 이러한 무량무변한 죄업을 오늘 참회하여 없애기를 원하나이다.

무시 이래 오늘에 이르도록 삼보가 귀의할 곳임을 믿지 아니하고, 남의 출가를 방해하고, 남의 지계를 방해하고, 남의 보시를 방해하고, 남의 인욕을 방해하고, 남의 정진을 방해하고, 남의 좌선을 방해하고, 남의 독경을 방해하고, 남의 경 베끼는 일을 방해하고, 남이 재를 올리는 것을 방해하고, 남의 불상 조성을 방해하고, 남의 공양 베푸는 일을 방해하고, 남의 고행하는 일을 방해하고, 남의 도 닦는 일을 방해하였사오며, 내지 다른 이의 조그만 선도 모두 방해하였나이다.

출가하는 것이 악업을 멀리 여의는 법인 줄을 믿지 아니하고, 인욕이 안락한 행인 줄을 믿지 아니하고, 평등한 것이 보리의 길임을 알지 못하고, 망상을 여의는 것이 출세하는 마음인 줄을 알지 못하여, 나는 곳마다 장애가 많았사오니, 이런 무량무변한 죄장(罪障)을 여러 부처님과 모든 보살님께서 다 아시며 다 보시나이다. 부처님과 보살님이 아시고 보시는 것과 같이, 많은 죄장을 오늘 부끄럽게 생각하고 발로 참회하옵나니, 모든 죄의 원인과 괴로운 과보를 소멸하기를 원하나이다.

오늘부터 도량에 앉을 때까지 보살도를 행하여 싫은 생각이 없으며, 재보시(財布施)와 법보시를 다함이 없이 행함에, 지혜와 방편으로 짓는 일이 헛되지 아니하여 보고 듣는 모든 일이 다 해탈하게 하여지이다.

지극한 마음으로 오체투지하니, 시방의 여러 부처님과 보살님과 여러 현성께서는 자비심으로 가피하사 여러 갈래의 중생들이 지금 참회하는 인연으로 모든 고통을 끊어버리고 뒤바뀐 인연을 떠나서 나쁜 소견을 일으키지 말며, 4악취의 업을 버리고 지혜가 생겨서 보살도 행하기를 쉬지 아니하고 수행과 소원이 원만하여 하루 빨리 10지(地)에 오르고 금강심에 들어가 등정각(等正覺)을 이루게 하여지이다.

3. 참 회 懺悔

오늘 이 도량의 동참대중이여, 경에 '범부는 속박이라 하고 성인은 해탈이라 한다'고 말씀하셨으니, 속박은 3업으로 일으킨 악이요, 해탈은 3업이 무애한 선(善)입니다.

모든 성인들은 여기에 안심하고 지혜와 방편의 무량한 법문으로 중생의 선악의 업을 분명히 아시고는, 한 몸으로 무량한 몸이 되고, 한 형상으로써 갖가지로 변화하며, 한 겁을 줄여서 하루를 만들기도 하고, 하루를 늘려서 한 겁을 만

들기도 하며, 수명을 정지하여 영원히 멸하지 않게 하고, 무상을 나타내어 열반을 보이기도 하니, 신통과 지혜로 출몰이 자재하고, 날아다니기를 성품에 맞게 하여 공중에서 앉거나 눕기도 하며, 물위에서 거닐기를 땅과 같이하여 험난하지 않으니, 끝까지 공적한 데 깃들어 있고 만법을 통달하여 공과 유를 함께 밝히며, 변재(辯才)를 성취하고 지혜가 걸림이 없습니다.

이 법은 악업으로부터 나는 것이 아니며, 탐심·진심·질투심으로부터 나는 것이 아니며, 어리석은 사견(邪見)으로부터 나는 것이 아니며, 게으르고 해태[6]함으로부터 나는 것이 아니며, 교만하고 방자함으로부터 나는 것이 아닙니다.

오직 삼가고 조심하여 악업을 짓지 아니하고, 부지런히 선업을 행함으로부터 나는 것입니다.

어디서나 선업을 닦고 부처님 말씀을 순종하는 사람으로서 빈궁한 이를 보았습니까, 누추한 이를 보았습니까. 여러 가지 고질로 폐인이 된 이와 비천한 데 태어나 여러 사람의 업신여김을 받는 이와 무슨 말을 하거나 남의 신용을 얻지 못하는 이를 보았습니까.

이제 이 몸으로 증거하리니, 한 사람이라도 부처님 말씀을 순종하여 여러 가지 공덕을 닦으면서 제 몸을 위하지 않는 이가 나쁜 과보를 받는 이가 있다면, 차라리 내 몸이 아비지옥에 들어가 가지가지 고통을 받을지언정, 이 사람이 나쁜 과보를 받는 일은 없어지이다.

오늘 이 도량의 동참대중이여, 만일 범부를 버리고 성인의 자리에 들어가려거든, 부처님의 가르침대로 행을 닦되 조그만 괴로움 때문에 해태한 생각을 내지 말고, 스스로 노력하여 죄업을 참회하십시오. 경에 '죄는 인연을 쫓아 나고, 인연을 쫓아 멸한다'고 하였습니다. 이미 범부를 면치 못했으니 가는 데마다 아득함이 많을 것이니, 참회하지 않고야 어떻게 벗어나리오.

오늘 용맹심을 일으켜 발로 참회하니, 참회하는 힘은 불가사의합니다. 아사세왕이 대역죄를 지었다가 크게 뉘우치고 참회하여서 무거운 죄의 고통을 가볍게 받았습니다.

이 참법은 수행하는 모든 사람으로 하여금 안락을 얻게 합니다. 스스로 수행하되 지성으로 노력하여 머리를 조아리며 참회하고 귀의하여 끝까지 다하면, 부처님을 감동시키지 못할 리 없습니다.

악업의 과보는 메아리 같아 어긋나지 않으니, 두려운 줄을 알고 끝까지 참회하며 지극한 마음으로 간절히 오체투지하며 사뢰옵니다.

부처님께 애원하옵나니 어여삐 여기옵소서.

저희들을 고액(苦厄)으로부터 구해 주시고 대자대비로 감싸 주시며 깨끗한 광명을 놓아 어리석고 캄캄함을 없애 주소서.

저와 여러 사람들이 괴로움을 받고 있으니 저희들에게 오시어 안락을 얻게 하소서.

저희들은 대자대비하신 현겁의 부처님께 오체투지 절하옵니다.

85 지심귀명례 혜취불 (慧聚佛)

86 지심귀명례 안주불 (安住佛)

87 지심귀명례 유의불 (有意佛)

88 지심귀명례 앙가타불 (鴦伽陀佛)

89 지심귀명례 무량의불 (無量意佛)

90 지심귀명례 묘색불 (妙色佛)

91 지심귀명례 다지불 (多智佛)

92 지심귀명례 광명불 (光明佛)

93 지심귀명례 견계불 (堅戒佛)

94 지심귀명례 길상불 (吉祥佛)

95 지심귀명례 보상불 (寶相佛)

96 지심귀명례 연화불 (蓮華佛)

97 지심귀명례 나라연불 (那羅延佛)

98 지심귀명례 안락불 (安樂佛)

99 지심귀명례 지적불 (智積佛)

100 지심귀명례 덕경불 (德敬佛)

다함없는 모든 삼보께 귀의하오니, 꼭 오시어 저희 3독의 고통을 가엾이 여기사 안락을 얻게 하시며, 대열반을 베풀어 주시며, 자비하신 물로 더러운 때를 씻어 주시어 보리에 이르게 하여 끝까지 청정케 하옵소서.

4생 6도 중에 죄업이 있는 이들도 다 같이 청정함을 얻어 아뇩다라삼먁삼보리를 성취하여 구경에는 해탈케 하여지이다.

지극한 마음으로 다 같이 간절히 오체투지하며 아뢰옵니다.

저희들이 무시 이래 오늘에 이르도록 무명에 덮이고 애욕에 얽매이고 성내는 데 속박되어 어리석은 그물에 걸려서 3계에 두루 다니고 6도를 헤매면서 고해에 빠져서 벗어나지 못했으며, 지나간 죄업과 과거의 인연을 알지 못하여 자신의 깨끗한 생활도 파하며 다른 이의 깨끗한 생활도 파하며, 자신의 범행도 파하고 다른 이의 범행도 파하며, 자신의 계행도 파하고 다른 이의 계행도 파했습니다. 이러한 무량무변한 죄업을 오늘 참괴하여 참회하오니 소멸하여 주옵소서. 저희들이 거듭 애민하심을 구하며 참회하나이다.

무시 이래 오늘에 이르도록 몸과 입과 뜻으로 열 가지 나쁜 업을 지었으니, 몸으로는 살생 ·

투도·음행이며, 입으로는 망어·기어·양설· 악구이며, 뜻으로는 탐심·진심·우치로 스스로 10악을 행하고, 다른 이로 하여금 10악을 행하게 하였으며, 10악을 찬탄하고 10악을 행하는 이를 찬탄하였나이다.

이렇게 일념 동안에 40가지 악업을 지었음에 이러한 무량무변한 죄를 오늘 참회하오니 소멸하여 주옵소서. 저희들이 거듭 지성으로 오체투지하나이다.

무시 이래 오늘에 이르도록 6근을 의지하여 6식(識)을 행하면서 6진(塵)을 취하옵는데, 눈은 빛을 애착하고, 귀는 소리를 애착하고, 코는 향기를 애착하고, 혀는 맛을 애착하고, 몸은 부드러운 것을 애착하고, 뜻은 법진을 애착하여 여러 가지 업을 지었으며, 내지 팔만 사천에 달하는 번뇌의 문을 열었으며, 이러한 무량무변한 죄악을 오늘 참회하오니 소멸하여 주옵소서. 저희들이 거듭 지성으로 오체투지하나이다.

　무시 이래 오늘에 이르도록 몸과 입과 뜻으로 불평등한 일을 하면서 내 몸이 있는 것만 알고 다른 이의 몸이 있는 것은 알지 못하며, 나의 고통이 있는 것만 알고 다른 이의 고통이 있는 것은 알지 못하며, 나의 안락을 구할 줄만 알고 다른 이도 안락을 구하는 줄은 알지 못하며, 나의 해탈을 구하는 줄만 알고 다른 이가 해탈을 구하는 줄은 알지 못하였습니다.

　나의 집과 권속이 있는 것만 알고 다른 이에게 집과 권속이 있는 것은 알지 못하며, 한낱 자기 몸의 가렵고 아픈 것은 참지 못하면서 다른 이의 매 맞은 고통은 알지 못하며 오직 자신의 고통이 심하지 않을까를 두려워하며, 자기 몸의 조그만 고통은 매우 두려워하면서도 악업을 짓고 지옥에 들어가서 여러 가지 고통 받는 것이 무서운 줄은 생각지 않으며, 내지 아귀와 축생과 아수라와 인간과 하늘의 세계에 여러 가지 고통 있는 것을 두려워하지 않았나이다.

이와 같이 불평등한 까닭에 '나다', '남이다' 하는 마음을 일으켜 원수와 친한 이란 생각을 했으니, 원수가 6도에 두루하였나이다.

이러한 무량무변한 죄를 오늘 발로 참회하니 소멸하여 주시기를 발원합니다. 저희들은 지극한 정성을 다하여 거듭 오체투지하나이다.

무시 이래 오늘에 이르도록 마음이 뒤바뀌고 생각이 뒤바뀌고 소견이 뒤바뀌어 선지식을 여의고 악지식을 친근하며, 8정도를 등지고 팔사도(八邪道)를 행하며, 법이 아닌 것을 법이라 말하고, 법을 법이 아니라 말하며, 불선을 선이라 말하고, 선을 불선이라 말하면서, 교만한 짐대를 세우고 우치한 돛대를 달고서 무명의 이름을 따라 생사의 바다에 들어갔나이다.

이런 무량무변한 죄악을 오늘 참회하고 소멸하기를 원하며, 저희들은 거듭 뼈가 닳도록 오체투지하나이다.

무시 이래 오늘에 이르도록 3불선근[7]으로 4전도를 일으키고 5역죄를 지으며, 10악업을 행하여 3독이 치성하고 8고를 키우며, 8한(寒)·8열(熱)의 지옥에 갈 원인을 지었고, 8만 4천 격자지옥[8]의 일을 지었으며, 모든 축생의 인과 모든 아귀의 인과 인간·천상에서 생로병사할 인을 지었으므로 6도의 무량한 괴로움을 받게 되었으니, 견딜 수도 없고 보고 들을 수도 없나이다.

이러한 무량무변한 죄악을 오늘 참회하고 소멸하기를 바라며, 저희들은 뼈가 닳도록 오체투지하오며 간절히 뉘우치나이다.

무시 이래 오늘에 이르도록 3독의 뿌리로 3유[9] 중에서 25유[10]로 돌아다니면서 간 곳마다 죄악을 짓고 업풍(業風)을 따르면서도 스스로 깨닫지 못하나이다. 다른 이가 계행을 지니고 정과 혜를 닦고 공덕을 짓고 신통을 수행하는 것을 방해하고, 이러한 죄로 보리심을 방해하고 보리원(菩提願)을 방해하고 보리행을 방해한 것을 오늘 참회하여 소멸하기를 원하면서 저희들이 거듭 다시 뼈아프게 오체투지하나이다.

　　무시 이래 오늘에 이르도록 탐욕과 진심으로 6식을 일으키고, 6진을 따르면서 많은 죄를 지었는데, 혹은 중생에게 지었고, 혹은 비(非)중생에게 지었고, 혹은 무루(無漏)의 사람에게 지었고, 혹은 무루의 법에 대해 지었으니, 이렇게 탐욕과 진심으로 지은 죄악을 오늘 참회하여 소멸하기를 원하나이다.

어리석은 마음으로 전도된 행을 일으키되 삿된 스승을 믿고 삿된 말을 믿어 단멸[11]에 집착하고, 항상[12]한 데 집착하며, 아뜨만에 집착하고, 소견에 집착하여 어리석음을 따라서 행하면서 무량한 죄를 지었사오며, 이러한 인연으로 보리심을 장애하고 보리원을 장애하고 보리행을 장애한 허물을 오늘 참회하여 멸제하기를 원하면서 저희들이 다시 지성으로 오체투지하나이다.

무시 이래 오늘에 이르도록 몸으로 짓는 세 가지 악업과 입으로 짓는 네 가지 악업과 뜻으로 짓는 세 가지 악업으로써 비롯함이 없는 무명과 주지번뇌(住地煩惱)와 항사(恒沙)의 상번뇌(上煩惱)와 지(止)의 상번뇌와 관(觀)의 상번뇌와 사주번뇌(住煩惱)와 3독과 4취(取)와 5개(蓋)와 6애(愛)와 7루(漏)와 8구(垢)와 9결(結)과 10사(使) 등의 이러한 모든 번뇌장(煩惱障)들이 무량무변하여 보리심을 장애하고 보리원을 장애하고 보리행을 장애한 것을, 오늘 참회하여 멸제하기를 원하면서 저희들이 거듭 지성으로 오체투지하나이다.

무시 이래 오늘에 이르도록 자비심을 닦지 못하고, 희사심(喜捨心)을 닦지 못하고, 보시바라밀을 닦지 못하고, 지계바라밀을 닦지 못하고, 인욕(忍辱)바라밀을 닦지 못하고, 정진바라밀을 닦지 못하고, 선바라밀을 닦지 못하고, 지혜바라밀을 닦지 못하였사오며, 또 모든 조도법[13]을 닦지 못하였으므로 방편이 없고 지혜가 없어서 보리심을 장애하고, 보리원을 장애하고, 보리행을 장애한 것을 오늘 참회하면서 멸제하기를 원하며 저희들이 거듭 간절히 오체투지하나이다.

무시 이래 오늘에 이르기까지 3계에 윤회하고 6도에 두루 돌아다니면서 4생의 몸을 받되, 남자도 되고 여자도 되고, 비남비녀(非男非女)도 되어 모든 곳에 두루하여 한량없는 죄를 지을 적에, 혹 큰 중생이 되어 서로 잡아 먹고, 혹 작은 중생이 되어 서로 잡아 먹으며, 이렇게 살생한 죄가 무량무변하여 보리심을 장애하고 보리원을 장애하고 보리행을 장애한 것들을 오늘 참회하여 멸제하기 위하여 저희들이 거듭 지성으로 오체투지하나이다.

의식이 있은 후부터 오늘에 이르도록 여섯 갈래[六道]로 다니면서 4생의 몸을 받되, 그 중간에서 지은 죄악이 무궁무진하옵니다. 이러한 죄를 시방의 부처님과 대보살님들은 모두 아시고 모두 보았을 것이오며, 이렇게 부처님과 보살님들이 알고 보시는 많은 죄를 오늘 지극한 정성으로 머리 조아려 애원하면서 참회하옵니다.

이미 지은 죄는 영원히 소멸되고, 아직 짓지 아니한 죄는 다시 짓지 않으리니, 시방의 부처님께서 대자대비하신 마음으로 저희들의 참회를 받아 주시며, 대자대비심으로 저희들의 보리를 장애하는 모든 죄업을 씻어 주시어 도량에 이르러 끝까지 청정케 하여지이다.

시방의 모든 부처님의 부사의한 힘과 본래 서원하신 힘과 중생을 제도하시는 힘과 중생을 감싸 주시는 힘으로 가피하시어 저희들로 하여금 오늘부터 보리심을 내게 하시며, 오늘부터 시작하여 도량에 앉을 때까지 끝내 성취하여 다시는 퇴전치 말게 하시며, 저희들의 서원이 모든 보살의 행하는 서원과 같게 하여지이다.

시방의 모든 부처님과 대보살께서 자비심으로 가피하시고 섭수하시어 저희들의 소원이 이루어져 보리원을 만족케 하시며, 모든 중생들도 각각 구족히 보리의 원을 원만히 성취케 하여지이다.

찬 讚

삼보께 귀의하옵고 의심을 끊었으며
샛된 뜻을 꺾어 버리고 현문(玄門)에 들어가오니
인과가 분명히 있사오며 참회한 깊은 공덕
여러 부처님 은혜 망극합니다.
나무 환희지보살마하살 (歡喜地菩薩摩訶薩) 〔3칭〕

출참 出懺

천상과 인간의 정변지(正編知)이시니 광명이 일
월보다 밝고 공덕은 허공보다 넓으시네. 가지도
않고 오지도 않으사 은은히 화장세계에 항상 계
시며 나지도 않고 멸하지도 않으사 거룩하게 열
반성에 앉으시었네.

중생을 응하여 몸을 나타내시고 근기를 따라
나아가시니 치는 대로 종소리 나고 소리나는 대
로 메아리 울리듯, 그지없는 자비를 베푸사 이
불사를 살피옵소서.

이제까지 참회하는 저희들 자비도량참법을 수행하여 제1권이 끝나니, 공덕이 화해(和諧)하여 안으로 원만하고, 도량을 차리며 상설(像設)을 베푸니 등불이 찬란하고 향기 진동합니다.

꽃은 5색이요, 과실은 신기하며 범패를 높이 불러 부처님 찬탄하여 염불하고 예배하며 독경하고 주문 외워 지은 공덕을 3처에 회향하니, 자비하신 삼보와 호법하는 제천과 상중하단(上中下壇)의 신중(神衆)과 멀리 있고 가까이 있는 영령들이시여, 이 정성 살피고 환희심 내어 천상·인간에 은혜 머물고 이승과 저승을 교화하여 이 도량에 가득히 공덕을 드리우소서.

지금 참회하는 저희들이 일생의 죄업을 영원히 소멸하고 모든 업연이 청정하게 되고, 일심으로 깨달아 진여의 이치로 향하고, 한 생각에 회광반조(回光返照)하여 1승의 도리에 나아가며,

괴로움을 돌려서 낙을 이루고, 치성한 번뇌를 씻어 청량하게 하며, 돌아가신 부모는 반드시 극락세계에 왕생하고, 온 집안의 권속들이 백년을 향수하며, 원수와 친한 이가 골고루 은혜를 입고, 범부와 성인이 다 같이 보소(寶所)에 이르게 하여지이다. 지금 글대로 참회하오나 오히려 미세한 죄업이 다하지 못할까 두려워 다시 대중과 함께 참회를 구하나이다.

찬 讚

자비보참(慈悲寶懺) 1권의 공덕으로 저희들과 망령들의 업장이 소멸되고 보살의 환희지(歡喜地)를 증득하며, 참문을 외우는 곳에 죄의 꽃이 없어지며, 원결은 풀리고 복이 더하여 도리천에 왕생하였다가 용화회상에서 다시 만나 미륵 부처님의 수기를 받아지이다.

나무 용화회보살마하살 (龍華會菩薩摩訶薩) 〔3칭〕

거찬 舉讚

자비보참 제1권 모두 마치고 4은(恩) 3유(有)로 회향하오니 참회를 구하는 저희들은 수복이 증장하고, 망령들은 정토에 왕생하여지이다.

환희지보살이시여, 어여삐 여기사 거두어 주소서.

나무 등운로보살마하살 (登雲路菩薩摩訶薩) 〔3칭〕

---

1) 일승(一乘): 중생을 태워 깨달음에 나아가도록 하는 부처님의 가르침.

2) 원교(圓敎): 원만하고 궁극적인 부처님의 가르침.

3) 돈교(頓敎): 점차적으로 깨치지 않고 단박에 깨닫게 하는 가르침.

4) 사섭법(四攝法): 중생을 교화하기 위한 네 가지 행위. ① 보시, ② 부드러운 말, ③ 남을 이롭게 하는 것, ④ 남과 같은 입장에 서서 남의 일을 돕는 것.

5) 사사(四事): 수행승이 일상생활에 필요한 네 가지 도구. 음식·의복·침구·약품.

6) 해태(懈怠): 선(善)을 닦는 데 있어 소극적인 마음의 상태.

7) 삼불선근(三不善根): 탐심과 진심과 치심의 셋

8) 격자지옥(扇子地獄): 이 지옥은 호리병 모양으로 몸은 크고 입이 작

아 지옥의 고통을 받는 중생이 서로 밖으로 빠져나오려 하나 나올
수 없게 되어 있다.

9) 삼유(三有): 색계, 욕계, 무색계의 셋.

10) 이십오유(二十五有): 중생이 윤회하는 생사의 세계를 스물다섯 종
   으로 나누고 있는데 욕계에 열넷, 색계에 일곱, 무색계에 넷이 있
   다.

11) 단멸(斷滅): 이승이나 자기는 한번 죽으면 끝나 없어지고 다시는
   생하지 않는다는 주장. 인과의 윤회를 믿지 않는 소견.

12) 상·상견(常·常見): 단멸에 상대되는 말, 즉 세계와 자아는 영원
   히 불멸한다고 믿어 집착하는 소견.

13) 조도법(助道法): 바른 견해를 갖도록 돕는 수행 방법.

자비도량참법 제2권

[먼저 11~20쪽 정단찬 · 삼보찬 · 자비보참의문을 독송 후 시작한다.]

찬 讚

꽃을 받들어 문수 · 보현 보살님께 드리오니
모란과 작약 아름답도다.
여러 가지 꽃을 황금 전각에 헌납하오니
피고 지는 금련화,
청의동자(靑衣童子) 미륵보살님께 드리네.
나무 보공양보살마하살 (普供養菩薩摩訶薩)〔3칭〕

'인공(人空)과 법공(法空)을 얻고 복엄[1]과 혜엄[2]을 증득하여 진제(眞諦)와 속제(俗諦)의 이치를 밝혀 생사의 허망한 인연을 마친다' 하였습니다.

천룡 8부가 따라 다니고
여러 영혼들 도와주도다.

가슴에는 卍(만)자요, 발바닥에는 꽃무늬, 부처님 공덕 헤아릴 수 없어 찬양하려 해도 끝이 없나니, 본래의 서원 어기지 마옵시고 중생을 두루 이롭도록 백 가지 보배로운 연화대(蓮華臺)를 펴시고, 이 둘째의 불사를 살피옵소서.

지금 참회하는 저희들은 자비도량참법을 건설하고, 둘째 권의 연기를 당하여 저희들의 3업을 맑히고 6근을 깨끗이 하여 도루바(兜樓婆) 향을 사르고 분다리(芬陀利) 꽃을 흩으며 시방의 성인을 봉청(奉請)하고, 현겁천불명호 일컬어 찬탄하며 감로수를 뿌려 죄업을 씻으려 하나이다.

저희들은 오랜 겁부터 금생에 이르도록 이장(二障)에 얽히어 생사가 계속되고 이공³⁾을 깨닫지 못하여 증애(憎愛)를 일으키며 두 가지 삿된 소견으로 고락의 길에서 헤매나이다.

무명 한 번 일어남에 음살도망(婬殺盜妄)이 새록새록 옮아가고 번뇌는 날로 더하여 신·구·의 삼업으로 겹겹의 죄를 지었나이다.

오르고 내리는 과보가 두레박과 같고 업과(業果)가 분명하여 악차취[4] 같나니 지성으로 참법을 닦지 않고서야 허물을 어떻게 면하오리까.

그러므로 정성을 다해 참괴한 마음으로 현재의 복을 돋우며 죄업을 면하는 인연을 삼나이다. 저희 소원 이러하오니 부처님이시여, 어여삐 여기소서.

크신 자비를 앙모하오니 가피를 드리우소서. 부처님 상호 보름달 같으시고, 천 개의 해가 빛을 내는 듯 광명이 시방세계에 가득하니 자비희사(慈悲喜捨)가 모두 구족하옵니다.

입참 入懺
자비도량참법을 행하오며 현겁의 부처님께 절하옵니다.

101 지심귀명례 범덕불 (梵德佛)

102 지심귀명례 보적불 (寶積佛)

103 지심귀명례 화천불 (華天佛)

104 지심귀명례 선사의불 (善思議佛)

105 지심귀명례 법자재불 (法自在佛)

106 지심귀명례 명문의불 (名聞意佛)

107 지심귀명례 요설취불 (樂說聚佛)

108 지심귀명례 금강상불 (金剛相佛)

109 지심귀명례 구이익불 (求利益佛)

110 지심귀명례 유희신통불 (遊戲神通佛)

111 지심귀명례 이암불 (離闇佛)

4. 발보리심 發菩提心

오늘 이 도량의 동참대중은, 마음의 때를 씻어버리고 10악의 중죄를 깨끗이 하여, 쌓인 악업이 없어지고 겉과 속이 모두 정결하여졌으니, 다음은 보살의 행을 배워 도를 수행하면 공덕과 지혜가 그로부터 생길 것입니다. 그러므로 부처님은 '발심이 도량이니 일을 마련할 수 있는 까닭이다'고 말씀하셨습니다. 대중들이여, 각각 뜻을 가다듬어 세월을 허송하면서 번뇌가 다하기를 기다리다가 후회하지 않아야 합니다.

우리들이 오늘 좋은 때 만났으니 밤낮으로 정신차려 번뇌가 마음을 가리게 하지 말고, 힘써 정진하여 보리심을 내어야 합니다. 보리심은 곧 불심(佛心)이니 공덕과 지혜가 끝이 없습니다. 잠깐도 그렇거늘 하물며 오랫동안이리오. 여러 겁 동안 무량한 복을 닦고, 금생에 다른 선을 구족하게 행했더라도 보리심 발한 공덕의 만분의 일에도 미치지 못하며 산수(算數)와 비유로도 다하지 못합니다.

복덕만 짓고 보리심을 내지 않는 사람이 있다면, 마치 밭을 갈고도 종자를 심지 않는 것과 같으니, 싹이 없는데 어디서 열매를 구하리오.

그러므로 보리심을 발해야 합니다. 인연으로 증명하면 위로 부처님 은혜를 갚고, 아래로 모든 중생을 제도할 것입니다.

부처님이 여러 천자(天子)를 찬탄하여 말씀하셨다.

"옳다, 잘 말했다. 그대의 말과 같아서 모든 중생을 이익케 하려면 보리심을 발할 것이니, 이것이 여래에 대한 으뜸가는 공양이니라."

보리심은 한 번만 발할 것이 아니고, 자주 발하여 보리심이 끊이지 않게 해야 합니다. 경에 '항하의 모래알과 같이 무수한 부처님께 선한 원을 크게 발한다' 하셨으니, 보리심을 발하는 수효가 무량해야 합니다.

보리심은 선지식을 만날 때마다 발하는 것이며, 부처님이 출세하실 때를 기다릴 것이 아닙니다. 마치 문수보살이 처음 보리에 향할 적에 여자로 인하여 처음 지혜를 발함과 같이, 오직 범연하게 마음만 표하는 것이 아니고, 진실로 대승을 앙모하고 불법을 탐구하며 경전을 의지할 것입니다. 세상 일로 비유하면 원수와 친한 이가 차별이 없고, 6도가 한 모양이니, 이러한 선으로 인하여 함께 해탈을 얻는 것입니다. 만일 한 가지로 믿고 안다면 부질없는 말이 아닌 줄을 알 것입니다.

오늘 이 도량의 동참대중은, 보리심을 발하는 데는 반드시 먼저 친한 이부터 반연할 것이며, 생각을 둘 때에는 부모와 사장(師長)과 권속을 생각하고, 또 지옥·아귀·축생을 생각하고, 또 천인과 신선과 선신들을 생각하고, 또 인간세계의 모든 사람들을 생각하되, 고통 받는 이가 있으면 구원할 생각을 발해야 합니다.

오직 큰 마음이 있고서야 저들의 괴로움을 구

제할 수 있습니다. 한 생각이 생기면, 또 두 생각을 짓고, 두 생각을 짓고는 세 생각을 지으며, 세 생각이 이루어졌으면 한 방 가득하게 생각하고, 한 방 가득하였으면 한 유순에 가득하고, 한 유순에 가득하고는 남섬부주에 가득하고, 남섬부주에 가득하고는 다른 3천하(天下)까지 가득하며, 이처럼 점점 넓어져서 시방세계에 가득할 것입니다.

동방 세계의 중생을 보면 아버지라 생각하고, 서방 세계의 중생을 보면 어머니라 생각하고, 남방의 중생을 보면 형이라 생각하고, 북방의 중생을 보면 아우라 생각하고, 하방의 중생을 보면 누이라 생각하고, 상방의 중생을 보면 스승이라 생각하며, 그 외의 네 간방(間方)의 중생은 사문이요, 바라문이라 생각해야 합니다.

그리고 만일 그들이 고통을 받거든 나라는 생

각을 하고, 그들에게 가서 몸을 보살피고, 괴로움에서 구제하며, 괴로움에서 벗어나면 그에게 설법하되, 부처님을 찬탄하고, 법을 찬탄하고 보살들을 찬탄할 것이며, 찬탄하고는 환희심을 내며, 그가 낙을 받는 것을 보거든, 내가 받는 것과 같이 생각해야 합니다.

오늘 이 도량의 동참대중은, 보리심을 발하고 이처럼 괴로움을 버리지 말고 중생을 제도하며, 다 같이 간절한 마음으로 오체투지하며 서원을 세워야 합니다.

'저희들이 오늘부터 도량에 이를 때까지, 항상 선지식을 만나서 보리심을 발하고, 3악도에 나거나 8난[5]에 있더라도 항상 보리심을 발할 것을 생각하여 보리심이 끊이지 않으리라.'

오늘 이 도량의 동참대중은 항상 용맹한 마음과 은근한 마음을 일으켜 보리심을 발하며, 다

같이 대자대비하신 현겁의 부처님께 간절히 오
체투지 절하옵니다.

112 **지심귀명례 명천불** (名天佛)

113 **지심귀명례 미루상불** (彌樓相佛)

114 **지심귀명례 중명불** (衆名佛)

115 **지심귀명례 보장불** (寶藏佛)

116 **지심귀명례 극고행불** (極高行佛)

117 **지심귀명례 금강순불** (金剛楯佛)

118 **지심귀명례 주각불** (珠角佛)

119 **지심귀명례 덕찬불** (德讚佛)

120 **지심귀명례 일월명불** (日月明佛)

121 **지심귀명례 일명불** (日明佛)

122 **지심귀명례 성수불** (星宿佛)

시방의 한없는 모든 삼보께 귀의하오며, 저희
들은 지금 시방의 일체 삼보 전에 보리심을 발
하옵니다. 오늘부터 보리도량에 이르도록 보살

의 도를 행하여 퇴전하지 않겠으며, 항상 중생을 제도하려는 마음을 짓고, 항상 중생을 안립하려는 마음을 짓고, 항상 중생을 보호하려는 마음을 짓되, 중생이 붓다를 이루지 못하면 먼저 정각을 취하지 않겠나이다.

시방의 모든 부처님과 여러 대보살과 모든 성현께서는 저희를 위하여 증명하사 저희들의 모든 행원(行願)이 다 성취케 하여지이다.

오늘 이 도량의 동참대중이여, 설사 여러 겁 동안 여러 가지 선업을 짓더라도 인천의 과보는 얻을지언정 출세간(出世間)의 참된 과보는 얻지 못하고, 목숨을 마치고 복이 다하면 다시 나쁜 갈래에 떨어져서 몸이 다하도록 고통을 면치 못할 것이며, 큰 서원을 세우며 광대한 마음을 발하지 않으면 온갖 복으로 장엄하여도 모든 고뇌를 여의지 못할 것입니다.

오늘 한결같은 마음과 뜻으로 부처님을 생각하고 견고한 마음을 일으켜 보리심을 발하면 그 공덕은 헤아릴 수 없을 것이며, 부처님과 보살들도 다 말할 수 없을 것이며, 이러한 선근은 헤아릴 수 없으니, 어찌 지극한 정성으로 힘을 다하지 아니하리오.

'백 년 동안 캄캄했던 방이라도 한 등불로 밝힐 수 있나니, 그러므로 잠깐 동안의 발심(發心)을 가벼이 여겨 노력을 게을리 하지 말라.'『대집경』

우리 서로 호궤합장하고 일심으로 시방의 모든 삼보를 반연하고 서원합니다.

'저희가 지금 시방의 모든 부처님과 법보와 보살과 성현 앞에 곧은 마음과 바른 생각으로 발심하되, 방일하지 않는 마음과 편안히 머무는 마음과 선을 좋아하는 마음과 모든 중생을 제도하려는 마음과 모든 중생을 보호하려는 마음과

부처님과 같은 마음을 일으키고 보리심을 발하
나이다.'

저희들이 오늘부터 보리도량에 앉을 때까지
인천(人天)에 마음을 집착하지 않으며, 성문의 마
음을 일으키지 않으며, 벽지불의 마음도 일으키
지 않고, 오직 대승의 마음과 부처님의 지혜를
구하는 마음과 아뇩다라삼먁삼보리를 성취하려
는 마음을 발하오니, 시방의 한없는 모든 부처
님과 모든 대보살과 일체 성인께서는 본원력으
로 저희를 위하여 증명하며, 자비력으로 가피하
여 섭수하사, 저희들이 오늘 발심하고 세세생생
에 견고하여 물러나지 않게 하소서.

만일 3악도에 떨어지거나 8난에 떨어져 3계
중에서 갖가지 몸으로 갖가지 고통을 받으며 견
디기 어렵고 참기 어렵더라도 괴로움을 받지 않
을 수 없을 것이니, 오늘 세운 큰 마음을 잃지

않겠습니다. 무간지옥의 불구덩에 들어가서 갖가지 고통을 받더라도 오늘 세운 마음을 잃지 않겠으니, 이 마음과 이 서원을 부처님의 마음과 같고 부처님의 서원과 같게 하옵소서.

지성으로 삼보께 정례하오니, 저희들이 오늘부터 성불할 때까지 모든 법을 버리지 않고, 모든 법이 공한 줄을 알아서 시방의 모든 중생을 제도하겠나이다.

지극한 정성으로 다 같이 간절히 오체투지하고 마음으로 생각하며 아뢰옵니다.

'저희들은 내 몸을 위하여 위없는 보리를 구하지 않고 일체 중생을 제도하기 위하여 위없는 보리를 구하겠나이다.'

오늘부터 성불할 때까지 무량무변한 모든 중생을 책임지고 대자비심을 일으키게 하겠으며,

미래의 중생에게 3악도의 중죄와 6취(趣)의 액난이 있거든 그 미래가 다하기까지 저희들이 모든 고통을 피하지 않고 몸으로 구호하여 안락한 곳을 얻게 하겠으니, 시방의 한없는 현겁의 모든 부처님은 굽어 살피시옵소서.

123 지심귀명례 청정의불 (淸淨義佛)

124 지심귀명례 위람왕불 (違藍王佛)

125 지심귀명례 복장불 (福藏佛)

126 지심귀명례 견유변불 (見有邊佛)

127 지심귀명례 전명불 (電明佛)

128 지심귀명례 금산불 (金山佛)

129 지심귀명례 사자덕불 (獅子德佛)

130 지심귀명례 승상불 (勝相佛)

131 지심귀명례 명찬불 (明讚佛)

132 지심귀명례 견정진불 (堅精進佛)

133 지심귀명례 구족찬불 (具足讚佛)

대자비의 힘으로 저희를 위하여 증명하시되 저희들이 오늘부터 보리심을 발하고 보살도를 행하여 나는 곳마다 구족하게 성취하며, 가는 곳마다 모든 업장을 해탈케 하소서.

지성으로 오체투지하며 시방의 모든 삼보님께 정례하나이다.

저희들이 자신을 위하여 위없는 깨달음을 구하지 않고, 시방의 일체 중생을 제도하기 위하여 위없는 깨달음을 얻으려 하나이다.

오늘부터 성불할 때까지, 저희들이 어리석고 캄캄하여 정법을 알지 못하고 여러 가지 다른 소견을 일으키거나, 비록 도를 닦으나 법상[6]을 알지 못하는 중생이 있으면, 이런 중생에게는 무한한 미래가 다하도록 부처님의 힘과 법보의 힘과 성현의 힘과 갖가지 방편으로써 지도하여 부처님의 지혜에 들어가서 일체종지(一切種智)를 성취케 하겠나이다.

지극한 정성으로 다 같이 현겁의 부처님께 간
절히 오체투지 절하옵니다.

134 지심귀명례 이외사불 (離畏師佛)

135 지심귀명례 응천불 (應天佛)

136 지심귀명례 대등불 (大燈佛)

137 지심귀명례 세명불 (世明佛)

138 지심귀명례 묘음불 (妙音佛)

139 지심귀명례 지상공덕불 (持上功德佛)

140 지심귀명례 감신불 (紺身佛)

141 지심귀명례 사자협불 (獅子頰佛)

142 지심귀명례 보찬불 (寶讚佛)

143 지심귀명례 중왕불 (衆王佛)

144 지심귀명례 유보불 (遊步佛)

여러 부처님과 대보살께서는 대자대비하신
힘과 큰 지혜의 힘과 부사의한 힘과 한없이 자

재한 힘과 4마를 항복받는 힘과 5개(蓋)를 끊는 힘과 번뇌를 멸하는 힘과 한량없이 업진[7]을 청정케 하는 힘과 한량없이 관지[8]를 개발하는 힘과 한량없이 무루혜[9]를 개발하는 힘과 무량무변한 신통력과 한량없이 중생을 제도하는 힘과 한량없이 중생을 보호하는 힘과 한량없이 중생을 편안케 하는 힘과 한량없이 고뇌를 끊어 버리는 힘과 한량없이 지옥을 해탈하는 힘과 한량없이 아귀를 제도하는 힘과 한량없이 축생을 구제하는 힘과 한량없이 아수라를 교화하는 힘과 한량없이 인간을 섭수하는 힘과 한량없이 천상과 신선의 번뇌를 없애는 힘과 10지(地)를 구족하게 장엄하는 힘과 정토를 구족하게 장엄하는 힘과 도량을 구족하게 장엄하는 힘과 깨달음의 공덕을 구족하게 장엄하는 힘과 깨달음의 지혜를 구족하게 장엄하는 힘과 법신을 구족하게 장엄하는 힘과 위없는 깨달음을 구족하게 장엄하는 힘과 대열반을 구족하게 장엄하는 힘과 무량무진한 공덕력과 무량무진한 지혜력으로 가피하소서.

시방의 무한한 모든 부처님과 모든 대보살이시여, 이렇게 무량무변하게 자재하고 부사의한 힘으로써 본래의 소원을 어기지 마시고 모두 베풀어 주시어, 시방세계의 모든 4생·6도의 중생과 오늘 함께 발심하는 이들이 모든 공덕력을 구족히 성취케 하시며, 깨달음을 얻으려는 원력을 구족히 성취케 하시며, 깨달음에 이르기 위한 실천의 힘을 구족하게 성취케 하여지이다.

오늘 시방에 숨어 있거나, 드러나거나, 원수거나, 친한 이나, 원수도 아니고 친하지도 않은 이나, 4생·6도의 인연 있는 이와 인연 없는 모든 중생들을 미래제가 다하도록 이 참법으로써 영원히 청정하게 하며, 나는 곳마다 소원을 성취케 하여 한결같이 견고하여 마음이 퇴전하지 않게 하옵소서.

여래와 함께 정각을 이루며, 소원이 다른 후세의 중생까지도 모두 이 대원해(大願海)에 들어와서 공덕과 지혜를 구족히 성취케 하며, 여러 보살과 함께 10지행을 원만히 성취하고 부처님의 지혜를 구족하여 위없는 깨달음을 장엄하고 구경에 가서는 해탈케 하여지이다.

5. 발원 發願

오늘 이 도량의 동참대중은, 모두 다 대보리심을 발하고 환희 용약하며, 다시 또 큰 서원을 발하기 위하여 다 같이 대자대비하신 현겁의 부처님께 간절히 오체투지 절하옵니다.

145 **지심귀명례 안은불** (安隱佛)

146 **지심귀명례 법차별불** (法差別佛)

147 지심귀명례 상존불 (上尊佛)

148 지심귀명례 극고덕불 (極高德佛)

149 지심귀명례 상사자음불 (上獅子音佛)

150 지심귀명례 낙희불 (樂戱佛)

151 지심귀명례 용명불 (龍明佛)

152 지심귀명례 화산불 (華山佛)

153 지심귀명례 용희불 (龍喜佛)

154 지심귀명례 향자재왕불 (香自在王佛)

155 지심귀명례 보염산불 (寶焰山佛)

부사의한 힘으로 가피하시고 보호하시어 저희들이 세운 서원을 모두 성취케 하시며, 나는 곳마다 항상 잊지 말고 위없는 깨달음을 끝까지 얻어 정각을 성취케 하여지이다.

저희들이 오늘부터 세세생생 나는 곳마다 항상 보리심 발한 것을 기억하여 보리심이 상속하여 끊어지지 않게 하여지이다.

저희들이 오늘부터 세세생생 나는 곳마다 항상 무량무변하신 모든 부처님을 받들고 공양하려 하오니, 모든 공양거리가 만족하여지이다.

저희들이 오늘부터 세세생생 나는 곳마다 항상 『대승방등경(大乘方等經)』을 호지하올 적에 모든 공양거리가 만족하여지이다.

저희들이 오늘부터 세세생생 나는 곳마다 항상 시방의 무량무변하신 모든 보살을 만나올 적에 모든 공양거리가 만족하여지이다.

저희들이 오늘부터 세세생생 나는 곳마다 항상 시방의 무량무변한 모든 현성을 만날 때에 모든 공양거리가 만족하여지이다.

저희들이 오늘부터 세세생생 나는 곳마다 항상 깊은 은혜를 보답할 때에 이바지할 것이 뜻과 같이 만족하여지이다.

저희 제자들이 오늘부터 세세생생 나는 곳마다 항상 화상과 아사리를 만날 때에 공양할 것이 뜻과 같이 만족하여지이다.

저희들이 오늘부터 세세생생 나는 곳마다 항상 국력이 강대한 나라를 만나서 나라와 더불어 삼보를 흥성케 하여 끊이지 않게 하여지이다.

저희들이 오늘부터 세세생생 나는 곳마다 항상 불국토를 장엄하여 3도8난이란 말까지 없게 하여지이다.

저희들이 오늘부터 세세생생 나는 곳마다 불법을 자재하게 설하는 지혜와 6신통이 항상 앞에 나타나서 잃어버리지 않게 하여 모든 중생들을 교화하여지이다.

지극한 마음으로 다 같이 현겁의 부처님께 오체투지 절하옵니다.

156 **지심귀명례 천력불** (天力佛)

157 **지심귀명례 덕만불** (德鬘佛)

158 **지심귀명례 용수불** (龍首佛)

159 **지심귀명례 인장엄불** (因莊嚴佛)

160 **지심귀명례 선행의불** (善行意佛)

161 **지심귀명례 지승불** (智勝佛)

162 **지심귀명례 무량일불** (無量日佛)

163 **지심귀명례 실어불** (實語佛)

164 **지심귀명례 지거불** (持炬佛)

165 **지심귀명례 정의불** (定意佛)

166 **지심귀명례 무량형불** (無量形佛)

시방의 한없는 모든 삼보께 귀의하오니, 여러 부처님과 여러 대보살과 일체 현성의 대자비력을 받자와 저희들이 세운 서원이 나는 곳마다 마음대로 자재케 하여지이다.

오늘부터 세세생생 저희들이 나는 곳마다 우

리의 모습을 보는 중생은 곧 해탈을 얻으며, 만일 지옥에 들어가면 모든 지옥이 극락세계로 변하고, 모든 괴로움은 즐거움으로 변하여, 중생들의 6근이 청정하고 몸과 마음이 안락하여 3선천[10]과 같으며, 모든 의심을 끊고 번뇌가 없어지이다.

오늘부터 세세생생 저희들이 나는 곳마다 우리의 음성을 듣는 중생은 마음이 편안하여 죄업이 소멸되고 다라니를 얻으며 해탈 삼매로 무생법인을 구족하며, 큰 변재 얻어 법운지[11]에 올라서 정각을 이루어지이다.

오늘부터 세세생생 저희들이 나는 곳마다 우리 이름을 듣는 중생은 모두 미증유의 환희를 얻으며, 3악도에 가게 되면 모든 고통을 끊어버리고, 천상이나 인간에 나게 되면 번뇌가 끊어져 간 곳마다 자재하여 해탈하여지이다.

저희들은 오늘부터 세세생생 나는 곳마다 모든 중생을 대하여 주는 마음과 빼앗는 마음이 없고, 원수라는 생각과 친하다는 생각이 없으며, 3독을 끊어버리고, '나다', '내 것이다' 하는 생각이 없으며, 큰 법을 믿어 평등하게 자비를 행하며, 일체가 화합하여 거룩한 대중과 같아지이다.

저희들은 오늘부터 세세생생 나는 곳마다 모든 중생을 대해 마음이 항상 평등하여 허공과 같으며, 헐뜯고 칭찬하는 데 흔들리지 아니하고, 원수와 친한 이가 한 모양이며, 깊고 넓은 마음에 들어가서 부처님의 지혜를 배우며, 중생을 보되 라후라와 같이하며, 10주[12]의 업을 만족하여 외아들 같은 지위를 얻으며, 유와 무를 떠나서 항상 중도를 행하여지이다.

지극한 마음으로 다 같이 현겁의 부처님께 절하옵니다.

167 지심귀명례 명조불 (明照佛)

168 지심귀명례 최승등불 (最勝燈佛)

169 지심귀명례 단의불 (斷疑佛)

170 지심귀명례 장엄신불 (莊嚴身佛)

171 지심귀명례 불허보불 (不虛步佛)

172 지심귀명례 각오불 (覺悟佛)

173 지심귀명례 화상불 (華相佛)

174 지심귀명례 산주왕불 (山主王佛)

175 지심귀명례 선위의불 (善威儀佛)

176 지심귀명례 변견불 (遍見佛)

177 지심귀명례 무량명불 (無量名佛)

시방의 무한한 모든 삼보께 귀의하오니, 저희들이 참회하고 발원하는 공덕의 인연으로 4생 6도의 중생들이 오늘부터 보리를 이룰 때까지 보살도를 행하는 데 고달픔이 없으며, 재물보시와 법보시에 다함이 없으며, 지혜와 방편으로 짓는 일이 헛되지 않고, 근기를 따르고 병에 맞추어 법과 약을 베풀며, 보고 듣는 모든 이들이 함께 해탈을 얻어지이다.

저희들이 보리에 이르도록 보살도를 행하되 망설임이 없고, 이르는 곳마다 큰 불사를 지으며 도량을 건립하되 마음이 자재하고 법에 자재하며, 삼매에 모두 들어가고, 다라니의 문을 열어 불도 수행의 결과를 나타내 보이며, 법운지 (法雲地)에 있으면서 감로수를 비 내리어 중생들의 네 가지 마원[13]을 소멸하고 청정한 법신의 과보를 얻게 하여지이다.

오늘 세운 저희들의 여러 서원은 시방세계의 큰 보살들이 세운 서원과 같으며, 시방세계 여러 부처님이 수행하실 때 세우신 대원과 같아서, 광대하기 법의 성품과 같고 구경(究竟)이 허공과 같아지이다.

저희들이 세운 소원을 성취하여 보리원을 만족하며, 중생들이 세운 모든 서원을 성취하기를 원하오니, 시방의 모든 부처님과 일체 존법과 일체 보살과 일체 현성께서는 자비하신 힘으로 저희를 위하여 증명하옵소서.

모든 하늘, 모든 신선, 모든 선신, 모든 용신들도 삼보를 옹호하는 자비와 선근의 힘으로 증명하여 저희의 행원이 뜻대로 이루어지이다.

6. 발회향심 發廻向心

오늘 이 도량의 동참대중은, 이미 보리심을 발하고, 이미 큰 서원을 발하였으니 다시 회향심을 발하며, 지극한 정성으로 다 같이 현겁의 부처님께 간절히 오체투지 절하옵니다.

178 **지심귀명례 보천불** (寶天佛)

179 **지심귀명례 멸과불** (滅過佛)

180 **지심귀명례 지감로불** (持甘露佛)

181 **지심귀명례 인월불** (人月佛)

182 **지심귀명례 희견불** (喜見佛)

183 **지심귀명례 장엄불** (莊嚴佛)

184 **지심귀명례 주명불** (珠明佛)

185 **지심귀명례 산정불** (山頂佛)

186 **지심귀명례 도피안불** (到彼岸佛)

187 **지심귀명례 법적불** (法積佛)

188 **지심귀명례 정의불** (定義佛)

시방의 무한한 모든 삼보께 귀의하오니, 자비하신 힘으로 저희를 위하여 증명하소서.

저희들이 소원하는 것은 과거에 일으킨 모든 선업과 현재에 일으키는 모든 선업과 미래에 일으킬 모든 선업이 많거나 적거나 가볍거나 무겁거나 간에 그 모두를 4생 6도의 모든 중생에게 베풀어, 그 중생들이 모두 보리심을 얻게 하여

2승에도 회향하지 않고, 3유에도 회향하지 않고, 다 무상보리에 회향하게 하는 것이며, 또 일체중생이 일으킨 선업에서 과거와 현재와 미래의 것을 각각 회향하되 2승에 회향하지도 않고, 3유에도 회향하지 않고, 무상보리에 회향하게 하옵소서.

오늘 이 도량의 동참대중은, 보리심을 발하고 대서원을 발하고 회향심을 발하였으니, 광대하기는 법의 성품과 같고, 구경은 허공과 같도록 과거·현재·미래의 부처님과 큰 보살님과 현성께서는 모두 증명하옵소서.

지성으로 삼보께 정례하옵니다. 저희들이 발심하고 발원하는 일을 마치고 환희 용약하며, 지극한 마음으로 국가 원수(元帥)와 부모와 스승과 여러 겁 동안에 만난 친척과 모든 권속과 선지식과 악지식과 하늘과 신선과 호세 사천왕과 선을 표창하고 악을 벌주는 이와 경과 주문을 수호하는 이와 5방의 용왕과 8부 용신과 모든 천신과 지신과 과거·현재·미래의 원수와 친한 이와 원수도 친하지도 않은 이와 4생 6취의 일체 중생을 위해 현겁의 부처님께 오체투지 절하옵니다.

189 지심귀명례 시원불 (施願佛)

190 지심귀명례 보취불 (寶聚佛)

191 지심귀명례 주의불 (住義佛)

192 지심귀명례 만의불 (滿意佛)

193 지심귀명례 상찬불 (上讚佛)

194 지심귀명례 자덕불 (慈德佛)

195 지심귀명례 무구불 (無垢佛)

196 지심귀명례 범천불 (梵天佛)

197 지심귀명례 화명불 (華明佛)

198 지심귀명례 신차별불 (身差別佛)

199 지심귀명례 법명불 (法明佛)

200 지심귀명례 진견불 (盡見佛)

찬불축원 讚佛祝願

대성이신 세존이시여, 거룩하시나이다.

신통 지혜 통달하여 성인 중의 왕이시며,

형상이 6도에 두루하시며

당체가 시방에 널리셨으니

정상에는 육계가 있고

목에는 일광이 빛나시네.

얼굴이 보름달 같으사

훌륭한 금으로 장엄하시고

위의는 빼어나며 행동이 정중하시니,

위엄이 대천세계에 진동하여

모든 마군이 치를 떠나이다.

삼달지[14]를 환히 통하니

삿된 무리들은 종적을 감추며

악을 보고는 반드시 구(救)하시니
괴로움에서 건지시어 양식이 되고
저 언덕에 이르기 위해 배를 저으시네.

그러므로 여래·응공·정변지·명행족·선서·세간해·무상사·조어장부·천인사·불·세존이라 하시니, 한량없는 중생을 제도하여 생사의 고해에서 구출하시옵네.

이렇게 발심한 공덕의 인연으로 국가의 원수와 문무백관들이 이 도량에 이르도록 하시고, 몸을 잊고 불법 위하기를 상제(常啼)보살 같이 하고, 대자비로 죄업을 멸하기를 허공장보살 같이 하고, 멀리서 법을 듣기를 유리광보살과 같이 하고, 법난(法難)을 해결하기를 무구장(無垢藏)보살과 같이 하게 하여지이다.

저희들을 낳아 준 부모와 여러 겁 동안에 만난 친척들도 이 도량에 이르도록 하시고, 형상을 허공에 흩기를 무변신보살과 같이 하고, 열 가지 공덕이 구족하기를 고귀덕왕보살과 같이 하고, 법문 듣고 환희하기를 무외보살과 같이 하고, 신통력과 용맹은 대세지보살과 같게 하여지이다.

저희들의 화상과 아사리와 동학의 권속과 상·중·하좌의 모든 도반들도 이 도량에 이르도록 하시어, 무외(無畏)를 얻기는 사자왕과 같고, 메아리 같이 교화하기는 보적보살과 같고, 음성을 듣고 고통에서 건지기는 관세음보살과 같고, 법문 묻기는 대가섭과 같게 하여지이다.

재가나 출가한 믿음 깊은 신도와 선지식·악지식과 모든 권속들도 이 도량에 이르게 하시어, 액난을 구하기는 구탈(救脫)보살과 같이 하고,

용모가 단정하기는 문수보살과 같고, 업장을 버리기는 기음개(棄陰盖)보살과 같고 최후의 공양 베풀기는 순타와 같게 하여지이다.

하늘들과 신선들과 호세 4천왕과 총명하고 정직한 천지 허공과 선한 일을 주관하고 악한 일을 벌주는 이와 주문을 수호하는 이와 5방 용왕과 8부 용신과 깊은 곳에 숨은 귀신과 드러난 귀신과 그들의 권속들이 이 도량에 이르게 하시어, 큰 자비로 감싸 주기를 미륵보살과 같이 하고, 정진으로 법을 보호하기는 불휴식(不休息)보살과 같이 하고, 멀리서 경 읽는 일을 증명하기는 보현보살과 같이 하고, 법을 위하여 분신(焚身)하기는 약왕보살과 같이 하도록 하여지이다.

시방의 모든 원수와 친한 이와 원수도 친하지도 않은 이와 4생 6도의 모든 중생과 그 권속들이 오늘부터 도량에 이르게 하시어, 마음에 애착이 없기는 이의녀(離意女)와 같고, 미묘하게 설법하기는 승만 부인과 같고, 정진을 잘하기는 석가모니 부처님과 같고, 훌륭한 서원 세우기는 무량수 부처님과 같고, 위신을 갖추기는 여러 천왕과 같고, 불가사의하기는 유마힐과 같아서 일체 공덕을 각각 성취하고, 무량 불토를 모두 장엄하게 하여지이다.

시방의 다함없는 무량무변한 부처님과 대보살과 일체 현성께서는 자비심으로 가피하여 섭수하시고 구호하여 거두어 주시옵소서. 소원이 원만하고 신심이 견고하고 덕업이 날마다 만족하여, 사생을 양육하기를 외아들 같이 하여 모든 중생이 4무량심과 열 가지 선정 얻어 삼원[15]이 널리 가피하고, 생각을 따라 부처님 뵙기가 승만 부인과 같아서, 모든 행원을 끝까지 성취하여 여래와 함께 정각에 오르게 하여지이다.

찬 讚

보리심이 열리고 지혜 거듭 빛나서

생각은 생각마다 이루어져 시방에 가득하며

필경에 사량분별(思量分別) 없어지고

오체투지하여 부처님께 회향하나이다.

나무 이구지보살마하살 (離垢地菩薩摩訶薩) 〔3칭〕

출참 出懺

만 가지 덕으로 장엄하신 몸, 도솔천에서 떠나지 않고 정반왕궁에 내리시며, 온갖 복으로 상호를 이루신 어진 이, 보리수에서 일어나지 않고 도리천에 오르셨네.

부처님께서는 자비로 굽어 살피사 고해에서 헤매는 무리를 건져 주시고 법안(法眼)이 원만하여 간절한 저희들의 소원 이루어 주소서.

이제까지 참회하는 저희들 자비도량참법을 수행하며 제2권이 끝나니 공덕이 점점 완비하오며, 단내(壇內)의 청정한 대중 참회에 나고 들면서 법답게 도를 행하고 향을 사르고 꽃을 흩어 경을 외우고 주문을 지니나이다.

제2권의 공덕으로 둘째의 회향을 짓사오니 일진법계[16]의 붓다와 달마와 승가와 3계 중의 천선(天仙)과 지신과 수부(水府)들 모두 환희한 마음으로 이 지극한 정성 살피시며, 외아들처럼 어여삐 여기시어 복덕과 지혜 원만히 하옵소서.

지은 공덕으로 지금 참회하는 저희들 3업을 깨끗이 씻고 복과 지혜 증장하오며, 사참(事懺)과 이참(理懺)으로 죄업 소멸하고, 인공(人空)과 법공(法空)이 청정하며, 뒤바뀐 마음 머물지 않고, 선정과 지혜로 장엄하며, 불이법문(不二法門)에 들어가 항상 참된 이치를 증득하며, 4은과 3유와 법계의 원친(冤親)들이 아공(我空)과 법공을 얻고 무생법인을 증득하며, 지혜가 원명하고 원행이 원

만하여 법해에서 자유자재하고, 살바야의 과지
(果地)에서 항상 즐겁게 하여지이다.

비록 글대로 참회하나 오히려 정성을 다하지
못할까 두려워 청정한 대중과 함께 거듭 참회를
구하나이다.

찬 讃

자비보참 2권의 공덕으로 저희들과 망령들의
두 말한 죄가 소멸되고 보살의 이구지[17]를 증득
하며, 참문(懺文)을 외우는 곳에 죄의 꽃은 날아
가 없어지고, 원결(寃結)은 풀리고 복이 더하여
도리천에 왕생하였다가 용화회상에서 다시 만나
미륵부처님의 수기를 받게 하여지이다.

나무 용화회보살마하살 (龍華會菩薩摩訶薩)〔3칭〕

거찬 擧讃

자비보참 제2권 모두 마치고 4은(恩) 3유(有)에
회향하오니 참회를 구하는 저희들은 수복이 증

장하고, 망령들은 정토에 왕생하여지이다.

이구지보살이시여, 어여삐 여기사 거두어 주
소서.

나무 등운로보살마하살 (登雲路菩薩摩訶薩) 〔3칭〕

1) 복엄(福嚴): 보시 등의 복업(福業)으로 몸을 장엄하는 것.

2) 혜엄(慧嚴): 지혜로 장엄하는 것.

3) 2공(二空): 나와 법이 공한 것.

4) 악차취(惡叉聚): 도토리 모양의 나무 열매. 나무에서 떨어지면 서로
   모여 무리진다.

5) 팔난(八難): 부처님을 볼 수도 없고 법을 듣지도 못하는 여덟 가지
   경계.

6) 법상(法相): 모든 사물의 있는 그대로의 모습, 또는 모든 법의 본
   성.

7) 업진(業塵): 악업은 몸을 더럽히므로 업진이라 한다.

8) 관지(觀智): 선정(禪定)에서 나온 지혜.

9) 무루혜(無漏慧): 번뇌로 더럽혀지지 않는 진실한 지혜.

10) 삼선천(三禪天): 수행에 의하여 욕계(欲界)의 미혹(迷惑)을 넘어 태
    어나는 색계(色界)의 셋째 하늘. 이곳은 ① 평등하고, ② 항상 불
    법을 생각하고, ③ 지혜로우며, ④ 즐겁고, ⑤ 한마음이다.

11) 법운지(法雲地): 보살의 제위 중 가장 높은 10지(十地).

12) 십주(十住): 보살이 수행하는 52의 단계 중, 11로부터 20위까지 진

실한 공의 도리에 마음이 안주하는 경지.

13) 마원(魔怨): ① 번뇌, ② 괴로움을 낳는 오온(五蘊), ③ 죽음, ④ 선행을 막는 것 등. 이 네 가지는 수행의 원수이다.

14) 삼달지(三達智): 과거 현재 미래를 다 아는 지혜로 아라한과를 얻은 성자가 갖는다.

15) 삼원(三願): 보살이 중생을 위해 세우는 세 가지 원. ① 진리를 깨닫게 하고, ② 싫어함이 없이 가르침을 설하고, ③ 목숨을 던져 바른 가르침을 지키려는 서원.

16) 일진법계(一眞法界): 유일하고 절대하여 구경의 진리.

17) 이구지(離坵地): 중생계의 더러운 경계에 있으면서도 번뇌를 떠난 경지. 보살 십지 중 둘째 과위.

자비도량참법 제3권

[먼저 11~20쪽 정단찬 · 삼보찬 · 자비보참의문을 독송 후 시작한다.]

찬 讚

등불이 휘황하고

찬란하게 보대(寶臺)에 두루하니

빛나는 광명이 항하사 세계에 가득하고

어둡던 거리 황홀하여 장애가 없으며

염라왕은 자금대에 예경하는데

연등불께서는 성도하여

인간과 하늘의 예배를 받으시네.

나무 보공양보살마하살 (普供養菩薩摩訶薩) 〔3칭〕

3아승기 과보가 원만하여 우담발화는 이승에 피고 세 종류의 화신으로 부사의한 가르침을 연설하며, 세 가지 수레로 인도하여 3계의 중생을 제도하고 세 가지 관(觀)이 원만하고 밝아 3천 세계를 교화하시네.

순으로 행하고 역으로 행함이 모두 부처님 일이요, 발을 들고 발을 내림이 도량 아님이 없으시네.

대각의 세존이시여, 저희들의 정성을 살피옵소서. 지금 참회하는 제자들은 자비도량참법을 건설하고 이제 제3권의 연기를 당하여, 예경하고 정성을 다하여 자비한 얼굴 생각하며 부처님 명호 칭양하오니, 향적세계의 맛있는 음식과 유명한 꽃과 과일 올리오니, 대자대비를 드리워 다생(多生)의 죄업 용서하여 주옵소서.

저희 제자들은 비롯함이 없는 예부터 지금까지 3독이 마음을 가리워 3계에 오르내리는 업을 짓고 삼공(三空)을 깨닫지 못하여 삼악도의 괴로운 인(因)을 지었나이다.

세 가지 번뇌로 3업이 깊었으니 티끌마다 막히고 듣고 생각하고 닦는 일 알지 못하니 생각마다 반연이라, 누에가 고치를 짓듯 자승자박하고, 나비가 불에 덤비듯 몸을 태울 뿐입니다.

이제 몸과 마음이 고통임을 알고 업을 지어 받는 과보 피할 길 없어 발로하고서 진여로 향하고자 털어놓고 뉘우칩니다.

부처님 태양 공중에 떠서 어두운 갈래 비쳐주시며, 3악의 무리 모아 3천 세계 부처님께 예경하오니, 이 마음 간절하고 부처님 공덕 어마어마해 넓은 자비를 앙모하오니 가피를 드리우소서.

3천 세계의 자비하신 부처님, 백억 국토 중의 대법왕이시여, 청련화 눈으로 살피시어 중생의 소원 이루어 주소서.

입참 入懺
자비도량참법을 행하오며 현겁의 부처님께

절하옵니다.

201 **지심귀명례 덕정불** (德淨佛)

202 **지심귀명례 월면불** (月面佛)

203 **지심귀명례 보등불** (寶燈佛)

204 **지심귀명례 보당불** (寶瑞佛)

205 **지심귀명례 상명불** (上名佛)

206 **지심귀명례 작명불** (作名佛)

207 **지심귀명례 무량음불** (無量音佛)

208 **지심귀명례 위람불** (違藍佛)

209 **지심귀명례 사자신불** (獅子身佛)

210 **지심귀명례 명의불** (明意佛)

211 **지심귀명례 무능승불** (無能勝佛)

212 **지심귀명례 공덕품불** (功德品佛)

213 **지심귀명례 해혜불** (海慧佛)

214 **지심귀명례 득세불** (得勢佛)

7. 현과보 ① 顯果報

오늘 이 도량의 동참대중이여, 앞에서 죄악의 허물을 말하였습니다. 허물과 근심은 좋은 업과 어긋납니다. 선하지 못한 업으로 3악도에 떨어져서 여러 갈래를 헤매다가, 다시 인간으로 태어나 괴로움을 받는 것은 과거의 인연으로 인한 것입니다. 괴로움은 이 몸 버리고 다른 몸 받아도 잠깐 동안도 쉬지 않습니다.

부처님과 보살들은 신통과 천안통으로 3계 안에 있는 중생들이 업에 따라 괴로운 곳에 떨어짐을 보십니다. 무색계에서는 선정을 즐기다가 복이 다하여 목숨 마치면 욕계에 떨어져서 금수의 몸을 받고, 색계의 천인들도 청정한 곳으로부터 욕계에 떨어져 부정한 곳에서 욕락을 받으며, 6욕천에서 복이 다하면 지옥에 떨어져 무량한 고통을 받습니다.

사람들은 10선의 힘으로 사람이 되었는데, 사람의 몸에도 많은 고통이 있고, 수명이 다하면 다른 갈래에 떨어집니다. 축생의 중생들은 여러 가지 고통을 받는데, 채찍을 맞고 돌아다니기도 하고, 무거운 짐을 싣고 먼 길을 가기도 하며, 고통이 심하여 등과 목이 뚫어지고 뜨거운 쇠로 고통당하기도 합니다. 아귀들은 항상 기갈이 심하고 불이 타는데, 마치 겁말(劫末)과 같으며, 선한 인이 없으면 벗어나지 못합니다. 다행히 조그만 복이 있어 사람의 몸을 받게 되어도 병이 많고 단명합니다.

선과 악의 두 가지가 잠깐도 쉬지 않으며, 빈부귀천은 업을 지은 대로 받습니다. 원인 없이 받는 과보는 없습니다. 그러므로 경에서 말씀하셨습니다.

호화로운 사람과 귀인과 국왕과 장자는 삼보

를 예경하고 승사(承事)한 데서 오는 것이고, 부귀한 사람은 보시한 데서 오는 것이다. 장수한 사람은 계행을 지니는 데서 오는 것이고, 단정한 사람은 인욕하는 데서 오는 것이며, 근면하여 게으르지 아니한 사람은 정진하는 데서 오는 것이고, 재주 있고 총명하여 많은 일을 아는 사람은 지혜를 닦은 데서 오는 것이고, 목소리가 아름다운 사람은 삼보를 찬탄한 데서 오는 것이고, 몸이 깨끗하고 병이 없는 사람은 자비한 마음에서 오는 것이니라.

얼굴이 잘 생기고 키가 장대한 이는 사람을 공경한 연고이며, 키가 작고 변변치 못한 이는 남을 멸시한 연고이며, 누추하고 못난 사람은 성내기를 좋아한 연고이며, 나면서부터 바보는 공부하지 않은 연고이며, 어리석은 사람은 남을 가르치지 않은 연고이며, 벙어리가 된 사람은 남을 훼방한 연고이며, 남의 심부름꾼이 된 이는 빛은 갚지 않은 연고이며, 얼굴이 못생기고 검은 이는 부처님 광명을 가리운 연고이며, 짐승의 무리에 나는 것은 남을 놀라게 한 연고이며, 용의 무리에 나는 것은 조롱하기를 좋아한 연고이며, 몸에 부스럼이 있는 이는 중생을 때린 연고이며, 사람들이 보고 환희하는 것은 전생에 사람을 보고 환희한 연고이니라.

법문할 때 이간을 하여 못 듣게 하면 귀가 처진 개가 되고, 법문을 듣고도 마음에 두지 않으면 귀가 긴 나귀가 되고, 탐욕이 많아 혼자만 먹으면 아귀에 나며 사람이 되어도 빈궁하며 굶주리고, 나쁜 음식을 사람에게 먹이면 뒤에 돼지나 말똥구리로 태어나고, 남의 것을 겁탈하면 뒤에 양의 무리에 태어나서 사람들이 가죽을 벗기어 살을 먹고, 훔치기를 좋아한 사람은 뒤에 소나 말로 태어나서 사람에게서 혹사를 당하느니라.

거짓말을 하여 남의 악한 일을 퍼뜨린 사람은 죽어 지옥에 들어가 구릿물이 입에 부어지고 혀가 빼내져 보섭으로 갈리며 죄를 마치고 나오면 구욕새가 되는데, 사람들이 그 소리를 들으면 모두 놀라며 변괴라고 하여 주문을 외워 죽게 하며, 술 먹고 취하기를 좋아하면 뒤에 똥물지옥에 들어가고, 죄를 마치고 나오면 성성[1]이가 되고 성성이의 죄업이 끝나서 사람이 되면 완악하고 무지하여 사람값에 치지 않으며, 남의 힘을 탐내는 이는 뒤에 코끼리가 되며, 부귀한 사람으로서 남의 우두머리가 되어 아랫사람들을 때리면 아랫사람은 호소할 곳이 없나니, 이런 사람은 죽어 지옥에 들어가서 수천만 년 고통 받고, 지옥에서 나오면 물소[水牛]가 되는데 코를 꿰어 수레를 끌리며 몽둥이로 때려서 예전의 빚을 갚느니라.

부정한 사람은 돼지로 태어나고, 간탐하고 남의 사정을 모르는 사람은 개로 태어나며, 체면 불구하고 제멋대로 하는 사람은 양으로 태어나며, 경망하여 참을 줄 모르는 사람은 원숭이로 태어나며, 몸에서 노린내가 나는 사람은 자라로 태어나고, 독한 사람은 뱀으로 태어나며, 자비심이 없는 사람은 호랑이로 태어난다.

오늘 이 도량의 동참대중이여, 세상에 태어난 사람의 병이 많음과 단명함과 가지가지 고통은 말할 수 없이 많습니다. 세 가지 업을 지으면 3악도의 과보를 받게 됩니다. 3악도가 있게 된 것은 탐심과 진심과 치심의 3독이 있는 탓이며, 또 세 가지 악으로 항상 불타게 되니, 입으로 악을 말하고, 마음으로 악을 생각하고, 몸으로 악을 행합니다.

이 여섯 가지 일이 사람의 몸을 항상 고뇌하게 하되 쉴 새가 없으며, 목숨이 끝나면 외로운 넋이 되어 홀로 가게 되어 부모와 자손도 구원할 수가 없으며, 잠깐 동안에 염라부에 가면 옥졸들은 존비귀천을 불문하고 문서에 기록된 대로 생시에 지은 선악을 심문하니, 혼백은 사실대로 자수하고 조금도 숨기지 못합니다. 이런 인연으로 업을 따라 괴롭거나 즐거운 곳으로 가게 되니, 아득하고 캄캄하여 떠난 지는 오래나 가는 길이 달라서 다시 만날 기약이 없습니다.

여러 천신들은 선과 악을 기록하되 털끝만큼도 어긋나지 않으니, 선한 사람은 선을 행하여서 복을 받고 장수하며, 악한 사람은 악을 지어서 명은 짧고 고통은 오래 갑니다. 이렇게 헤매다가 아귀에 들어가고, 아귀에서 나오면 축생에 들어가서 참기 어려운 고통을 끝없이 받습니다.

오늘 이 도량의 동참대중은, 스스로 깨닫고 참괴한 마음을 내어야 합니다. 경에 '선한 일을 하면 선한 과보를 얻고, 악한 일을 하면 악한 과보를 얻는다' 했으니, 더구나 5탁악세에서는 악을 짓지 않아야 합니다.

선한 일은 선한 과보를 받고, 악한 일은 재앙을 만나게 되니, 가볍게 벗어나려고 이 참법을 세웠다고 말해서는 안 됩니다. 경에 '작은 선을 가벼이 여겨 복이 없다고 하지 말라. 물방울이 비록 작으나 고이면 큰 그릇에 차니, 작은 선을 쌓지 않으면 성인이 되지 못한다. 작은 악이 쌓이면 몸을 멸할 수 있느니라'고 하였습니다.

길흉과 화복이 모두 마음으로 짓는 것이니, 인을 짓지 아니하면 과보를 얻지 않으며, 재앙이 쌓이면 죄가 큰 것을 육안으로는 보지 못하나, 부처님의 말씀을 어찌 믿지 않으리오. 이 세상에 강건하게 태어나 부지런히 배우며 스스로 선을 행하지 않다가 막다른 골목에 후회한들 무슨 소용이리오. 이제 모든 허물을 이미 보았고, 경에 말씀한 대로 그 죄를 알았으니, 어찌 악을 버리고 선을 쫓지 않으리오.

금생에 만일 마음을 가다듬지 않으면 이 몸을 버리고는 지옥에 떨어집니다. 죄를 지을 적에는 맹렬하게 독기를 품고 깊은 분노를 가지니, 어떤 이를 미워하면 반드시 죽게 하려 하고, 어떤 이를 질투하면 그의 장점도 보기 싫어하고, 어떤 이를 훼방하면 큰 고통에 쓸어 넣으려 하고, 어떤 이를 때리면 끝까지 아프게 하며, 분한 마음으로 해롭게 하는 데는 존비(尊卑)를 가리지 않고, 욕설하고 꾸짖는 데는 위아래를 돌아보지 않으며, 호령은 우레 같고, 눈에는 불이 일어나며, 처음 복을 지을 적에는 복을 많이 지으려 하다가도 선심이 미약하여 나중에는 조금밖에 짓지 못하며, 빨리하려 하다가도 이어 그만 두고, 마음이 간절하지 못하여 세월을 미루니, 이렇게 망설이다가 필경에는 잊어버립니다. 그리하여 죄를 지을 때는 기운이 억세고, 복을 지을 때는 생각이 나약해집니다.

이제 선근이 나약한 원인으로 죄업이 억센 과보를 없애려 한들 어찌 없앨 수 있겠습니까.

경에 '참회하면 모든 죄를 다 멸한다' 했거니와, 참회할 때는 오체투지하기를 태산이 무너지듯 해야 하며, 죄업을 소멸하기 위해서는 신명을 아끼지 말며, 은근히 독려하고 서로 경책하여야 합니다. 금생에 몇 번이나 이렇게 분개하여 자책하였으며, 신명을 아끼지 않고 뼈가 닳도록 참으면서 이런 참회를 하였습니까.

잠시 정진하다가는 문득 게으른 생각을 내고, 잠시 예배하다가는 기운이 견딜 수 없다 하고, 잠깐 좌선하다가는 곧 쉬어야겠다고 하며, 혹은 몸을 너무 과로하지 말아야 하고 잘 조섭하여 피곤을 풀어야 한다면서 한 번 다리를 뻗고 잠들면 죽은 거나 마찬가지이니, 이 같아서야 언제 다시 예배하고 탑을 쓸고 땅에 맥질하는 등 하기 어려운 일을 하겠습니까.

경에 '조그만 선도 게으름에서 생기는 것이 아니요, 한 가지 법이라도 교만하고 방일한 데서 얻어지는 것이 아니다' 하였습니다.

우리들이 지금 사람의 몸을 얻었으나 마음은 도리를 등졌습니다. 아침부터 낮까지, 낮부터 저녁까지, 저녁부터 밤까지, 밤부터 새벽까지, 내지 1시·1각·1념·1순(瞬)도 삼보와 4제(諦)를 생각한 적이 없고, 부모와 스승의 은혜 갚을 것을 생각한 적이 없으며, 보시·지계·인욕·정진할 것을 생각한 적이 없으며, 선정을 배우며 지혜를 닦으려 한 적이 없기 때문에 청백한 법은 하나도 거론할 것이 없습니다. 또한 번뇌와 업장은 눈앞에 가득하지 않습니까.

이렇게 살펴보지 않고 도리어 '나는 공덕이 적지 않다' 하고, 조그만 선을 짓고는 '나는 이런 일을 잘하는데 다른 이는 못한다' 하거나, '나는 이런 일을 행하였는데 다른 이는 못한다' 하면서, 의기양양하여 방약무인(傍若無人)하니, 이것이야말로 진실로 부끄러운 일이 아니겠습니까.

이제 대중은 모든 죄를 참회하면서, 보시하고 환희하여 장애가 없기를 원하며, 스스로 몸과 마음을 맑혀야 합니다. 과보의 조짐은 피할 수 없는데, 어찌 스스로 관계치 않다 하여 나쁜 과보를 버리지 않으려고 합니까.

대중은 죄가 없다 말하지 말며, '나는 죄가 없는데 어찌 참회하리오'라고 하지 말아야 합니다. 조그만 잘못도 큰 허물을 이루고 찰나의 원한으로도 진심이 일어나 습성이 되면 고치기 어렵습니다. 만일 그런 생각이 일어나도 곧바로 버리면, 마음은 방종할 수 없고, 뜻은 멋대로 하지 않으며, 억눌러 참으면 번뇌가 소멸하게 됩니다. 게을러서 해태하면 구제할 수 없습니다.

오늘 부처님의 자비력과 대보살들의 서원력을 받아 죄와 과보를 살펴보았으니 이제 지옥을 교화한 경전을 각각 일심으로 독송합니다.

이와 같이 나는 들었다. 어느 때 부처님께서 왕사성 기사굴산에 보살마하살과 성문 권속들과 함께 계시니, 비구·비구니·우바새·우바이와 하늘과 용과 귀신 등이 모두 와서 모였다. 그때 신상(信相)보살이 부처님께 여쭈었다.

"세존이시여, 지금 지옥·아귀·축생이 있어 빈부귀천과 종류가 각각 다르지만, 어느 중생이나 부처님의 법문을 들으면 어린 아이가 어머니를 만난 듯, 병난 이가 의사를 만난 듯, 헐벗은 이가 옷을 얻은 듯, 어두운 밤에 등불을 만난 듯하니, 세존께서 법을 말씀하여 중생을 이롭게 함도 그와 같으리이다."

그때 세존께서는 이미 때가 되었고 보살들이 은근하게 권청함을 아시고, 미간의 백호상으로 광명을 놓아 시방의 한량없는 세계를 비추시니 지옥의 고통이 쉬어 안락하게 되었다. 죄보를 받던 일곱 중생들이 부처님의 광명을 보고, 부처님 계신 데로 찾아가서 일곱 겹을 돌며 지성으로 예배하고 설법을 청하니, 세존께서 교화를 베풀어 중생이 해탈을 얻게 하였다.

오늘 이 도량의 동참대중이 지성으로 부처님께 법을 청함도 그와 같아서, 여러 중생들과 함께 해탈을 얻으려고 합니다. 지극한 정성으로 다 같이 시방의 수많은 부처님께 권청하오니, 자비하신 힘으로 괴로움을 구원하여 안락을 얻게 하옵소서. 현겁의 부처님께 간절히 오체투지 절하옵니다.

215 지심귀명례 무변행불 (無邊行佛)

216 지심귀명례 개화불 (開華佛)

217 지심귀명례 정구불 (淨垢佛)

218 지심귀명례 견일체의불 (見一切義佛)

219 지심귀명례 용력불 (勇力佛)

220 지심귀명례 부족불 (富足佛)

221 지심귀명례 복덕불 (福德佛)

222 지심귀명례 수시불 (隨時佛)

223 지심귀명례 경음불 (慶音佛)

224 **지심귀명례 공덕경불** (功德敬佛)

225 **지심귀명례 광의불** (廣意佛)

226 **지심귀명례 선적멸불** (善寂滅佛)

227 **지심귀명례 재천불** (財天佛)

228 **지심귀명례 정단의불** (淨斷疑佛)

시방의 다함없는 모든 삼보께 귀의하오니, 대자대비하신 마음으로 고통 받는 모든 중생들을 구제하여 해탈을 얻게 하시며, 지나간 버릇을 고치고 오는 행동을 닦아서 다시 나쁜 짓을 하지 않게 하소서.

다시는 3악도에 떨어지지 않고, 몸과 입과 뜻이 깨끗하여 다른 이의 악한 것을 생각지 않게 하며, 모든 업장을 여의고 청정한 업을 얻어 삿된 마음이 다시 동하지 않으며, 항상 자비희사를 행하여 용맹하게 정진하며, 모든 덕의 근본을 심어서 하는 일이 한량없으며, 이 몸을 버리고 다른 몸을 받을 때 복된 나라에 나며, 3악도의 괴로움을 생각하고 보리심을 발하여 보살도를 행하되 쉬지 않으며, 6바라밀과 자비희사가 항상 앞에 나타나고, 3명과 6통이 마음대로 자재하며, 부처님의 경계에 출입하고 유희하여 보살들과 더불어 정각을 이루게 하여지이다.

오늘 이 도량의 동참대중은, 경외하는 마음과 자비한 마음을 내어 일심으로 독송합니다.

그때 세존께서 미간의 백호상으로 광명을 놓아 6도의 모든 중생에게 비추었다. 그때 신상(信相)보살이 중생들을 어여삐 여겨 자리에서 일어나 부처님 앞에 나아가 호궤 합장하고 부처님께 여쭈었다.

"세존이시여, 여러 옥졸들로부터 발에서 정수리까지 온몸이 찍히고 썰리고 찢겨 죽으면, 교묘한 바람이 불어 다시 살리고, 또 베어서 이런 고통을 쉴 새 없이 받는 중생은 무슨 인연으로 이런 죄를 받나이까."

부처님께서 말씀하셨다. "이런 중생은 전세에 삼보를 믿지 않고 공양할 줄 모르며, 부모에게 효도하지 않고, 악한 마음을 내어 백정노릇을 하면서 중생을 살해한 인연으로 이런 죄를 받느니라."

"온몸이 마비되어 눈썹과 수염이 빠지고 몸이 부르트고, 새와 짐승들이 와서 덤비며, 인적이 없는 곳에 내다버려져 사람이 돌보지 않는 나병환자와 같은 중생은 무슨 인연으로 이런 죄를 받나이까."

부처님께서 말씀하셨다. "그들은 전세에 삼보를 믿지 않고 부모에게 불효하며, 탑과 절을 헐어버리고, 도인을 학대하며 성현을 죽이고 스승을 살상하되, 뉘우치는 마음이 없었으며, 배은

망덕하고 개·돼지의 행동으로 윗사람을 더럽히고 친소를 가리지 않고 부끄러운 생각이 없었으므로 이런 죄보를 받느니라."

"몸이 길고 귀와 발이 없으며, 꿈틀거려 배로 다니면서 흙을 먹고 생활하며, 작은 벌레들에게 빨아 먹히면서 주야로 쉴 새 없이 고통을 받는 중생은 무슨 죄보입니까."

부처님께서 대답하셨다. "전세에 모든 일을 마음대로 하고 좋은 말을 믿지 않으며, 부모에게 불효하고, 반역을 행하기도 하고, 혹 지주도 되고 대신도 되며 수령방백과 시장·면장이 되어 백성들을 독촉하며 학대하고, 무리하게 백성의 재산을 빼앗아 못살게 하여 받는 죄보이니라."

"두 눈이 멀어서 앞을 보지 못하므로 나무에 부딪히기도 하고 구렁에 떨어지기도 하며, 거기서 죽어 다시 몸을 받되 날 적마다 그런 고통을 받는 중생은 무슨 죄보입니까."

부처님께서 말씀하셨다. "전세에 죄와 복을 믿지 않고 부처님의 광명을 막았으며, 남의 눈을 멀게 하고 중생을 가두었으며, 가죽부대를 머리에 씌워 못 보게 하여 받는 죄보이니라."

오늘 이 도량의 동참대중이여, 경의 말씀이 두렵지 않습니까. 우리도 이런 죄를 지었을 것인데, 무명이 가리워 알지 못하는 것입니다. 이러한 무량무변한 죄 때문에 오는 세상에 괴로운 과보를 받게 됩니다.

오늘 지성으로 다 같이 머리 조아려 애원하고 참괴하여 뉘우치니, 이미 지은 죄는 참회하여 소멸하며, 아직 짓지 않은 죄는 청정하기를 원하오며, 현겁의 부처님께 간절히 오체투지 절하옵니다.

229 지심귀명례 무량지불 (無量持佛)

230 지심귀명례 묘락불 (妙樂佛)

231 지심귀명례 불부불 (不負佛)

232 지심귀명례 무주불 (無住佛)

233 지심귀명례 득차가불 (得叉迦佛)

234 지심귀명례 중수불 (衆首佛)

235 지심귀명례 세광불 (世光佛)

236 지심귀명례 다덕불 (多德佛)

237 지심귀명례 불사불 (弗沙佛)

238 지심귀명례 무변위덕불 (無邊威德佛)

239 지심귀명례 의의불 (義意佛)

240 지심귀명례 약왕불 (藥王佛)

241 지심귀명례 단악불 (斷惡佛)

242 지심귀명례 무열불 (無熱佛)

시방의 다함없는 삼보께 귀의하오니 대자대
비로 구호하여 건져 주옵소서. 모든 중생들이

해탈을 얻게 하시며, 중생들을 위하여 지옥·아귀·축생의 업보를 소멸케 하시며, 중생들에게 모든 나쁜 과보를 받지 않게 하시며, 3악도의 괴로움을 버리고 지혜 있는 지위에 이르게 하여 편안하고 끝까지 안락한 곳에 이르게 하시며, 큰 광명으로 모든 어둠을 없애 주시옵소서. 깊고 깊은 미묘한 법을 분별하여 그로 하여금 위없는 보리를 구족하고 등정각(等正覺)을 이루게 하여지이다.

저희들은 다시 지성으로 독송합니다.

신상보살이 부처님께 여쭈었다. "세존이시여, 말더듬이나 벙어리가 되어 말하지 못하며, 설사 말을 하더라도 소리가 분명치 못한 중생은 무슨 죄보입니까."

부처님께서 말씀하셨다. "전세에 삼보를 비방하며 성인의 도를 훼방하고, 남의 잘잘못을 비난하며 옳고 그름을 시비하고, 선한 이를 무고하며 어진 이를 질투하여 받는 죄보이니라."

"배는 큰데 목이 가늘어 먹은 것이 소화되지 않으며 먹더라도 고름으로 변하는 중생은 무슨 죄보입니까."

부처님께서 말씀하셨다. "전세에 대중이 먹을 것을 훔쳐 먹었거나, 혹은 큰 모듬에 설비하는 음식을 가만히 훔쳐서 으슥한 곳에서 먹었으며, 제 것은 아끼고 남의 것을 탐내며, 나쁜 마음으로 사람에게 독약을 먹여 기운이 통하지 못하여 받는 죄보이니라."

"옥졸의 화형(火刑)을 받으며, 뜨거운 쇳물이 입에 부어지고, 쇠못으로 못질 당하며, 못질된 뒤에는 자연히 불이 일어나 온몸이 태워져 무르게 되는 중생은 무슨 죄보입니까."

부처님께서 말씀하셨다. "그는 전세에 침놓는

사람으로서 남의 몸을 상하게 하기만 하고 병은 고치지 못했으며, 사람을 속이고 재물을 받아서 남을 괴롭게 하여 받는 죄보이니라.”

“쇳물이 끓는 가마솥 속에 항상 있는데, 소머리를 한 아방나찰(阿旁羅刹)이 철차(鐵叉)를 들고 찍어 가마솥에 넣고 익혔다가 다시 살게 하고는 또 삶기는 중생은 무슨 죄보입니까.”

부처님께서 말씀하셨다. “그는 전세에 중생을 도살하되 끓는 물에 넣어 털을 뽑은 일을 한량없이 하여 받는 죄보이니라.”

동참대중이여, 경의 말씀이 매우 두렵지 않습니까. 어느 갈래에서 이런 악업을 지었을지 알 수 없으며, 오는 세상에 혹독한 과보를 받을지도 모르고 현재의 몸으로 고통 받을 수도 있습니다. 말 더듬는 벙어리가 되어 말하지 못하거나, 배는 크고 목은 좁아 음식을 먹을 수 없는 아귀가 될 수 있습니다.

오늘은 평안하나 내일을 보증할 수 없으니, 과보가 닥치면 벗어날 수 없습니다. 우리는 각각 이 뜻을 각오하고 바르고 곧은 마음으로 다른 생각을 내지 말아야 합니다.

4생 6도의 중생으로서 현재 고통 받는 이와 장차 고통 받을 이를 위하여, 다 같이 현겁의 부처님께 간절히 오체투지 절하옵니다.

243 지심귀명례 선조불 (善調佛)

244 지심귀명례 명덕불 (名德佛)

245 지심귀명례 화덕불 (華德佛)

246 지심귀명례 용득불 (勇得佛)

247 지심귀명례 금강군불 (金剛軍佛)

248 지심귀명례 대덕불 (大德佛)

249 지심귀명례 적멸의불 (寂滅意佛)

250 지심귀명례 무변음불 (無邊音佛)

251 **지심귀명례 대위광불** (大威光佛)

252 **지심귀명례 선주불** (善住佛)

253 **지심귀명례 무소부불** (無所負佛)

254 **지심귀명례 이의혹불** (離疑惑佛)

255 **지심귀명례 전상불** (電相佛)

256 **지심귀명례 공경불** (恭敬佛)

시방의 다함없는 모든 삼보께 귀의하오니, 여러 부처님과 보살님께서는 대자대비로 고통 받는 중생들을 구호하시고, 신통력으로 악업을 소멸케 하옵소서.

중생이 괴로운 곳에 떨어지지 않게 하시며, 청정한 갈래를 얻고 청정한 국토에 태어나서 공덕이 만족하여 다함이 없으며, 이 몸을 버리고 다른 몸을 받을 적마다 부처님을 만나서 여러 보살과 함께 정각에 오르게 하여지이다.

다시 마음을 가다듬고 독송합니다.

신상보살이 부처님께 여쭈었다. "세존이시여, 화성(火城) 속에 있는데 뜨거운 모닥불이 가슴에 까지 미치며, 4문이 열렸으나 가까이 가면 저절로 닫히고, 동서를 헤매고 다녀도 나가지 못하고 불에 타는 중생은 무슨 죄보입니까."

부처님께서 말씀하셨다. "전세에 산과 들에 불을 지르고 방축을 터놓고, 계란을 굽는 따위의 행으로 중생들을 타 죽게 하여 받는 죄보이니라."

"설산에 항상 있으면서 찬바람에 살이 터져 죽지도 못하고 살지도 못하는 고통으로 참을 수가 없는 중생은 무슨 죄보입니까."

부처님께서 말씀하셨다. "전세에 강도가 되어 길을 막고 사람의 옷을 빼앗아 제가 입고, 엄동 설한에 얼어 죽게 하였고, 소와 양의 가죽을 벗기어 고통을 참을 수 없게 하여 받는 죄보이니라."

"항상 도산(刀山)과 검수(劍樹)에 있으면서 손이 닿는 대로 살이 갈라지고 사지가 끊어지며 고통을 견딜 수 없는 중생은 무슨 죄보입니까."

부처님께서 말씀하셨다. "그것은 전세에 백정이 되어 중생을 삶기도 하고 가죽을 벗기며, 골육을 찢고 머리와 다리를 낱낱이 잘라서 높이 매달고서 팔기도 하였고, 혹은 산 채로 매달아 고통을 견딜 수 없게 하여 받는 죄보이니라."

"이목구비가 불구인 중생은 무슨 죄보입니까."

부처님께서 말씀하셨다. "전세에 매를 날리거나 개를 시키거나 활을 쏘아 새와 짐승을 잡고, 혹은 잡은 새의 머리를 깨뜨리고 다리를 끊고,

산 채로 날개를 뽑아 고통 받게 하여 받는 죄 보이니라."

지극한 정성으로 다 같이 시방의 일체 중생 가운데 지금 고통 받는 이와 장차 고통 받을 이를 위하여 현겁의 부처님께 간절히 오체투지 절하옵니다.

257 지심귀명례 위덕수불 (威德守佛)

258 지심귀명례 지일불 (智日佛)

259 지심귀명례 상리불 (上利佛)

260 지심귀명례 수미정불 (須彌頂佛)

261 지심귀명례 정심불 (淨心佛)

262 지심귀명례 치원적불 (治怨賊佛)

263 지심귀명례 이교불 (離憍佛)

264 지심귀명례 응찬불 (應讚佛)

265 지심귀명례 지차불 (智次佛)

266 지심귀명례 나라달불 (那羅達佛)

267 **지심귀명례 상락불** (常樂佛)

268 **지심귀명례 불소국불** (不少國佛)

269 **지심귀명례 천명불** (天名佛)

270 **지심귀명례 운덕불** (雲德佛)

시방의 다함없는 모든 삼보께 귀의하오니, 대자대비로 시방세계의 모든 중생을 구제하시어 현재 괴로움을 받는 이는 곧 해탈케 하시고, 내세에 괴로움을 받을 이는 필경에 단멸하여 끝까지 나쁜 갈래에 떨어지지 말게 하옵소서.

오늘부터 도량에 이르도록 세 가지 업장을 없애고, 다섯 가지 두려움을 없애어 공덕과 지혜가 구족하게 장엄하며, 모든 중생들을 거두어서 다 함께 위없는 보리에 회향하여 등정각을 이루게 하여지이다.

오늘 이 도량의 동참대중은, 다시 더 나아가 일심으로 독송합니다.

신상보살이 부처님께 여쭈었다. "세존이시여, 조막손과 절름발이이며, 등이 굽고 허리가 불안하며, 벋정다리에 곰배팔이어서 걸음을 걷지 못하는 중생은 무슨 죄보입니까."

부처님께서 말씀하셨다. "전세에 성질이 각박하여 길가에 창(槍)을 놓아 주살하고, 함정으로 중생을 살해하여 받는 죄보이니라."

"옥졸에게 결박되어 칼을 쓰고 고랑 채어, 곤액을 면치 못하는 중생은 무슨 죄보입니까."

부처님께서 말씀하셨다. "전세에 중생을 그물로 잡고 여섯 가지 짐승을 가두어 기르며, 혹 관리가 되어 백성들을 착취하며, 양민을 억울하게 괴롭혀 호소할 곳이 없게 하여 받는 죄보이니라."

"어리석고 우둔하며 발광하고 숙맥처럼 좋고 나쁜 것을 분별하지 못하는 중생은 무슨 죄보입니까."

부처님께서 말씀하셨다. "전세에 술을 먹고 만취하여 서른여섯 가지 실수를 범하였고, 후에는 바보가 되어 높고 낮음을 분별하지 못하여 받는 죄보이니라."

오늘 이 도량의 동참대중은, 지극한 마음으로 다 같이 현재 고통 받는 중생과 장래에 고통 받을 중생을 위하고, 이에 6도에서 고통 받게 되는 중생들을 위하며, 부모와 사장과 시주 단월과 선지식과 악지식 등, 시방의 일체 중생을 위하여 대자대비한 현겁의 부처님께 간절히 오체투지 절하옵니다.

271 **지심귀명례 심량불** (甚良佛)

272 **지심귀명례 다공덕불** (多功德佛)

273 **지심귀명례 보월불** (寶月佛)

274 **지심귀명례 장엄정계불** (莊嚴頂髻佛)

275 지심귀명례 낙선불 (樂禪佛)

276 지심귀명례 무소소불 (無所少佛)

277 지심귀명례 유희불 (遊戲佛)

278 지심귀명례 덕보불 (德寶佛)

279 지심귀명례 응명칭불 (應名稱佛)

280 지심귀명례 화신불 (華身佛)

281 지심귀명례 대음성불 (大音聲佛)

282 지심귀명례 변재찬불 (辯才讚佛)

283 지심귀명례 금강주불 (金剛珠佛)

시방의 다함없는 모든 삼보께 귀의하오니, 저희들이 오늘 부처님의 힘과 법보의 힘과 보살의 힘을 받자와 중생을 위하여 머리 조아려 참회를 간절히 구하옵니다.

이미 괴로움을 받은 이는 부처님과 보살님의 대자대비한 힘으로 곧 해탈케 하시며, 아직 괴로움을 받지 않은 이는 오늘부터 도량에 이르도록, 필경 다시 나쁜 갈래에 떨어지지 말며, 여덟 가지 액난의 괴로움을 여의고 여덟 가지 복이 나며, 모든 선근을 얻어 평등을 성취하고 지혜를 구족하여 청정하고 자재하며, 여래와 함께 정각에 오르게 하여지이다.

오늘 이 도량의 동참대중은, 마음을 가다듬고 일심으로 독송합니다.

신상보살이 다시 부처님께 사뢰었다.

"세존이시여, 형상은 매우 누추하고 몸은 칠과 같이 검고, 두 귀는 검푸르고, 두 볼은 울퉁불퉁하고, 얼굴은 여드름투성이며, 코는 납작하고, 두 눈은 벌겋고, 치아는 엉성하고, 입에서는 악취가 나고, 난쟁이·수종다리이며, 배는 크고, 허리는 가늘고, 팔다리는 뒤틀리고, 곱사등이며, 갈비는 퉁겨지고 옷은 헤지고, 먹음새가 거칠고, 종기에서는 고름이 흐르고, 퉁퉁 붓고, 조갈이 심하고, 옴장이·등창병에, 온갖 나쁜 것이 한 몸에 모여 남에게 의지하려 하나 받아주지 않으며, 다른 이가 지은 죄에 걸려들어 영원히 부처님을 뵙지 못해 법을 듣지 못하고, 보살을 알지 못하고, 성현을 알지 못하며, 괴로움에 들어 쉴 새가 없는 중생은 무슨 죄보입니까."

부처님께서 말씀하셨다.

"전생에 아들로서 부모에게 불효하고, 신하로서 임금께 불충하며, 윗사람으로 아랫사람을 사랑하지 않고, 아랫사람이 되어 윗사람을 공경하지 않으며, 벗들에게는 신의가 없고, 이웃에게는 의리를 지키지 않으며, 조정(朝廷)의 벼슬을 옳게 하지 않고, 일을 찬탄함에 도리에 맞지 않게 하며, 마음이 삐뚤어져 옳게 하지 못하며, 군신(君臣)을 살해하고 존장을 경멸하며, 나라를 쳐서 백

성을 빼앗고, 성을 치고 부락을 깨뜨리며, 도적
질을 하고 재물을 겁탈하는 등, 악업이 하나뿐이
아니며, 잘난 체하여 남을 미워하고, 외롭고 늙
은 이를 업신여기며, 선한 이를 비방하고, 스승
을 경멸하고, 하천한 이를 속이는 등, 온갖 죄명
을 골고루 범하여 받는 죄보이니라."

그때에 모든 죄보를 받는 사람들이 부처님의
이런 말씀을 듣고 땅을 치고, 부르짖으며 눈물
이 비 오듯 하면서 부처님께 여쭈었다.

"세존께서는 오래 계시면서 법을 설하여 저희
들을 교화하여 해탈을 얻게 하소서."

부처님께서 말씀하셨다.

"내가 세상에 오래 있으면 박복한 사람들은 선
근을 심지 않고, 내가 항상 있으리라 믿어 무상
함을 생각지 않고, 선하지 못한 짓을 한량없이
하다가 나중에 후회할 것이며, 그때는 뉘우쳐도

미칠 수 없느니라. 선남자여, 마치 어린 아기가 어머니의 곁에 항상 있으면 만나기 어렵다는 생각을 하지 않지만, 어머니가 떠나가면 갈망하고 사모하는 마음을 내고, 어머니가 돌아오면 한없이 기뻐함과 같느니라. 선남자여, 나는 그와 같아서 중생들이 항상 머물러 있기를 구하지 않음을 아는 까닭에 열반에 드느니라."

이때, 세존께서 죄를 받는 중생들에게 게송으로 말씀하셨다.

흐르는 물은 항상 가득하지 않고
맹렬한 불도 늘 타는 것 아니며
해는 떴다가 어느덧 지고
보름달도 찼다가는 기우나니.

부귀하고 영화로운 이도
덧없음이 이보다 더하니라.

부지런히 정진하여
부처님께 예배하여라.

그때 세존께서 이 게송을 말씀하시자, 모든 죄인들이 슬픈 마음으로 부처님께 여쭈었다.

"중생들이 어떤 선행을 지으면 이런 고통을 면하오리까."

부처님께서 말씀하셨다.

"선남자여, 부모에게 효도하고 스승을 공경하고 삼보에게 귀의하여 부지런히 보시·지계·인욕·정진·선정·지혜를 닦으며, 자비희사하고, 원수와 친한 사이를 평등하게 대하여 차별하지 않으며, 외롭고 늙은이를 업신여기지 않고, 빈천한 이를 가벼이 여기지 말며, 다른 이 보호하기를 내 몸과 같이 하여 나쁜 생각을 내지 말라. 너희들이 이렇게 수행하면 이것이 곧 부처님의 은혜를 갚는 것이요, 삼악도를 여의어 다시 고통을 받지 아니하리라."

부처님께서 경을 말씀하여 마치시니, 보살마하살들은 아뇩다라삼먁삼보리를 얻었으며, 성문과 연각은 6통과 3명을 얻어 8해탈을 구족하고, 그 밖의 대중들은 법안이 깨끗해짐을 얻었다. 이 경을 들은 중생은 3도와 8난에 떨어지지 않고, 지옥의 고통을 쉬어 항상 편안하였다.

신상보살이 부처님께 여쭈었다.

"세존이시여, 이 경의 이름을 무엇이라 하오며, 보살마하살이 어떻게 지니리까."

부처님께서 신상보살에게 말씀하셨다.

"선남자여, 이 경의 이름은 『죄업보응교화지옥경(罪業報應教化地獄經)』이니 그대들이 받들어 지니고 널리 유포하면 공덕이 무한하리라."

이때 모인 대중은 이 법문을 듣고 일심으로

환희하고 정대(頂戴)하여 봉행하였다.

오늘 이 도량의 동참대중은, 오늘부터 두려운 마음을 내고 자비심을 일으켜 부처님의 힘을 받자와 보살도를 행하며, 지옥의 고통을 받는 일체 중생과 아귀의 고통을 받는 일체 중생과 축생의 고통을 받는 일체 중생과 널리 6도에서 고통을 받는 이들을 위하여 한결같은 마음으로 예배하고 참회하여 모든 중생들이 다 해탈을 얻게 하려 합니다.

우리들이 만일 방편을 부지런히 행하여 화근을 돌이켜 복을 심지 아니하면 낱낱 지옥에서 다 죄를 받을 뿐이니, 지극한 마음으로 부모와 사장과 친척과 권속들이 미래에 고통을 받을 것을 생각하고, 또한 자신이 미래와 현재에 이런 고통을 받게 될 것을 생각해야 합니다.

다 같이 간절한 마음으로 오체투지하고 지극

한 정성으로 마음을 가다듬고 일념으로 시방의 부처님을 감동케 하며, 한 번 절함으로써 무량한 고통을 끊어버리고, 6도 중에서 이미 고통받는 중생으로 하여금 부처님의 힘과 법보의 힘과 성현의 힘으로 해탈을 얻게 하며, 6도 중에서 아직 고통을 받지 않은 중생에 대해서도 부처님의 힘과 법보의 힘과 성현의 힘으로 영원히 괴로움을 끊어버리게 하옵소서.

오늘부터 끝까지 다시는 악도에 떨어지지 않게 하며, 3장(障)의 업을 없애고 마음대로 왕생하여 다섯 가지 두려움을 멸하고 자재하게 해탈하며, 부지런히 도업(道業)을 닦아 쉬지 않으며, 오묘한 행으로 장엄하고 법운지(法雲地)를 넘고 금강심에 들어가 등정각을 이뤄지이다.

오늘 이 도량의 동참대중은, 다시 마음을 가다듬고 『잡장경』의 말씀을 독송합니다.

어느 때 어떤 귀신이 목련에게 여쭈었다. "두 어깨에 눈이 있고 가슴에 입과 코가 있으나 머리가 없는 내 몸은 무슨 죄보입니까."

목련이 답했다. "너는 전세에 항상 백정의 제자가 되어 살생할 때 환희하며 노끈으로 얽매어 끌었다. 그런 인연으로 받는 죄보이니, 이것은 화보(華報)[2]이고, 과보(果報)로 지옥에 들어갈 것이니라."

어떤 귀신이 목련에게 어쭈었다. "내 몸은 고깃덩어리와 같아서 손·발·눈·귀·코가 없고, 항상 벌레와 새들이 뜯어 먹으니, 이런 고통을 참기 어렵습니다. 무슨 죄보입니까."

목련이 대답했다. "너는 전세에 다른 이에게 독약을 주어서 태아를 떨어뜨려 중생의 목숨을 온전히 살지 못하게 하였다. 그런 인연으로 받는 죄보이니, 이것은 화보이고 과보는 지옥에 있느니라."

어떤 귀신이 목련에게 여쭈었다. "배가 엄청나게 큰데 목구멍은 바늘 같아서 몇 해를 지내도 음식을 먹지 못하는 나는 무슨 죄보입니까."

목련이 답하였다. "너는 전세에 부락의 주인이 되어 부귀함을 믿고 술을 먹고 비틀거리며, 남을 업신여기고 음식을 빼앗아 모든 사람을 굶주리게 하였다. 그런 인연으로 받는 죄보이니, 이것은 화보이고 과보는 지옥에 있느니라."

어떤 귀신이 목련에게 여쭈었다. "일생 동안 뜨거운 쇠바퀴가 두 겨드랑이에 있어서 온몸이 타고 볶이는 나는 무슨 죄보입니까."

목련이 대답하였다. "너는 전세에 대중을 위하여 떡을 만들면서 두 개를 훔쳐서 겨드랑이에 끼고 있었다. 그런 인연으로 받는 죄보이니, 이것은 화보이고 과보는 지옥에 있느니라."

오늘 이 도량의 동참대중이여, 우리들이 오랜 옛적부터 오늘까지 이와 같은 무량한 죄악을 지었을 것이니, 이러한 죄는 모두 자비심이 없고, 내가 강하다고 약한 이를 업신여겨 중생을 상해하며, 내지 남의 것을 훔치고, 미혹하여 도리를 모르고 선한 이를 비방하며, 여러 가지 죄를 지은 탓이니, 그 죄보로 받듯이 악도에 태어나 고통 받을 것입니다.

오늘 지성으로 다 같이 6도 중에서 이미 고통 받는 이와 장차 고통 받을 이를 위하여 예참하고, 또한 부모와 사장(師長)과 모든 권속들을 위하여 예참하고, 자신을 위하여 예참하여 간절히 구하니, 이미 지은 죄는 소멸되고, 짓지 아니한 죄는 다시 짓지 않게 하여지이다.

대자대비하신 현겁의 부처님께 간절히 오체투지 절하옵니다.

284 지심귀명례 무량수불 (無量壽佛)

285 지심귀명례 주장엄불 (珠莊嚴佛)

286 지심귀명례 대왕불 (大王佛)

287 지심귀명례 덕고행불 (德高行佛)

288 지심귀명례 고명불 (高名佛)

289 지심귀명례 백광불 (百光佛)

290 지심귀명례 희열불 (喜悅佛)

291 지심귀명례 용보불 (龍步佛)

292 지심귀명례 의원불 (意願佛)

293 지심귀명례 묘보불 (妙寶佛)

294 지심귀명례 멸이불 (滅已佛)

295 지심귀명례 법당불 (法幢佛)

296 지심귀명례 조어불 (調御佛)

297 지심귀명례 희자재불 (喜自在佛)

298 지심귀명례 보계불 (寶髻佛)

299 지심귀명례 이산불 (離山佛)

시방의 다함없는 모든 삼보께 귀의하오니, 대자대비로 6도에서 현재에 괴로움을 받거나, 장차 괴로움을 받을 모든 중생들의 해탈을 얻게 하시며, 신통력으로 악도와 지옥의 업을 끊어, 그 중생들이 오늘부터 도량에 이르도록 끝내 악도에 떨어지지 않으며, 고통 받는 몸을 버리고 금강 같은 몸을 얻어, 무량한 네 가지 마음과 여섯 가지 바라밀을 얻고, 네 가지 변재와 여섯 가지 신통을 뜻과 같이 자재하고, 용맹하게 정진하여 쉬지 않으며, 내지 더 닦아 나가 10지의 행이 원만하고, 다시 일체 중생을 제도하게 하여지이다.

찬 讚

허물을 훈습하여 과보가 형상을 따르니 이 몸 버리고는 잠깐도 쉬지 않고 받을 것이라. 선과 악을 정성으로 발로하니 아득하고 캄캄하여이다. 부처님이시여, 광명을 비쳐 주소서.

나무 발광지보살마하살 (發光地菩薩摩訶薩) 〔3칭〕

출참 出懺

부처님 상호 높고 커서 자금산 같고, 법의 바다 맑고 고운 해, 은하수의 달 같네. 보살과 성현은 인간과 천상의 공양받으며 벽지불·아라한이 이 세계 저 세계에서 법을 말하니 3천대천세계의 밝은 등불이요, 백억의 어두운 거리 비추는 환한 달이라.

공(功)은 깊어 헤아릴 수 없고, 덕(德)이 높아 요량할 수 없네. 과거·현재·미래의 저울로 과거·현재·미래의 불사를 지었네.

이제까지 참회하는 저희들 자비도량참법을 수행하여 제3권이 끝나니, 공덕이 점점 원만해지고, 삼매를 행하는 사람이 과거·현재·미래에 출입하며 삼보 전에 귀명하고 한결같은 마음으로 계·정·혜·해탈·해탈지견의 참된 향을 사르고 3춘(春)의 꽃을 흩으며 아름다운 공양을 차리고 향기로운 차를 받들며 종과 북이 울리니, 범음이 오묘하고 경을 읽고 도를 행하니 고요하여 선정에 드네.

하는 일 마음 따라 모두 다 회향하오니, 극락세계 아미타불과 사바교주 석가모니불과 관세음보살과 지장보살과 아라한들과 성문 대중과 천상과 명부와 3계의 여러 현성들이시여, 환희심으로 공덕 살피시고, 자비심으로 중생을 구호하소서.

이 끊임없는 공덕으로 참회하는 저희들이 3독(毒)을 끊고 삼계를 초월할 때에 3업(業)이 청정하여 3해탈 성취하고 3공(空)을 깨달아 계·정·혜가 선명하여 3악도의 업보를 벗고, 삼보의 가문에 태어나 물질과 마음이 공함을 깨닫고 업장과 보장을 해탈하며 아승기의 공과(功果)가 원만하고 나와 남이 함께 깨닫는 공덕 이루게 하소서.

도를 얻은 3승(乘)의 성현이여, 3계 중생이 모두 이익을 입어지이다. 참법대로 행하였으나 정성을 다할 수 없어 저희들은 거듭 참회를 구하나이다.

찬 讚

자비보참 3권의 공덕으로 저희들과 망령이 지은 3독의 죄를 소멸하고, 보살의 발광지를 습득하며, 참문을 외우는 곳에 죄의 꽃이 스러지며, 원결은 풀리고 복이 더하여 도리천에 왕생하였다가 용화회상에서 다시 만나 미륵 부처님의 수기를 받아지이다.

나무 용화회살보살마하살 (龍華會薩菩薩摩訶薩)〔3칭〕

거찬 擧讚

  자비보참 제3권을 모두 마치고 4은(恩) 3유(有)에 회향하오니 참회를 구하는 저희들은 수복이 증장하고, 망령들은 정토에 왕생하여지이다.

  발광지보살이시여, 어여삐 여겨 저희 뜻 거두어 주소서.

  나무 등운로보살마하살 (登雲路菩薩摩訶薩) 〔3칭〕

---

1) 성성(猩猩): 유인원과의 짐승.
2) 화보(華報): 이승에서 당장에 받는 과보.

자비도량참법 제4권

[먼저 11~20쪽 정단찬·삼보찬·자비보참의문을 독송 후 시작한다.]

찬 讚

한 줄기 조계의 물 동으로 흐르니

관음보살 병 속에서 재앙을 없애고

제호(醍醐)를 정수리에 부어 티끌 씻도다.

버들가지로 물 뿌려서 타는 것 축이니

목구멍 속의 감로수 꿀물이 되네.

나무 보공양보살마하살 (普供養菩薩摩訶薩) 〔3칭〕

4지(智)가 원명하신 묘체(妙體) 별 가운데 있는 밝은 달 같고, 4무애변(無碍辯)으로 하시는 말씀 세간 밖으로 부질없는 이야기를 초월하고 4악취 (惡趣)에서 자비희사(慈悲喜捨) 펴시며 사생의 세계 에서는 아상(我相)과 인상(人相)을 여의셨네.

부처님 은혜 널리 퍼지고 성인의 공덕 더욱 높으시니, 크신 자비로 이 정성 살피옵소서.

지금 참회하는 저희 제자들 자비도량참법을 건설하고 이제 제4권의 연기를 당하여 부처님의 교화 받는 사람들이 앉거나 서거나 다니거나 생각을 가다듬어 정성 다하고 단정한 자세로 예경하며, 병에는 꽃으로 공양하고, 향로에 전단을 사르며, 등을 켜서는 순타의 공양 올리고, 예경하되 찬탄하는 정성 다하여 모든 죄 털어놓고 참회를 구하옵니다.

저희들이 무시 이래 지금까지 4대의 몸에 미혹하고 4생으로 윤회하면서 아상·인상에 뒤바뀌어 네 가지 계율을 범하고, 미혹에서 미혹에 이르고, 괴로움으로부터 괴로움에 들어가 경계의 바람을 따라 갈팡질팡하고, 애욕의 물결에 빠져 무명은 깊고 무겁고 번뇌는 아교 같고 칠과 같나이다.

대법(大法)을 널리 펴시어 진리를 가르치시니,

이제 마음은 경쾌하고 뼈에 새기고 살에 새기며, 여러 스님들 모시고 일심으로 참회하오며 넓은 자비를 앙모하니 가피를 드리우소서.

32상 단정하신 몸매 3아승기겁 닦으셨네.
얼굴은 보름달 같고 눈은 청련화 같아
천상과 인간이 모두 공경합니다.

입참 入懺

자비도량참법을 행하오며 현겁의 부처님께 간절히 오체투지 절하옵니다.

301 지심귀명례 화관불 (華冠佛)

302 지심귀명례 정명불 (淨名佛)

303 지심귀명례 위덕적멸불 (威德寂滅佛)

304 지심귀명례 애상불 (愛相佛)

305 지심귀명례 다천불 (多天佛)

306 지심귀명례 수염마불 (須焰摩佛)

307 지심귀명례 천위불 (天威佛)

308 지심귀명례 묘덕왕불 (妙德王佛)

309 지심귀명례 보보불 (寶步佛)

310 지심귀명례 사자분불 (獅子分佛)

311 지심귀명례 최존승불 (最尊勝佛)

312 지심귀명례 인왕불 (人王佛)

313 지심귀명례 전단운불 (栴檀雲佛)

314 지심귀명례 감안불 (紺眼佛)

315 지심귀명례 보위덕불 (寶威德佛)

316 지심귀명례 덕승불 (德乘佛)

317 지심귀명례 각상불 (覺想佛)

318 지심귀명례 희장엄불 (喜莊嚴佛)

319 지심귀명례 향제불 (香濟佛)

320 지심귀명례 승혜불 (勝慧佛)

7. 현과보② 顯果報

오늘 이 도량의 동참대중은, 다시 일심으로 경전을 독송합니다.

부처님이 왕사성(王舍城) 가란타 죽원(竹園)에 계실 때였다. 좌선한 후 목련은 항하수 가를 거닐다가, 아귀들이 제각기 갖가지 죄보 받는 것을 보았다. 이때 아귀들이 공경하는 마음으로 목련에게 다가왔다.

한 아귀가 물었다. "내가 일생 동안 기갈이 심하여 뒷간에 가서 똥이라도 먹으려 하면, 뒷간에 기운 센 귀신이 있다가 몽둥이로 나를 때려 가까이 갈 수도 없으니, 무슨 죄보입니까."

목련이 답했다. "너는 사람이었을 적에 절을 맡고 있었다. 객승이 와서 걸식하는 것을 네가 간탐이 많아 음식을 주지 않다가, 객승이 간 뒤에야 본래 있던 대중끼리만 먹었으니, 네가 무도하여 승물(僧物)에 인색한 탓이니라. 그런 인연으로 받는 죄보이니, 이것은 화보이고 과보는 지옥에 있느니라."

한 아귀가 목련에게 물었다. "나는 일생 동안 어깨에 큰 구릿 항아리를 메고 있는데, 그 가운데는 구릿물이 가득하여 구기로 퍼내면 저절로 정수리에 부어져서 고통을 참을 수 없으니, 무슨 죄보입니까."

목련이 답했다. "네가 사람이었을 때, 절의 유나(維那)가 되어 대중의 일을 보는데, 타락을 항아리에 담아 숨겨 두고 공양하지 않다가, 객승이 간 뒤에 대중들끼리만 먹었다. 타락은 사방의 승물이므로 누구나 먹을 수 있는데도 네가 무도하여 스님네 물건에 인색하였다. 그런 인연으로 받는 죄보이니, 이것은 화보이고 과보는 지옥에 있느니라."

한 아귀가 목련에게 물었다. "일생 동안 뜨거운 탄자만 먹게 되는 나는 무슨 죄보입니까."

목련이 답했다. "너는 사미였을 때 물을 떠다가 얼음사탕을 타는데, 얼음사탕의 덩어리가 굵고 컸다. 너는 도심이 일어 조금 깨어다가 대중이 먹기 전에 먼저 먹었다. 그런 인연으로 받는 죄보이니, 이것은 화보이고 과보는 지옥에 있느니라."

오늘 이 도량의 동참대중이여, 목련이 본 죄보처럼 이렇듯이 무섭습니다. 우리도 예전에 그런 죄를 지었으나 무명에 가려서 알지 못합니다. 혹시 이러한 무량한 죄업이 있어 내세에 고통 받게 될지 모릅니다.

오늘 지성으로 다 같이 참회하여 소멸되기를 원하오며, 시방의 수많은 일체 아귀를 위하여 참회하고, 부모와 사장을 위하여 참회하고, 이 단상의 증명 아사리와 상·중·하좌를 위하여 참회하며, 선지식·악지식과 시방의 무궁무진한 4생 6도의 일체 중생을 위하여 '이미 지은 죄는 다시 짓지 않게 하여지이다"라고 참회합니다. 현겁의 부처님께 오체투지 절하옵니다.

321 **지심귀명례 이애불** (離愛佛)

322 **지심귀명례 자상불** (慈相佛)

323 **지심귀명례 묘향불** (妙香佛)

324 **지심귀명례 견개불** (堅鎧佛)

325 **지심귀명례 위덕맹불** (威德猛佛)

326 **지심귀명례 주개불** (珠鎧佛)

327 **지심귀명례 인현불** (仁賢佛)

328 **지심귀명례 선서월불** (善逝月佛)

329 **지심귀명례 범자재불** (梵自在佛)

330 **지심귀명례 사자월불** (獅子月佛)

331 **지심귀명례 관찰혜불** (觀察慧佛)

332 **지심귀명례 정생불** (正生佛)

333 **지심귀명례 고승불** (高勝佛)

334 **지심귀명례 일관불** (日觀佛)

335 **지심귀명례 보명불** (寶名佛)

336 **지심귀명례 대정진불** (大精進佛)

337 **지심귀명례 산광불** (山光佛)

338 **지심귀명례 덕취왕불** (德聚王佛)

339 **지심귀명례 공양명불** (供養名佛)

340 **지심귀명례 법찬불** (法讚佛)

시방의 다함없는 모든 삼보께 귀의하오니, 대자대비로 시방에서 지금 아귀의 고통을 받고 있는 일체 중생을 구원해 주시며, 시방의 지옥과 축생과 인간세계의 중생들로서 무량한 괴로움을 받는 이를 구원하여 그 중생들로 하여금 해탈을 얻게 하시며, 세 가지 업장과 다섯 가지 두려움을 끊고, 여덟 가지 해탈로 마음을 씻고, 사홍서원으로 중생들을 가피하사 불·보살을 뵙고 가르침을 받아 머물러 있는 제자리에서 모두 번뇌가 영원히 다하며, 그의 생각을 따라 굽어 살피시어 부처님 세계에 태어나며, 원과 행이 원만하여 정각을 이루게 하여지이다.

오늘 이 도량의 동참대중은, 다시 지극한 정성으로 독송합니다.

부처님이 왕사성에 계실 때였다. 왕사성 동남방에 한 연못이 있는데, 똥오줌 등 더러운 것이 모여 구린내가 심하고, 이 물에서 생긴 큰 벌레가 몸은 두 길이 되고 손과 발이 없이 꿈틀거리니 구경하는 이가 수천이었다. 아난이 가서 보고 부처님께 그 사실을 여쭈었다. 부처님께서는 대중과 함께 그 못에 가셨다. 그 모습을 보며 대중이 생각하였다. '오늘 여래께서 회중을 위하여 벌레의 내력을 말씀하시리라.'

그때 부처님께서 대중에게 말씀하셨다.

"비바시불이 열반한 후 탑을 모신 절이 있었다. 5백 비구가 그 절에 들렀을 때 주지는 환희하여 그들을 머물게 하고는 진수를 마련하여 진심으로 공양하였다. 바다에 가서 보물을 가지고 가던 5백 상인들이 그 절에 들렀다가 5백 비구가 정진하는 것을 보았다. 그들은 기쁜 마음을 내어 '이런 복전을 만나기 어려우니 공양을 마련하자' 의논하고, 한 사람이 진주 한 개씩을 걷어 5백 개의 마니주를 주지에게 맡겼다.

그러나 주지는 불량한 마음으로 혼자 가지려고 공양을 차리지 않았다. 대중이 물었다. '장사하는 사람들이 내놓은 진주로 공양을 차리지 않는가.' 그러자 주지가 말했다. '그 진주는 나에게 준 것이다. 진주를 빼앗으려고 하면 똥이나 주리라. 또한 지금 떠나가지 않으면 수족을 잘라 똥구덩에 넣으리라.' 비구들은 주지의 무지함을 알고 잠자코 가버렸다. 이런 죄업으로 주지는 지금 이 벌레가 되었고, 뒤에는 지옥에 들어가서 갖가지 고통을 받을 것이니라."

부처님이 왕사성에 계실 때였다.

혀가 넓고 큰데 쇠못이 박혀 있고 불이 치성하게 붙어서 밤낮으로 수없이 고통 받는 중생이 있었다. 목련이 여쭈었다. "무슨 죄로 이런 고통을 받나이까."

부처님이 답하셨다. "이 사람은 전생에 절의 주지였을 때, 있던 대중과 객비구들을 욕설하여 쫓아보내고, 공양을 함께 하지 않았다. 그런 인연으로 이 죄보를 받느니라."

신체는 장대한데 머리에 가마솥이 있어서 불이 활활 타며, 그 가운데 구릿물이 가득하여 4면으로 흘러내려 몸을 적시고, 그러한 몸으로 허공을 다니며 쉴 새 없는 중생이 있었다. 목련이 부처님께 물었다. "무슨 죄로 이런 고통을 받나이까."

부처님께서 말씀하셨다. "이 사람은 전생에 절 소임을 보면서 시주가 보낸 기름을 객비구들에게 나누어 주지 않고, 객이 간 뒤에 본방 대중끼리만 분배하였다. 이 인연으로 그런 죄보를 받느니라."

활활 타는 철환이 몸 위로 들어갔다가 몸 아래로 나오며, 허공을 다니는데 고통이 무쌍한 중생이 있었다. 목련이 부처님께 물었다. "무슨 죄로 이런 고통을 받나이까."

부처님께서 답하셨다. "이 사람은 사미였을 때, 사중의 밭에서 과일 일곱 개를 훔쳐 먹고, 죽어 지옥에 들어가 한량없는 고통을 받고도 남은 죄업이 미진하여 이런 죄보를 받느니라."

큰 물고기 한 마리가 있는데 머리는 백 개이고 각각 그 모양이 달랐다. 세존께서 그 물고기의 머리들이 각각 다른 그물에 걸려 있는 것을 보시고, 자심(慈心)삼매에 드시어 물고기에게 물으셨다. "너의 어미는 어디 있느냐."

물고기가 답했다. "벌레가 되어 뒷간에 있습니다."

부처님께서 비구들에게 말씀하셨다.

"이 물고기는 가섭불 때, 3장 비구였다. 험한 말을 많이 한 탓으로 머리가 많은 과보를 받았고, 그 어미는 그의 이양(利養)을 받은 탓으로 뒷간 벌레가 되었다. 이런 죄보를 받는 것은 악구를 나쁘게 놀려 이 사람 저 사람에게 욕하여 두 사람을 싸우게 한 탓이다. 그 중생은 죽어서 지옥에 들어가게 되면 옥졸들이 속까지 빨갛게 달군 쇠꼬챙이로 혀를 태우고, 세 갈래로 된 쇠

갈고리를 달구어 혀를 끊고, 보섭으로 혀를 갈며, 쇠공이를 달구어 목구멍을 찌른다. 이같이 하기를 수천만 겁 지내다가 죄를 마치면 새나 중생으로 나게 된다. 만일 중생이 임금이나 부모나 스승의 시비를 말하면 그 죄는 이보다 심하리라."

오늘 이 도량의 동참대중이여, 선한 과보와 악한 과보를 분명하게 볼 수 있으며, 죄와 복이 완연하여 의심이 없으니, 노력하여 부지런히 참회하고 경을 보면 이런 일을 알 수 있습니다. 만일 노력하지 않고 조금이라도 게으르면, 우리가 지금 하는 일이 어떻게 이뤄지겠습니까. 마치 궁핍한 사람이 여러 가지 음식에 마음을 둔다 하여도 굶주림에는 아무 이익이 없는 것과 같습니다. 그러므로 훌륭한 법을 구하여 중생을 구제하려는 이는 마음에만 두어서는 쓸데없으니, 각각 노력하여 부지런히 행해야 합니다.

지극한 마음으로 다 같이 지옥과 아귀와 축생과 인간의 모든 중생들을 위하여 애절하게 참회하며, 또 부모와 사장과 선지식·악지식과 저희들과 모든 권속들을 위하여 참회하니, 이미 지은 죄는 소멸되고 아직 짓지 아니한 죄는 다시 짓지 않게 하여지이다. 현겁의 대자대비하신 부처님께 간절히 오체투지 절하옵니다.

341 **지심귀명례 시명불** (施明佛)

342 **지심귀명례 전덕불** (電德佛)

343 **지심귀명례 보어불** (寶語佛)

344 **지심귀명례 구명불** (救命佛)

345 **지심귀명례 선계불** (善戒佛)

346 **지심귀명례 선중불** (善衆佛)

347 **지심귀명례 견고혜불** (堅固慧佛)

348 **지심귀명례 파유암불** (破有闇佛)

349 지심귀명례 선승불 (善勝佛)

350 지심귀명례 사자광불 (獅子光佛)

351 지심귀명례 조명불 (照明佛)

352 지심귀명례 보성취불 (寶成就佛)

353 지심귀명례 이혜불 (利慧佛)

354 지심귀명례 주월광불 (珠月光佛)

355 지심귀명례 위광불 (威光佛)

356 지심귀명례 불파론불 (不破論佛)

357 지심귀명례 광명왕불 (光明王佛)

358 지심귀명례 주륜불 (珠輪佛)

359 지심귀명례 금강혜불 (金剛慧佛)

360 지심귀명례 길수불 (吉手佛)

시방의 다함없는 모든 삼보께 귀의하오니, 자
비의 힘과 큰 지혜의 힘과 부사의한 힘과 무량
한 자재력으로 6도의 모든 중생을 제도하시며,
6도의 모든 고통을 없애 주시고, 모든 중생들이

3악도의 죄업을 끊게 하시어 다시는 5역죄와 10악업을 짓지 아니하여 3악도에 떨어지지 않게 하옵소서.

오늘부터 괴로운 생활을 버리고 정토에 나게 하시며, 괴로운 생명을 버리고 지혜의 생명을 얻게 하시며, 괴로운 몸을 버리고 금강 같은 몸을 얻게 하시며, 악취(惡趣)의 괴로움을 버리고 열반의 낙을 얻게 하시며, 나쁜 세계의 괴로움을 생각하고 보리심을 발하게 하여, 자비희사와 6도 만행이 항상 앞에 나타나고, 네 가지 변재와 여섯 가지 신통이 여의자재하며, 용맹정진하여 쉬지 아니하며, 내지 닦아 나아가서 10지의 행이 원만하고, 일체 중생을 제도케 하여지이다.

8. 출지옥 出地獄

　오늘 이 도량의 동참대중이여, 비록 만 가지 법이 각각 다르고 공부하는 일이 같지 않다 하더라도, 밝은 모양과 어두운 모양은 오직 선과 악뿐입니다. 선한 것을 말하면 인간과 천상의 좋은 과보요, 악한 짓을 하면 3악도의 매운 과보인데 두 가지 일이 세상에 있음이 분명하거늘 어리석은 사람은 의혹을 내어 인간과 천상도 허망한 것이요, 지옥도 없다 하며, 원인을 찾아 과보를 증험할 줄을 모르고 과보를 보고 원인을 찾을 줄을 모릅니다.

　원인과 결과를 분별하지 못하고 세상의 소견만을 고집하니, 비단 공(空)을 말하고 유(有)를 말할 뿐 아니라 논문을 짓고 책을 만들어도, 마음이 선한 일에 어그러짐을 잘못이라 하지 않으며, 설사 일러 주더라도 고집만 부리니, 이런 사람은 제 발로 나쁜 갈래에 들어가기를 쏜살같이 하여 지옥에 떨어질 것입니다. 부모와 효자라도 구원할 수 없고, 먼저 지은 행동으로 확탕지옥(鑊湯地獄)에 들어가서 몸이 부서지고 정신이 쓰라릴 것이니, 이때를 당하여 후회한들 무엇하리오.

오늘 이 도량의 동참대중이여, 선과 악의 과보가 메아리와 같고, 죄와 복의 소속은 달라 엄연히 기다리고 있습니다.

이제 지옥에 관한 경전을 독송합니다.

3천대천세계를 큰 철위산(鐵圍山)으로 둘렀는데, 이 철위산과 저 철위산 사이에 있는 캄캄한 곳을 지옥이라 한다. 지옥에는 무쇠로 된 성이 있어 가로 세로가 1천6백만 리요, 성중에 8만4천의 간격(間隔)이 있으니, 아래는 땅이 철로 되었고, 위에는 철로 그물을 쳤으며, 이 성은 타는 불로 안팎이 벌겋게 달았으며, 윗불은 아래로 통하고 아랫불은 위로 올라간다. 그 이름은 모두를 핍박함이요, 흑암(黑闇)이며, 칼 바퀴이며, 칼 숲이며, 쇠고창이이며, 가시 숲·무쇠 그물·무쇠 굴·무쇠 탄자·뾰족한 돌·석탄 구덩이·불타는 숲·호랑(虎狼)·규환(叫喚)·확탕·노탄(爐炭)·칼 산·칼 나무·불 맷돌·불 타는 성·구리 기둥·무쇠 평상·불의 수레·불 바퀴이며, 구리 물을 먹이고, 불을 토하고, 아주 덥고, 아주 춥고, 혀를 뽑고, 못을 박고, 보섭으로 갈고, 허리를 찍고, 칼 든 병사가 치고 찢으며, 뜨거운 잿물의 강이 흐르고, 똥물이 끓고, 찬 얼음의 수령이며, 바보이고, 을부짖고, 귀머거리·소경·벙어리·무쇠 갈고리·무쇠 부리의 지옥이며, 크고 작은 지옥과 아비지옥이다.

부처님께서 아난에게 말씀하셨다.

"어떤 것을 아비(阿鼻)지옥이라 하는가. 아는

무(無)요, 비는 제한(制限), 구원(救援)이니, '아비'는 무제한, 무구원의 뜻이다. 또 아는 무간(無間), 극열(極熱), 불한(不閑)이요, 비는 무동(無動), 극뇌(極惱), 부주(不住)이니, 막지도 않고 머물지도 않는 것을 아비지옥이라 한다. 또한 아는 큰 불길이요, 비는 맹렬이니, 맹렬한 불이 마음에 타는 것을 아비지옥이라 하느니라."

부처님께서 아난에게 말씀하셨다.

"아비지옥은 길이와 넓이가 32만 리요, 철성이 일곱 겹이요, 철망이 일곱 층이며, 아래가 18간격인데 두루 돌아 일곱 겹이며 모두 칼 숲이 있고, 일곱 겹의 철성 안에 또 칼 숲[劍林]이 있으며, 아래의 18간격은 간격마다 8만4천 겹이요, 그 네 귀에는 큰 구리개[銅狗] 네 마리가 있으니 몸의 크기가 1만6천 리요, 눈은 번갯불 같고 어금니는 칼나무 같고 치아는 칼산 같고 혀는 쇠가시 같으며, 모든 털에서는 맹렬한 불길이 나오는데 냄새가 악독하여 세상의 냄새로는 비유할 수 없으며, 또 18옥졸이 있으니 나찰의 머리에 야차의 입이요, 64개의 눈이 있어 철환이 쏟아져 나와 10리나 되는 수레와 같으며, 송곳 같은 어금니가 위로 나오기 160리요, 그 어금니에서 불이 흘러나와 앞에 있는 무쇠의 수레를 태우며, 쇠바퀴들이 화하여 1억의 불칼이 되고 칼과 검과 창이 모두 불꽃 속에서 나오며, 이와 같은 불길이 아비지옥의 철성을 태우면 철성이 뻘건 구리와 같으니라.

옥졸의 머리 위에는 여덟 개의 소머리가 있고, 소머리마다 18개의 뿔이 있는데 낱낱의 뿔에서 불무더기가 나오며, 불무더기는 다시 18개의 불바퀴[火輪]로 변화하고, 불바퀴는 또 큰바퀴로 변하나니, 칼바퀴는 수레바퀴만큼 크고,

바퀴들은 차례차례 불길 속에 들어차서 아비지옥에 가득 찬다. 구리로 된 개가 입을 벌리고 혀가 나와 땅에 닿으니 혀는 쇠가시와 같으며, 혀가 나올 때 한량없는 혀로 변하여 아비지옥에 가득 찬다. 일곱 겹의 성안에는 일곱의 쇠짐대가 있고, 짐대 끝에서 불길이 솟는데 끓는 샘이 솟는 듯하며, 그 쇠물은 흘러서 아비지옥의 성에 가득하며, 아비지옥의 4문에는 문지방 위에 18개의 가마솥이 있으며, 끓는 구릿물이 솟아서 문으로 넘쳐 흘러 아비성에 가득하고, 날날 간격에는 8만4천의 무쇠 구렁이가 있어 독기와 불을 토하는데 몸이 성내에 가득하며, 구렁이의 부르짖는 소리가 우뢰소리 같고, 큰 철환들을 비 내려 아비성에 가득하며, 성중에 있는 괴로운 일이 8만억천이니, 모든 괴로움이 이 성중에 모였느니라.

5백억의 벌레가 있으니 벌레마다 8만4천의 입이 있고, 입에서 불길이 흘러나와 빗발같이 쏟아져서 아비성에 가득하며, 아비지옥의 맹렬한 불길은 매우 치성하여 빨간 불꽃이 3백36만리에 비치며, 아비지옥에서 위로 큰 바다에 충돌하니 옥초산(沃燋山) 밑의 큰 바다의 물방울은 수레의 굴대만한 뾰죽쇠[鐵尖]가 되어 아비성에 찼느니라."

부처님이 아난에게 말씀하셨다.

"만일 부모를 살해하거나 6친을 모욕한 죄를 지은 중생은 죽을 때, 구리로 된 개가 입을 벌려 18채의 수레로 변화하는데 모양이 황금수레와 같고 보배일산이 위에 덮였으며, 모든 불길은 옥녀(玉女)로 변화한다. 죄인이 멀리서 보고 환희한 마음을 내어 '나도 저 속에 갔으면 좋겠다' 생각하면, 바람 칼[風刀]이 몸을 해부하고, 몸시 추워 저도 모르게 소리를 지르며 '차라리 따뜻하게 불을 피우고 저 수레 위에 앉아서 불을 쬐리라' 생각하면 곧 목숨이 다하여, 황홀한 동안에 황금수레에 가서 앉는데, 옥녀들은 도끼를 들고 죄인의 몸을 찍는다. 몸에서 불이 일어나 불바퀴 같으며, 찰나에 아비지옥에 들어가서 윗간격으로부터 불바퀴처럼 아랫간격에 이르면, 몸이 간격 안에 가득하며, 구리로 된 개가 으르렁 거리면서 뼈를 씹고 골수를 핥고, 옥졸과 나찰은 철차(鐵叉)를 들었는데 철차에서 불이 일어나 아비성에 가득하며, 철망에서는 칼이 비 오듯이 나와 털구멍으로 들어가며, 화현한 염라대왕이 큰 소리로 '어리석은 놈아, 너는 세상에 있을 적에 부모에게 불효하고 오만무도하더니, 네가 지금 있는 곳은 아비지옥이다. 너는 은혜도 모르고 부끄러움도 없더니, 여기서 받는 고통이 즐거우냐'고 호령하고는 온데간데 없어진다.

이때 옥졸이 죄인을 몰고 아랫간격에서 윗간격으로 가면서 8만4천 간격을 지나가는데 몸이 끌려가서 철망 끝에까지 이르며, 주야를 지내야 아비지옥을 한 바퀴 돌게 되고, 지옥의 1주야는 남섬부주의 시간으로 60소겁(小劫)이니 이런 수명으로 1대겁(大劫)을 지내게 된다. 5역죄 지은 사람이 참괴한 생각도 없이 5역죄를 짓고는 그 탓으로 임종할 때에 18의 바람칼이 철화차(鐵火車)와 같이 몸을 찢으면 뜨거움을 못 이겨 '좋은 꽃이 만발한 서늘한 나무 그늘에서 놀면 좋지 않겠는가' 하고 생각할 때, 아비지옥의 8만4천의 나쁜 칼숲들은 보배 나무로 화하여 꽃과 열매가 무성하고 항렬을 지어 앞에 있고, 뜨거운 불길이 연꽃으로 화하여 그 나무 아래에 있게 된다. 죄인이 보고, '내가 소원하던 것을 이제 얻었다' 하면, 이렇게 말하기가 바쁘게 소나기 보다 빠르게 연꽃 위에 앉게 되고, 앉자마자 쇠 뿌리 가진 벌레들이 불연꽃에서 나와 뼈를 뚫 고 골수로 들어가서 염통과 뇌에 사무친다. 나 무 위로 올라가면 칼로 된 모든 가지가 살을 깎 고 뼈를 뚫으며, 무량한 칼 숲이 위로부터 내려 오고, 불수레와 숯화로 등 18가지 괴로움이 한 꺼번에 와서 닥치며, 이런 모양이 나타날 때, 땅 속에 빠지면 아랫간격으로부터 몸이 꽃피듯 이 아랫간격에 두루 가득하고, 아랫간격에서 일 어나면 맹렬한 불꽃이 윗간격에 이르고, 윗간격 에 가서는 몸이 그 속에 충만하여 뜨겁고 답답 하여 눈을 부릅뜨고 혀를 빼문다. 이 사람이 죄 지은 탓으로 만억의 구릿물과 백 천의 칼바퀴 가 공중에서 내려와 머리로 들어가고 발로 나 오며, 모든 고통이 위에 말한 것보다 백 천 만

배나 되며, 5역죄를 구족한 이는 다섯 겁이 차
도록 죄보를 받느니라.

붓다의 계율을 파하고 신도의 보시를 함부로
먹으며, 삿된 소견으로 인과를 알지 못하고 반
야를 배우지 않으며, 시방의 불교를 비방하고
불가의 물건을 훔치고, 더러운 생각으로 청정한
행을 하지 않으면서 부끄러움을 알지 못하며,
친척까지 욕되게 하여 온갖 나쁜 짓을 하는 중
생은 죄보로 죽을 때 바람칼이 몸을 찢으니, 앉
을 수도 누을 수도 없어 매를 맞는 듯하고, 마
음은 거칠어져 발광하고 어리석은 생각을 내게
되며, 자기 집과 남녀노소 모두가 부정한 물건
이요, 똥과 오줌은 낭자하게 밖에까지 흘러나오
게 된다.

이런 죄인이 '어찌하여 이곳에 노닐 만한 좋
은 성곽이나 산림이 없고 이렇게 부정한 것뿐

인가' 하고 말하면, 옥졸과 나찰이 큰 철차로 아비지옥과 칼 숲을 꿰어다가 보배나무와 청량한 못을 만드니, 불꽃은 금빛의 연꽃이 되고 쇠부리를 가진 벌레들은 기러기와 오리로 변하고, 지옥에서 고통 받는 소리는 노래하는 소리로 들린다. 죄인은 '이렇게 좋은 곳이니, 내가 가서 노닐 것이다'라고 생각하는 순간 곧바로 뜨거운 불연꽃[火蓮華]에 앉게 되고, 무쇠 부리를 가진 벌레들이 털구멍으로부터 몸을 빨아먹으며, 백 천 개의 쇠바퀴가 정수리로 들어가게 된다. 수없는 철차가 눈동자를 뽑아내며, 지옥의 구리로 된 개가 백억의 무쇠 개로 변하여 죄인의 몸을 다투어 찢고 염통을 꺼내 먹는데, 찰나에 몸이 무쇠꽃이 되어 18간격에 가득하며, 꽃마다 8만4천 잎이 나고, 잎새마다 손발과 팔다리가 한 간격에 있되 지옥이 커진 것도 아니요 이 몸이 작

아진 것도 아닌데, 대지옥에 가득 차게 된다. 이런 죄인은 지옥에 떨어져서 8만4천 겁을 지내고, 이 지옥이 소멸하면 동방의 18간격에 들어가서 또 다른 고통을 받느니라.

아비지옥은 남방도 18간격이고 서방도 18간격이며 북방도 18간격이니, 방등경(方等經)을 비방하고 5역죄를 짓고 성현을 파괴하고 선근을 끊은 죄인들은 모든 죄를 구족하였으므로 몸은 아비지옥에 가득하고 사지는 18간격에 가득하다. 아비지옥에서는 이와 같이 지옥에 오는 중생들을 불사르니, 겁이 다할 때 동쪽 문이 열리는데, 동문 밖에는 맑은 샘물과 꽃과 과일과 숲이 나타난다. 죄인은 아랫간격에서 보고 눈의 불이 잠시 쉬는 사이에 일어나 배로 기어서 몸을 굴려 올라가 윗간격에 이르러 손으로 칼 바퀴를 잡으면 공중에서 뜨거운 철환을 내린다.

동문으로 달려가서 문턱에 이르면 옥졸과 나찰은 철차를 들고 눈을 찌르며, 구리로 된 개는 염통을 씹으니, 기절하여 죽었다가 다시 소생하게 된다. 또 남문이 열림을 보나니 동문과 같으며, 서문과 북문도 또한 그러하다. 이러한 세월이 반 겁이나 되느니라.

아비지옥에서 죽은 다음 또 한빙(寒氷)지옥에 태어나고, 한빙지옥에서 죽은 다음 또 흑암지옥에 태어나서 8천만 년을 아무것도 보지 못하며, 큰 벌레의 몸을 받고 꿈틀거리며 배로 기어 다니는데 모든 기관이 참참하여 아는 것도 없고, 백 천 마리의 이리와 여우들이 찢어먹으며, 죽은 뒤에는 다시 축생에 태어나서 5천만 년 동안 날짐승의 몸을 받는다. 이렇게 죄보를 마쳐야 사람의 몸을 받게 되는데, 귀먹고 눈멀고 벙어리에 옴장이·창칠장이가 되고, 빈궁하고 하천하여 모든 나쁜 것으로 몸치장을 한다. 이렇게 천한 몸 받기를 5백 생을 지내고야 다시 아귀중에 태어난다. 아귀 중에서 선지식을 만나면 모든 대보살들이 '너는 전생에 수없는 세월 동안 한량없는 죄를 짓고 비방하고 믿지 아니하여 아비지옥에 떨어져 받은 고통을 다 말할 수 없으니, 이제라도 자비심을 발하라'고 말한다. 아귀들이 이 말을 듣고 '나무불' 하면 붓다의 은혜로 곧 명을 마치고 4천왕천에 날 것이며, 그 하늘에 나서 잘못을 뉘우치고 스스로 책망하여 보리심을 발할 것이다. 붓다들의 마음광명은 이 사람들을 버리지 않고 거두며, 이들을 사랑하기를 라후라와 같이 하고, 지옥에 가지 않을 것을 가르치되 눈을 사랑하듯 하느니라."

부처님께서 염라대왕에게 말씀하셨다.

"붓다의 마음광명이 비추는 것을 알고자 하는

가. 이 광명은 고통을 받는 이 같은 중생들에게 비추는 것이다. 붓다의 마음으로 인연한 까닭으로 이런 극악한 중생들을 반연하며, 부처님의 마음으로 장엄한 까닭에 수많은 겁을 지나면 나쁜 사람으로 하여금 보리심을 발하게 하느니라."

오늘 이 도량의 동참대중이여, 부처님의 이런 말씀을 듣고 어찌 방일하리이까.

우리가 만일 부지런한 방편으로 보살도를 행하지 아니하면 모든 지옥의 죄를 받을 수 있습니다. 오늘 다 같이 지옥의 고통 받는 중생과 미래에 아비지옥의 고통 받을 중생과 그리고 시방의 모든 아비지옥에서 현재 고통 받고 있고, 미래에 고통 받을 무궁무진한 중생들을 위하여 현겁의 대자대비하신 부처님께 간절히 오체투지 절하옵니다.

361 지심귀명례 선월불 (善月佛)

362 지심귀명례 보염불 (寶焰佛)

363 지심귀명례 라후수불 (羅睺守佛)

364 지심귀명례 요보리불 (樂菩提佛)

365 지심귀명례 등광불 (等光佛)

366 지심귀명례 지적멸불 (至寂滅佛)

367 지심귀명례 세최묘불 (世最妙佛)

368 지심귀명례 자재명불 (自在名佛)

369 지심귀명례 십세력불 (十勢力佛)

370 지심귀명례 희력왕불 (喜力王佛)

371 지심귀명례 덕세력불 (德勢力佛)

372 지심귀명례 최승정불 (最勝頂佛)

373 지심귀명례 대세력불 (大勢力佛)

374 지심귀명례 공덕장불 (功德藏佛)

375 지심귀명례 진행불 (眞行佛)

376 지심귀명례 상안불 (上安佛)

377 지심귀명례 금강지산불 (金剛知山佛)

378 지심귀명례 대광불 (大光佛)

379 지심귀명례 묘덕장불 (妙德藏佛)

380 지심귀명례 광덕불 (廣德佛)

시방의 다함없는 법계의 무량한 형상(形像)과 우전왕의 금상과 아육왕의 동상과 오중(吳中)의 석상(石像)과 사자국의 옥상(玉像)과 여러 국토 중의 금상·은상·유리상·산호상·호박상·자거상·마노상·진주상·마니보상·자마상색염부단금상(紫磨上色閻浮檀金像)에 귀의하나이다.

시방 여래의 일체 발탑(髮塔)[1]과 일체 치탑(齒塔)과 일체 아탑(牙塔)과 일체 조탑(爪塔)과 일체 정상골탑(頂上骨塔)과 일체 신중사리탑(身中舍利塔)과 가사탑과 시발탑(匙鉢塔)과 조병탑(澡瓶塔)과 석장탑(錫杖塔)과 이러한 불사를 하는 이에게 귀의하나이다.

제불생처탑(諸佛生處塔)·득도탑(得道塔)·전법륜탑

(轉法輪塔)·반열반탑, 다보불탑, 아육왕이 지은 8만4천 탑·천상탑·인간탑·용왕 궁중의 일체 보탑에 귀의하나이다.

시방의 다함없는 모든 부처님께 귀의하오며, 시방의 다함없는 모든 존법(尊法)에 귀의하오며, 시방의 다함없는 모든 현성께 귀의합니다. 자비의 힘과 중생을 편안케 하시는 힘과 무량한 자재력과 무량한 대신통력으로 섭수하옵소서.

오늘 이 도량에서 다 같이 대아비지옥에서 고통 받는 일체 중생을 위하여 참회하며, 말로 다 할 수 없는 시방의 모든 지옥 중생을 위하여 참회하며, 부모와 사장과 일체 권속을 위하여 참회하옵니다. 큰 자비의 물로 현재 아비지옥과 다른 지옥에서 고통 받는 일체 중생의 죄를 씻어 청량케 하시며, 오늘의 도량에서 함께 참회하는 이와 그 부모와 사장과 일체 권속의 죄를 씻으시어 청정케 하시며, 또 6도의 일체 중생의 죄를 씻어 오늘의 이 도량에 이르러 필경 청정케 하옵소서.

오늘부터 도량에 이르도록 아비지옥의 고통과 시방의 다함없는 법계의 무수한 모든 지옥의 고통을 끊어 버리고, 다시 3악도에 들어가지 않게 하며, 다시 지옥에 떨어지지 않게 하며, 다시 10악업을 짓지 않게 하며, 5역죄를 짓고 모든 고통을 받는 온갖 죄악을 모두 소멸케 하며, 지옥살이를 버리고 정토에 나게 하며, 지옥의 목숨을 버리고 지혜의 목숨을 얻으며, 지옥의 몸을 버리고 금강 같은 몸을 얻으며, 지옥의 고통을 버리고 열반의 낙을 얻으며, 지옥의 괴로움을 생각하고 보리심을 발하며, 자비희사와 6바라밀이 항상 앞에 나타나며, 네 가지 무애한 변재와 여섯 가지 신통이 뜻과 같이 자재하며, 지혜를 구족하여 보살도를 행하며, 용맹정진하기를 쉬지 아니하며, 내지 닦아 나아가 10지행(地行)을 만족하고, 금강심에 들어가 등정각(等正覺)을 이루고, 시방의 일체 중생을 제도케 하여지이다.

오늘 이 도량의 동참대중이여, 여러 지옥에서 받는 고통은 더 말할 수 없으며, 이러한 명호와 고통이 한량없습니다.

저희들은 경전을 일심으로 독송합니다.

염라대왕은 일념의 악으로 옥사를 모두 맡았으니, 자신이 받는 고통도 다 말할 수 없다. 염라대왕이 옛적에 비사국왕이 되어 유타시(維陀始) 왕과 싸울 적에 병력이 부족하여, 내가 후생에 지옥의 왕이 되어 이 죄인을 다스리겠다 서원을 세우니, 18대신과 백만 대중이 다 같은 원을 세웠다. 비사국왕은 지금의 염라대왕이요, 18대신은 지금의 18옥주(獄主)요, 백만 대중은 지금의 우두아방(牛頭阿傍) 등이니, 이 관속들이 모두 북방 비사문천왕에게 매어 있느니라.

『장아함경』에는 염라대왕이 계신 곳은 남섬부주의 남쪽 금강산 안인데, 왕궁의 넓이와 길이가 6천 유순이라고 하였습니다. 『지옥경』에는 지옥에 있는 궁성의 넓이와 길이가 3만 리라 했는데 구리와 철로 되었고, 옥졸들이 주야 2시로 구리물이 가득 찬 큰 가마솥을 앞에 놓고 염라대왕을 철상 위에 누이고 쇠갈고리로 입을 벌려 구릿물을 붓는데, 목구멍으로 들어가 타지 않는 것이 없으며, 여러 대신들에게도 그렇게 한다고 하였습니다.

18옥주는 첫째 가연(迦延)이니 니리옥(泥犁獄)을 맡고, 둘째 굴존(屈尊)이니 도산(刀山)옥을 맡고, 셋째 비수(沸壽)니 비사(沸沙)옥을 맡고, 넷째 비곡(沸曲)이니 비시(沸屎)옥을 맡고, 다섯째 가세(迦世)이니 흑이(黑耳)옥을 맡고, 여섯째 합사(嚙傞)니 화거(火車)옥을 맡고, 일곱째 탕위(湯謂)니 확탕옥을 맡고, 여덟째 철가연(鐵迦然)이니 철상(鐵床)옥을 맡고, 아홉째 악생(惡生)이니 합산(嚙山)옥을 맡고, 열째 신음(呻吟)이니 한빙(寒氷)옥을 맡고, 열한째 비가(毘迦)니 박피(剝皮)옥을 맡고, 열두째 요두(遙頭)니 축생(畜生)옥을 맡고, 열세째 제박(提薄)이니 도병(刀兵)옥을 맡고, 열넷째는 이대(夷大)니 철마(鐵磨)옥을 맡고, 열다섯째 열두(悅頭)니 회하(灰河)옥을 맡고, 열여섯째 천골(穿骨)이니 철책(鐵箭)옥을 맡고, 열일곱째 명신(名身)이니 저충(蛆蟲)옥을 맡고, 열여덟째 관신(觀身)이니 양동(烊銅)옥을 맡았으며, 이같이 각각 무량한 지옥이 있어 권속이 되어 있느니라.

옥에는 옥주가 있으니, 이름이 우두아방이다. 성질이 흉악하여 자비심이나 인욕은 조금도 없으며, 여러 중생들이 이런 나쁜 과보받는 것을 보되 더 괴롭지 않음을 근심하며, 더 독하지 못함을 걱정한다.

어떤 이가 우두아방 옥주에게 물었다. "중생들이 고통 받는 것이 매우 슬픈데, 너는 혹독한 생각만을 품고 조금의 자비심도 없느냐."

그러자 옥주가 답하였다. "죄악이 있어 이같이 고통을 받는 것이다. 부모에게 불효하고, 부처님과 법을 비방하고, 성현들을 훼방하고, 6친을 꾸짖고 어른을 경멸하고, 일체를 모함하며 악구와 양설로 왜곡하고 질투하여 남의 친척을 이간하며, 진심을 내어 살해하고 탐욕으로 사기하며, 삿된 생활과 삿된 욕구와 삿된 소견으로 게으르고 방일하여 모든 원결을 지었으므로 이같은 고통을 받는다. 이런 죄인이 지옥을 떠날 때 '이렇게 심한 고통을 받으니 지금 나가면 다시는 죄 짓지말라' 타일러도 뉘우치는 생각이 없어, 오늘 나갔다가 다시 돌아오기를 바퀴 돌 듯하니 괴로움을 알지 못한다. 나는 이 중생들 때문에 근력이 피로하고 이 겁으로부터 저 겁에 이르도록 늘 만나게 되므로 죄인에게 대하여 조금도 연민의 생각이 없고, 혹독한 고통이 더하여 그들로 하여금 괴로움을 알고 부끄러움을 알아 다시는 이곳에 오지 않기를 바란다. 그러나 저 중생들은 고통을 달게 여기고 조금도 피할 생각이 없으니, 결단코 선을 수행하여 열반에 나아갈 희망이 없고, 무지한 무리라서 고통을 피하여 낙을 구하지 못하니 혹독한 고통이 세간 사람보다 더 심하다. 이런 무리에게 무슨 자비심이 생기겠는가." 『장아함경』

오늘 이 도량의 동참대중이여, 지옥을 이 세상의 감옥과 비교하면 곧 알 수 있습니다. 만일 세 번을 옥에 들어가는 사람은 친척이라도 동정하는 마음이 없을 것인데, 하물며 우두아방이야 어떻겠습니까. 이런 중생이 나갔다가 다시 들어와 받는 고통이 끝없지만 어찌 가엾은 생각을 내겠습니까. 한 번 나왔으면 허물을 뉘우치고 버릇을 고칠 것이어늘, 만일 회개하지 않으면 영원히 그 가운데 빠져 갖가지 고통과 괴로움을 겪을 것입니다.

3세에 원수만을 상대하며 인과가 생기는 것이므로 선과 악의 두 보응(報應)이 한순간도 없어지지 않으니 보응의 과보가 분명합니다. 악한 일을 하면 고통으로 보응하는 것이니, 지옥에 떨어져서 혹심한 고통을 받고 지옥의 죄보가 끝나면 또 축생에 태어나고, 축생의 죄를 마치고는 아귀로 태어나서, 이렇게 돌아다니며 무량한 생사와 무량한 고통이 있나니, 어찌 사람마다 때를 따라 보살도를 행하지 않으리오.

저희들이 오늘 다 같이 간절히 오체투지하고 시방세계에 있는 지옥도의 옥주와 대신과 우두 아방과 권속들을 위하고, 아귀도의 아귀와 권속들을 위하고, 축생도의 축생과 권속들을 위하고, 시방세계의 무궁무진한 일체 중생들을 위하여 참회하니, 뒤의 일을 뉘우치고 앞의 일을 닦아서 다시 악한 일을 짓지 아니하겠으니, 이미 지은 죄를 소멸하여 주소서. 아직 짓지 아니한 죄는 다시 짓지 않겠나이다.

시방의 모든 부처님이시여, 부사의하고 자재한 신통력으로 가피하시고 어여삐 여겨 섭수하시어 중생들로 하여금 때를 따라 해탈케 하여지이다. 현겁의 부처님께 절하옵니다.

381 지심귀명례 보망엄신불 (寶網嚴身佛)

382 지심귀명례 복덕명불 (福德明佛)

383 지심귀명례 조개불 (造鎧佛)

384 지심귀명례 성수불 (成手佛)

385 지심귀명례 선화불 (善華佛)

386 지심귀명례 집보불 (集寶佛)

387 지심귀명례 대해지불 (大海智佛)

388 지심귀명례 지지덕불 (持地德佛)

389 지심귀명례 의의맹불 (義意猛佛)

390 지심귀명례 선사유불 (善思惟佛)

391 지심귀명례 덕륜불 (德輪佛)

392 지심귀명례 보광불 (寶光佛)

393 지심귀명례 이익불 (利益佛)

394 지심귀명례 세월불 (世月佛)

395 지심귀명례 미음불 (美音佛)

396 지심귀명례 범상불 (梵相佛)

397 지심귀명례 중사수불 (衆獅首佛)

398 지심귀명례 사자행불 (獅子行佛)

399 지심귀명례 난시불 (難施佛)

지심귀명례 응공불 (應供佛)

시방의 다함없는 모든 삼보께 귀의하오니, 자재한 신통력으로 지옥도의 옥주와 대신과 모든 지옥의 권속과 18격자지옥과 18격자지옥에 딸린 지옥과 우두아방과 고통 받는 모든 중생을 구제하시어, 이 중생들이 모두 해탈을 얻게 하시며, 죄의 원인과 괴로운 과보가 함께 소멸케 하고, 오늘부터 이후로 필경에 지옥도의 업을 끊고, 다시는 3악도에 떨어지지 않게 하옵소서.

지옥의 생을 버리고 정토에 태어나며, 지옥의 생명을 버리고 지혜의 생명을 얻으며, 지옥의 몸을 버리고 금강 같은 몸을 얻으며, 지옥의 괴로움 버리고 열반의 낙을 얻으며, 지옥의 고통을 생각하고 보리심 발하며, 자비희사와 6바라밀이 항상 앞에 나타나며, 네 가지 변재와 여섯 가지 신통이 뜻과 같이 자재하며, 용맹하게 정진하여 쉬지 않으며, 내지 앞으로 닦아나가 10지의 행을 원만하여 끝이 없는 일체중생을 제도하고, 금강심에 들어가 등정각을 이루게 하여지이다.

찬 讚

인연과 과보의 이치가 분명하니 철성(鐵城)이 종횡으로 삼천 세계에 가득하고 괴로운 갈래 모두 연속하였기에 부처님께 예경하고 여러 가지가 끓는 지옥에서 벗어나리.

나무 염혜지보살마하살 (燄慧地菩薩摩訶薩)〔3칭〕

출참 出懺

천상천하에 부처님이 가장 높고, 세간과 출세간에 이 법이 제일 훌륭해, 감로수 모든 세계에 젖고, 보리의 향 인간에 흩어지네. 정상에는 백옥호의 광명이요, 온몸은 황금의 훌륭한 몸매라, 범부의 소원이 한 생각 앞에 나타나니, 넓으신 자비로 거두어 주소서.

이제까지 참회하는 저희들은 자비도량참법을 수행하여 제4권이 끝나니 예경하고 외우는 일 장차 완전해 공덕을 마치려 하며 자비심을 다시 발휘하여 정성스런 마음 가다듬어 침수향 다시 사르고 우담화의 초를 켭니다.

향적세계의 공양 올리고, 선열(禪悅)의 진수 차리고, 종과 북으로 음악을 울리고, 조화로운 오묘한 소리, 범음(梵音) 노래하며, 선한 일 모두 모아 모든 중생이 이롭게 하고, 부처님의 황금 상호와 만월세계의 불보살과 반자교(半字敎)·만자교(滿字敎)의 법보와 유학(有學)과 무학(無學)의 성중(聖衆)께 회향하니, 천지명양(天地冥陽)의 현철(賢哲)과 인간세계의 여러 신중(神衆)들 저희들을 정성껏 살피고 은혜의 광명을 내려지이다.

이러한 공덕으로 참회하는 저희들 네 가지 허물 참회하고 4공(空)의 삼매에 드오니, 4생의 근본 원인이 끓는 물에 얼음 녹듯 4주번뇌(住煩惱)는 아침 햇빛에 서리 녹듯 네 가지 흐름을 벗어나 애욕을 여의고, 네 가지 공덕 이루어 정토에 왕생하며 4안락행(安樂行) 앞에 나타나고 사홍서원 견고하여 여러 생의 해탈문에 오르며, 여러 세상 친한 이와 원수들이 보리를 얻어지이다.

참법대로 수행하였으나 전세의 죄업 멸하기 어려워 여러 대중은 거듭 참회를 구하나이다.

찬 讚

자비보참 4권의 공덕으로 저희들과 망령의 네 가지 중한 죄를 소멸하고, 보살의 염혜지(焰慧地)를 증득하며, 참문을 외우는 곳에 죄의 꽃이 스러지며, 원결은 풀리고 복이 더하여 도리천에 왕생하였다가 용화회상에서 다시 만나 미륵 부처님의 수기를 받아지이다.

나무 용화회보살마하살 (龍華會菩薩摩訶薩)〔3칭〕

거찬 擧讚

자비보참 제4권 모두 마치고 4은(恩) 3유(有)에 회향하오니, 참회를 구하는 저희들은 수복이 증장하고, 망령들은 정토에 왕생하여지이다.

염혜지보살이시여, 어여삐 여기시어 거두어 주소서.

나무 등운로보살마하살 (登雲路菩薩摩訶薩)〔3칭〕

---

1) 발탑(髮塔): 부처님의 머리털을 모시기 위해 세운 탑.

자비도량참법 제5권

[먼저 11~20쪽 정단찬·삼보찬·자비보참의문을 독송 후 시작한다.]

찬 讚

기타(祇陀) 숲 동산의 과일 맛이 참 좋아
청과(靑瓜)·홍시·아리양(阿梨樣)과
여지(荔枝)와 용안육(龍眼肉) 공양할 만하고
암마라(唵麻羅) 열매 세상에 짝이 없어
바라문들이 연화대 위에 올리네.
나무 보공양보살마하살 (菩供養菩薩摩訶薩)〔3칭〕

5안(眼)을 갖추신 부처님, 광명어린 묘색신 나
투시고, 5승(乘)의 가르침을 열어 반야의 경전을
펴시니, 55위 성현은 생각마다 보리가 원만하고
5근(根)과 5력(力)의 보살이 해탈한 인연이라, 귀
의하면 복전(福田)이 증장하고 예경하면 죄악이
소멸하며, 고요하고 요동하지 않으나 감동하면
통하시니, 자비한 광명으로 참회하는 일을 증명

하소서.

저희들은 자비도량참법을 수행하며 이제 제5권의 연기를 당하여 삼가 향과 등과 과실을 갖추어 불·보살과 성현께 공양하고 크신 명호를 염하며 귀의하고 정성을 드립니다.

무시 이래(無始以來) 지금까지 5온(蘊)의 몸을 잘못 알아 오탁악세를 헤매며 다섯 가지 욕락(欲樂)에 속박되고 다섯 가지 번뇌의 대상인 티끌에 미혹하였으며, 5역죄를 없애지 못하여 사랑하고 미워하는 생각이 일어나고 다섯 가지 법 깨닫지 못하여 번뇌의 망정(妄情)이 증장합니다.

인연이 어기지 않으니 업과(業果)를 피하기 어려우니, 이제 대중은 간절한 정성으로 해탈문을 제각기 열고 가르침에 귀의하여 허물을 씻나이다.

부처님이시여, 이러한 저희들의 마음을 살피소서. 넓은 자비를 우러러 사모하오니 가피를 드리우소서.

부처님 몸매 유리 같이 청정하시고 부처님 얼굴 보름달처럼 단정하시며, 부처님 이 세상에서 괴로움을 구제하심에 부처님 마음 간 곳마다 자비하시네.

입참 入懺

자비도량참법을 행하오며 현겁의 부처님께 절하옵니다.

401 지심귀명례 명위덕불 (明威德佛)

402 지심귀명례 대광왕불 (大光王佛)

403 지심귀명례 금강보엄불 (金剛寶嚴佛)

404 지심귀명례 중청정불 (衆淸淨佛)

405 지심귀명례 무변명불 (無邊名佛)

406 지심귀명례 불허광불 (不虛光佛)

407 지심귀명례 성천불 (聖天佛)

408 지심귀명례 지왕불 (智王佛)

409 지심귀명례 금강중불 (金剛衆佛)

410 지심귀명례 선장불 (善障佛)

411 지심귀명례 건자불 (建慈佛)

412 지심귀명례 화국불 (華國佛)

413 지심귀명례 법의불 (法意佛)

414 지심귀명례 풍행불 (風行佛)

415 지심귀명례 선사명불 (善思明佛)

416 지심귀명례 다명불 (多明佛)

9. 해원석결① 解冤釋結

오늘 이 도량의 동참대중이여, 일체 중생에게
는 다 원한의 대상이 있으니, 만일 원한의 대상
이 없으면 악도(惡道)가 없을 터인데 이제 악도가
쉬지 않고 3도가 항상 끓으므로 원한의 대상이
끝이 없습니다.

경에 '일체 중생이 모두 마음이 있고, 마음이 있는 이는 다 부처님이 될 수 있건만, 중생들의 생각이 전도하여 세간에만 탐착하고 벗어날 요령을 알지 못하며, 고통의 근본을 세워 원수를 기르니, 그러므로 3계에 윤회하고 6도에 왕래하면서 몸을 버리고 몸을 받아 잠깐도 쉬지 못한다' 하였습니다.

일체 중생이 무시 이래 암매한 생각을 서로 전하면서 무명에 덮이고, 애욕에 빠져 3독을 일으키며 4전도를 일으키고, 3독으로부터 10번뇌가 일어나고, 신견(身見)을 의지하여 5견(見)이 일어나며, 5견으로부터 62견이 일어나고, 몸과 입과 뜻을 의지하여 10악을 일으키니, 몸으로는 살생·도둑질·음행과 입으로는 망어·기어·양설·악구와 뜻으로는 탐심·진심·치심을 일으켜 스스로 10악을 행하고, 다른 이도 10악을 행하게 하면서 열 가지 악법을 찬탄합니다. 10 악법을 찬탄하는 이는 몸·입·뜻으로 40종류의 악을 일으키며, 또 6정(情)을 의지하여 6진(塵)을 탐착하고, 내지 8만4천 진로문(塵勞門)을 열어놓습니다. 1념 동안에 62견을 일으키고, 1념 동안에 40종류의 악을 행하고, 1념 동안에 8만4천의 진로문을 열거늘, 하물며 하루에 일으키는 여러 죄와 일생 동안 일으키는 여러 가지 죄야 오죽하겠습니까.

이러한 죄악이 무량무변하여 원한의 대상이 서로 만나 그칠 때가 없건만, 중생들이 어리석은 탓으로 무명은 지혜를 덮고, 번뇌는 마음을 덮어서 스스로 알지 못하고, 마음이 전도하여 경의 말씀을 믿지 않고, 부처님 말씀을 따르지 않고, 원결을 풀 줄 알지 못하고, 해탈하기를 희망하지 않으며, 스스로 악도에 들어가는 것이 불에 덤비는 나비와 같아서, 많은 세월을 지내면서 무량한 고통을 받습니다.

가령 업보가 끝이 나서 사람이 된다 하더라도 이런 악인은 고칠 줄을 모릅니다. 그러므로 '모든 성현들이 대자대비한 마음을 일으키는 것은 이 같은 원한의 대상이 되는 중생을 위함이다'고 하는 것입니다.

저희들이 서로 보리심을 발하고 보살도를 행하니, 보살마하살께서는 괴로움을 구원하는 것으로 양식을 삼고, 원결을 푸는 것으로 도행을 삼으며, 중생을 버리지 않고 괴로움을 참는 것으로 근본을 삼으소서. 저희들도 오늘 그와 같이 용맹심을 일으키고 자비심을 내며, 여래와 같은 마음으로 부처님의 힘을 받자와 도량의 기를 세우고 감로의 북을 치며, 지혜의 활과 견고한 화살로 4생 6도와 3세의 원수와 부모와 사장과 6친과 권속을 위하여 원결을 푸옵나니, 맺어진 원결은 모두 풀어버리며, 아직 맺지 않은 원결은 끝까지 맺지 아니하리니, 모든 부처님과 큰 보살들께서는 자비력과 본원력(本願力)과 신통력으로 가피하사 두호하시고 굴복시켜 섭수하시어, 3세의 무량한 원결로 하여금 오늘부터 보리에 이를 때까지 풀리게 하시고 다시 맺지 않게 하며, 모든 괴로움을 필경까지 끊게 하여지이다.

지극한 마음으로 다 같이 4생 6도의 3세 원수와 부모와 사장과 일체 권속을 위하여 현겁의 부처님께 간절히 오체투지 절하옵니다.

417 **지심귀명례 밀중불** (密衆佛)

418 **지심귀명례 광왕불** (光王佛)

419 **지심귀명례 공덕수불** (功德守佛)

420 **지심귀명례 이의불** (利意佛)

421 **지심귀명례 무구불** (無懼佛)

422 지심귀명례 견관불 (堅觀佛)

423 지심귀명례 주법불 (住法佛)

424 지심귀명례 주족불 (珠足佛)

425 지심귀명례 해탈덕불 (解脫德佛)

426 지심귀명례 묘신불 (妙身佛)

427 지심귀명례 수세어언불 (隨世語言佛)

428 지심귀명례 묘지불 (妙智佛)

429 지심귀명례 보덕불 (普德佛)

430 지심귀명례 법재불 (梵財佛)

431 지심귀명례 실음불 (實音佛)

432 지심귀명례 정지불 (正智佛)

　시방의 다함없는 모든 삼보께 귀의하오니, 이와 같은 3세의 모든 원결로 인하여 지금 6도 중에서 원한의 대상을 만난 이는 부처님의 힘과 법과 성현의 힘으로 모두 해탈을 얻게 하옵소서.

만일 6도 중에서 대상을 만나거나 아직 만나지 아니한 이는 부처님의 힘과 법과 성현의 힘으로 이 중생들이 다시 악취에 들어가지 않게 하며, 다시는 나쁜 마음으로 마주서지 않게 하며, 다시는 해독을 입히지 않고 모든 것을 잊어버려 원수라는 생각이 없게 하며, 허물은 각각 소멸하고 모든 원한을 없애길 원하옵니다.

같은 마음으로 화합하여 물과 젖을 탄 듯하며, 모두 기뻐하기를 환희지와 같이 하며, 수명이 무궁하고 몸과 마음이 항상 즐거우며, 천당과 극락에 마음대로 왕생하여 옷을 생각하면 옷이 오고, 음식을 생각하면 음식이 오며, 원수를 상대하여 싸우는 소리가 없고, 4지는 변동하는 침해가 없고, 5정(情)은 티끌에 물들지 말며, 모든 선한 일은 모여들고, 만 가지 악한 것은 소멸되며, 대승심을 내어 보살행을 닦으며, 자비희사와 6바라밀이 모두 구족하고, 생사의 과보를 버리고 함께 정각을 이뤄지이다.

오늘 이 도량의 동참대중이여, 원수와 고통의 근본이 무엇이리까?

눈으로 빛을 탐하고, 귀로 소리를 탐하고, 코로 향기를 탐하고, 혀로 맛을 탐하고, 몸으로 부드러움을 탐하여 항상 5진(塵)의 속박을 받는 것입니다. 그러므로 오래도록 해탈하지 못합니다. 6친과 일체 권속이 다 우리들의 3세의 원수이니, 모든 원한의 대상은 다 친한 데서 생기는 것이니, 만일 친한 사이가 없으면 원수도 없을 것이며, 친한 이를 여의면 곧 원수를 여읠 것입니다. 만일 서로가 다른 고장에 떨어져 있다면 그 두 사람은 원한의 마음을 일으키지도 않을 것입니다. 그래서 원한을 일으키는 것은 친함으로부터 생깁니다.

3독으로 인하여 서로 충돌이 생기고, 충돌하므로 해서 원한을 일으킵니다. 그러므로 친척과 권속이 서로 원망하며, 혹 부모가 자식을 원망하고, 혹 자식이 부모를 원망하며, 형제와 자매도 모두 그러하여 서로 원망하고 서로 혐의하며, 조금만 안 맞아도 성을 내고, 재물이 있으면 친척들이 서로 달라고 하니, 빈궁하면 애초부터 근심이 없습니다. 달래서 얻더라도 적게 여기며, 더 주어도 항상 부족하게 생각하며, 백 번 달래서 백 번 주어도 은혜로 생각지 않으며, 한 번만 마음에 쾌하지 않아도 문득 분노를 일으킵니다.

이리하여 잠깐만 나쁜 생각을 품으면 곧 딴 생각을 내게 됩니다. 그러므로 원수를 맺고 화단이 생겨서 대대로 다하지 않습니다. 이것으로 추측해 본다면 3세의 원수란, 바로 다른 이가 아니라 모두가 친척과 권속들이니, 권속이 곧 원수가 되는 줄을 알 것입니다.

　그러므로 사람마다 은근히 허물을 뉘우치고, 지극한 마음으로 영식(靈識)이 있은 뒤부터 오늘까지 여러 생의 부모와 여러 겁의 친척과 6도 중에서 원결을 맺은 이와 원한의 대상이나 대상이 아니거나, 경한 이나 중한 이나, 지금 지옥에 있는 이·축생에 있는 이·아귀에 있는 이·아수라에 있는 이·인간에 있는 이·천상에 있는 이·신선 중에 있는 이거나, 오늘 저의 권속 중에 있는 이나, 이러한 3세의 원수와 그들의 권속들을 위하여, 오늘 저희들이 자비심으로 원수라든가 친한 사이라는 생각을 버리고, 부처님 마음과 같이, 부처님 서원과 같이, 그들을 위하여 현겁의 부처님께 오체투지 절하옵니다.

　433　지심귀명례 역득불 (力得佛)

　434　지심귀명례 사자의불 (獅子意佛)

435 지심귀명례 정화불 (淨華佛)

436 지심귀명례 희안불 (喜眼佛)

437 지심귀명례 화치불 (華齒佛)

438 지심귀명례 공덕자재당불 (功德自在幢佛)

439 지심귀명례 명보불 (明寶佛)

440 지심귀명례 희유명불 (希有名佛)

441 지심귀명례 상계불 (上戒佛)

442 지심귀명례 이욕불 (離欲佛)

443 지심귀명례 자재천불 (自在天佛)

444 지심귀명례 범수불 (梵壽佛)

445 지심귀명례 일체천불 (一切天佛)

446 지심귀명례 요지불 (樂智佛)

447 지심귀명례 가억념불 (可憶念佛)

448 지심귀명례 주장불 (珠藏佛)

시방의 다함없는 모든 삼보께 귀의하오니, 불
력과 법력과 깨달음의 지위가 높은 보살의 힘과

일체 성현의 힘으로써, 6도 중에 있으면서 원한의 대상이 된 저희들의 부모·친척과 그 권속들이 모두 동시에 이 도량에 모여 전세의 죄를 참회하고 원결을 풀며, 만일 몸의 장애로 오지 못하는 이는 삼보의 신통력을 받아 그의 영혼을 섭수하여 함께 와서, 자비심으로 우리들의 이 참회를 받고 원한의 모든 대상들이 해탈을 얻게 하게 하여지이다.

이 도량의 대중들은 각각 마음으로 생각하고 서원합니다.

저희들이 영식이 있은 뒤부터 오늘에 이르기까지 여러 생의 부모와 여러 겁의 친척과 고모·이모·아저씨들과 내외 권속들에게 대하여 탐·진·치로 10악업을 일으키되, 혹은 알지 못하여, 혹은 믿지 못하여, 혹은 수행하지 못함과 무명으로 인하여 원한을 일으켜 부모·권속과, 내지 6도

중에 원결이 있게 되었으며, 이러한 죄가 무량무변하니, 오늘의 참회로 소멸하여지이다.

무시 이래 오늘에 이르도록 성을 내거나, 탐욕을 부리고, 혹은 어리석어 갖가지 죄를 지었으니, 이러한 죄악이 무량무변하니, 뉘우치고 참회하여 소멸되기를 발원합니다.

무시 이래 오늘에 이르도록 전장(田庄)을 위하여, 가택을 위하여, 재물을 위하여 원수 될 만한 업을 지으며, 권속들을 살해하는 따위의 죄업이 다 말할 수 없으며, 맺은 원수를 풀 기약이 없는 것을 오늘 부끄러이 여겨 발로 참회하오니, 부모 6친과 모든 권속들이 자비한 마음으로 나의 참회를 받고, 모든 것을 풀어버리고, 다시는 원한을 품지 않게 하여지이다.

훔치고 사음하고 망어하며, 10악업과 5역죄를 많이 지었고, 전도한 망상으로 여러 경계를 반연하여 모든 죄 지었으니, 이런 죄악이 무량무변한데, 혹 부모에게 지었고, 혹 형제자매에게 지었고, 혹 집안의 어른들에게 지었고, 내지 영식이 있은 때로부터 오늘에 이르도록 6친 권속들에게 일으킨 이러한 죄와 이러한 죄의 원인과 괴로운 과보와 원한의 대상이 된 겁수(劫數)와 원결이 많고 적음을 오직 시방의 여러 부처님과 지위가 높은 보살이 다 아시고 다 보시리이다.

부처님과 보살들이 아시고 보시는 죄의 수효와 원수 맺은 겁수와, 오는 세상에 받게 될 과보를 저희 제자들이 오늘 참괴하고 통탄하오며 간절히 자책하여, 지나간 잘못을 회개하고 다시는 죄를 짓지 않겠으니, 부모와 친척과 권속들이 부드러운 마음과 화평한 마음과 선(善)을 좋아하는 마음과 환희한 마음과 수호하는 마음과 여래와 같은 마음으로 저희들의 오늘의 참회를 받고 모두 풀어버려 원수거니 친하거니 하는 생각이 없게 하여지이다.

부모와 친척과 모든 권속들로서 원결을 가지고 6도 중에 있는 이와, 다른 6도의 일체 중생도 다 함께 풀어 버리며 3세의 원결을 일시에 소멸하고, 오늘부터 보리도량에 이르도록 영원히 3악도를 여의며, 네 갈래의 고통을 끊어 버리고, 모두 화합하기를 물에 젖을 탄 듯하고, 일체에 장애됨이 없기를 허공과 같이하며 영원히 법문의 친척과 자비 권속이 되어 무량한 지혜를 각각 닦아 익히며, 일체 공덕을 구족히 성취하며, 용맹정진하여 보살도를 행하되 게으름이 없으며, 부처님의 마음과 같고 부처님의 서원과 같아서, 부처님의 삼밀[1]을 얻고, 5분법신을 구족하여 끝까지 무상보리를 얻어 등정각을 이루어지이다.

오늘 이 도량의 동참대중이여, 우리들이 이미 부모의 원결을 풀었으니, 다음은 스승의 원결을 풀어야 할 것입니다. 대성(大聖)으로부터 이하는 아직도 끝까지 원만하지 못하고, 무생법인이라도 삼상[2]의 변천함이 있으니, 여래께서 오히려 고언(苦言)을 하심은 악한 중생으로 하여금 도를 깨닫게 하려는 것입니다. 부처님의 그러한 위덕으로도 중생을 교화할 때 그런 말씀을 하는데, 하물며 청정한 경계에 이르지 못한 범부야 어떻겠습니까. 지금 선과 악이 섞여서 흑백을 분별하기 어려우니, 어찌 3업의 실수가 없으리오. 만일 가르치는 말을 들을 적에는 스승의 은덕을 무한히 고맙게 생각하고 스스로 자책할지언정, 놀라거나 의심하고서 나쁜 생각을 품지 말아야 합니다. 경에 '비록 출가하였을지라도 아직 해탈치 못했다' 했으니, 출가한 사람이라도 나쁜 일이 없으리라고 단언할 수 없으며, 세속에 있는 사람이라도 선한 일이 아주 없다고 단언할 수 없습니다.

부처님이 대중에게 말씀하셨다. "너희는 스승의 은혜를 생각하라. 부모가 비록 낳아 기르고 가르친다 하나, 3악도를 여의게 하지 못하지만, 스승은 대자비로 아이들을 권유하여 출가케 하고 구족계를 받게 하니, 이는 곧 아라한의 태를 배어 아라한의 과를 낳는 것이며, 생사의 괴로움을 떠나 열반의 낙을 얻게 하느니라."

스승에게는 이같이 출세케 한 은덕이 있으니 어찌 쉽게 갚을 수 있겠습니까. 설사 종신토록 도를 행하더라도 자리(自利)는 될지언정, 스승의 은혜를 갚기는 어렵습니다. 부처님께서는 '천하의 선지식이라도 스승보다 뛰어난 이가 없다'고 말하셨습니다.

오늘 이 도량의 동참대중이여, 부처님의 말씀과 같이 스승에게 이러한 은덕이 있지만, 은혜를 갚을 생각을 내지도 않고, 가르치는 말을 믿지도 않고, 거친 말로 비방하기도 하고, 도리어 시비를 걸어 불법을 쇠퇴케 하니, 이런 죄로 어떻게 3악도를 면할 수 있겠습니까.

　이런 괴로운 죄보는 대신 받을 이가 없으며, 죽을 때에 낙은 가고 고통이 돌아오면, 정신이 참담하고 뜻이 혼미하여, 6식이 총명하지 못하고 5근이 쇠망하여, 가려 하여도 발을 움직일 수 없고, 앉으려 하여도 몸이 자유롭지 못하여, 설사 법문을 들으려 하나 귀에 들리지 않고, 좋은 경치를 보려 하여도 눈에 보이지 않으니, 이런 때 오늘의 예참을 생각한들 무슨 소용이 있으리오. 다만 지옥의 무량한 고통이 있을 뿐이니, 이런 고통은 제가 지어서 제가 받는 것입니다.

경에서 말씀하셨습니다.

우치하여 제멋대로 하며 앙화를 믿지 않고, 스승을 비방하고 스승을 헐뜯고 스승을 미워하고 스승을 질투하는, 이런 무리는 법중의 큰 악마요 지옥의 종자이니, 스스로 원결을 맺어 무궁한 죄보를 받느니라.

화광(華光) 비구가 법문을 잘하는데, 한 제자가 교만을 품고 화상의 말을 믿지 않고 '우리 스님은 지혜가 없고 공허한 일만 찬탄하니, 내가 내생에 나더라도 보고 싶지 않다' 하면서, 법을 비법이라 말하고 비법을 법이라 말하며, 계행을 지니되 범하지 않았으나, 잘못 해석한 연고로 죽은 뒤에 쏜살같이 아비지옥에 들어가 80억 겁을 지내면서 큰 고통을 받았습니다.

오늘 이 도량의 동참대중이여, 경의 말씀과 같으니, 어찌 사람마다 두려움을 내지 않으리오.

스님에게 나쁜 말 한마디 하고도 아비지옥에 떨어져 80억 겁을 고생하였는데, 하물며 출가한 후로 오늘까지 스님에게 일으킨 악업이 무량하므로 이 몸이 죽어서는 저 제자와 같을 것입니다. 화상 아사리가 항상 교훈하여도 그대로 수행하지 아니하고, 스승에 대하여 거역하는 일이 많았으며, 무엇을 주더라도 만족한 생각이 없고, 스승이 제자를 원망하기도 하고, 제자가 스승을 원망하기도 하여 3세 중에 기쁨과 노여움이 한량없었으니, 이러한 죄를 다 말할 수 없기 때문입니다.

경에 '한 번 진심을 일으키면 원수가 한량이 없다' 했으니, 이런 원수는 6친만이 아니고, 스승과 제자 간에도 많으며, 한 방에서 함께 지내는 상·중·하좌(下坐)도 그러합니다. 이런 이는 출가한 것이 멀리 여의는 법임을 믿지 않으며,

인욕하는 것이 안락한 행인 줄을 알지 못하며, 평등한 것이 보리인 줄을 알지 못하며, 망상을 여의는 것이 세간에서 벗어나는 줄을 알지 못하고, 스승과 제자가 같이 있으면서도 맺힌 업이 다하지 않아 서로 어긋나 다투는 마음이 복잡하게 일어나므로 세세생생 화합하지 못합니다.

출가한 사람이 혹 학업을 같이 닦고, 혹은 스승을 함께 섬겼던 이의 지위가 올라가면 문득 진심을 품어 예전부터 그가 지혜를 익혀 온 것은 말하지 않고, 그에게는 복덕이 있고 나에게는 선근이 없다고 하면서 망상심으로 높다 낮다는 생각을 내고, 싸움을 일삼아 화합하지 못하고, 다른 이는 후하게 대하고 스스로는 박하게 대할 줄을 모르고, 혐의하여 자기의 허물은 알지 못하고 다른 이의 잘못만 말하여, 혹은 3독심으로 서로 비방하여 충성한 마음도 없고 공경하는 뜻도 없으니, 어떻게 자신이 부처님 계율을 위반한 것을 생각하리오. 내지 큰 소리와 거친 말로 서로 꾸짖으며, 스승의 교훈을 조금도 믿지 않고, 상·중·하좌가 각각 원한을 품으며, 원한을 품은 탓으로 서로 시비를 자아내나니, 이같이 악도 중에는 원한의 대상이 많으니 시비와 원결은 모두 우리들의 스승과 제자와 함께 공부하는 도반에게 있다 하겠습니다. 상·중·하좌에게 원한의 마음을 내면 대상이 한량없습니다. 경에서 '이 세상에서는 조금만 미워하여도 내생에는 점점 심하여 큰 원수가 된다' 했거늘, 하물며 종신토록 일으킨 악업이리오.

오늘 이 도량의 동참대중이여, 우리가 어느 때 어느 세상에서 스승이나 상·중·하좌에 대하여 원결을 맺었는지 모르니, 이러한 원결은 무궁무진하며 형상이 없는 대상인지라, 기한도 없고 겁수(劫數)도 없으며, 고통 받을 때는 참고 견딜 수 없습니다. 그러므로 보살마하살은 '원수다', '친하다'는 마음을 버리며, 그러한 생각을 떠나 자비한 마음으로 평등하게 섭수합니다. 우리가 오늘 보리심을 발하고 보리원을 세웠으니, 보살행을 행하며, 4무량심과 6바라밀과 사홍서원과 4섭법을 부처님과 보살의 본행과 같이하여, 원친(怨親)이 평등하고 일체 무애함을 익히며, 오늘부터 보리에 이르도록 서원코 일체 중생을 구호하여 구경의 일승에 이르러야 합니다.

지극한 마음으로 오체투지하고 영식이 있은 이래로 여러 생에 출가한 스님 중에 원결이 있는 이와, 같은 단상의 증명법사 중에 원결이 있는 이와, 함께 공부하는 상·중·하좌에 원결이 있는 이와, 인연이 있거나 인연이 없거나 간에 시방 세계의 4생 6도의 3세 원결과, 대상이 되거나 대상이 아니거나 경하거나 중하거나 그러한 권속들과, 또 우리가 6도의 일체 중생 중에 원결이 있어 지금 그 대상이 되어 있거나, 미래에 원결의 대상이 될 이를 위하여 오늘 참회하여 소멸되기를 바라옵니다. 또 6도의 일체 중생에게 원결이 있는 이들도 우리가 오늘 자비한 마음과 원친이 없는 생각으로 3세의 원결들을 위하여 참회하옵나니, 모두 풀어버리고 다시는 나쁜 마음으로 상대하지도 말고, 독한 생각으로 마주 서지 말게 하여지이다.

6도의 일체 중생들이 모두 원결을 풀어버리고 한결같이 환희하며, 지금부터 원한을 풀어 다시는 원한이 없고 각각 공경하여 은혜 갚을 것을 생각하게 하여지이다.

부처님의 마음과 같이, 부처님의 서원과 같이 각각 지극한 정성으로 현겁의 부처님께 절하옵니다.

449 지심귀명례 덕유포불 (德流布佛)

450 지심귀명례 대천왕불 (大天王佛)

451 지심귀명례 무박불 (無縛佛)

452 지심귀명례 견법불 (堅法佛)

453 지심귀명례 천덕불 (天德佛)

454 지심귀명례 범모니불 (梵牟尼佛)

455 지심귀명례 안상행불 (安詳行佛)

456 지심귀명례 근정진불 (勤精進佛)

457 지심귀명례 득상미불 (得上味佛)

458 지심귀명례 무의덕불 (無依德佛)

459 지심귀명례 담복화불 (薝蔔華佛)

460 지심귀명례 출생무상공덕불 (出生無上功德佛)

461 지심귀명례 선인시위불 (仙人侍衛佛)

462 지심귀명례 제당불 (濟幢佛)

463 지심귀명례 대애불 (大愛佛)

　　시방의 다함없는 모든 삼보께 귀의하오니, 부처님과 법과 지위가 높은 보살과 일체 성현의 힘으로 원한의 대상이 되거나 되지 않거나 간에 3세의 다함없는 모든 중생들로 하여금 함께 참회하여 원결을 풀고, 모든 것을 버려서 원수라든가 친하다는 생각이 없게 하며, 일체가 화합하여 물에 젖을 탄 것 같고, 일체가 환희하여 초지(初地)와 같으며, 일체가 무애하여 허공과 같게 하고, 오늘부터 보리에 이르도록 영원히 법문의 친척이 되어 다르다는 생각이 없어 항상 보살의 자비 권속이 되게 하여지이다.

　　오늘 예배하고 참회하고 원결을 풀어버린 공덕 인연으로 화상과 아사리와 단상에서 증명하는 이와, 함께 공부하는 제자와 상·중·하좌와, 일체 권속의 원결이 있는 이들과, 내지 4생 6도의 3세 원결을 해탈하지 못한 이와, 금일 천상에 있거나, 신선에 있거나, 아수라에 있거나, 지옥에 있거나, 아귀에 있거나, 축생에 있거나, 인간에 있는 이들과, 현재 권속 중에 있는 이와, 시방 3세의 모든 원수로서 대상이 되거나 되지 않거나, 모든 권속들이 이제부터 보리에 이르도록 모든 죄업을 다 소멸하고 필경에 모든 원결을 해탈하고 번뇌와 습기가 아주 청정해져서 4취(趣)를 길이 하직하고 자재하게 태어나서, 생각마다 법류(法流)요, 마음마다 자재하여 6바라밀을 구족하게 장엄하고, 10지의 행원을 모두 구경(究竟)하며, 부처님의 10력을 얻고 신통이 무애하며, 아뇩다라삼먁삼보리를 구족하여 등정각을 이루어지이다.

오늘 이 도량의 동참대중이여, 앞에서는 통틀어서 3세의 원결을 풀었거니와, 이제부터는 자신을 깨끗이 하여 마음을 가다듬어야 합니다. 우리가 오늘 어찌하여 해탈하지 못하며, 나아가서는 부처님을 대면하여 수기(授記)를 받지 못하고, 물러와서는 부처님의 법문을 듣지 못합니까. 진실로 죄업이 심중하고 원결이 견고한 탓입니다. 다만 예전에 계셨던 부처님과 앞으로 오실 부처님과 보살 현성을 뵈옵지 못할 뿐 아니라, 12분교의 법문 들을 길이 영원히 막힐까 두려우며, 악도에서 원한의 대상을 면할 길이 없고, 이 몸을 버리고는 지옥에 빠져 3악도에 윤회하며 나쁜 갈래를 두루 돌아다닐 것이니, 언제 사람의 몸을 다시 얻겠습니까. 이런 생각을 하면 실로 눈물겹도록 슬프고, 이런 뜻을 두면 가슴 아프도록 괴롭습니다.

우리는 불법을 앙모하니 속세의 영화 못지 않은 영원히 안신입명할 곳을 어찌 구하지 않으리오. 만일 뜻이 견고하여 노고를 무릅쓰고 가슴 아프게 분발하지 않다가, 홀연히 죽을 병에 걸려 중음(中陰)이 나타나게 되면 옥졸 나찰과 우두 아방의 험상한 모양이 한꺼번에 이르고, 바람칼이 몸을 쪼개면 심회가 산란하며, 권속들이 호곡하여도 깨닫지 못하리니, 이런 때를 당하여 금일의 예참을 구하며 선심을 일으키려 한들 어떻게 다시 얻을 수 있겠습니까. 오직 3악도의 무량한 고초가 있을 뿐입니다.

오늘 우리 대중은 각각 노력하여 시간을 다툴 것이니, 만일 망정에 맡기면 나아갈 길이 더디고, 수고를 참고 견디면 용맹과 마음이 빠릅니다. 그러므로 경에서 '자비가 곧 도량이니 괴로움을 참는 연고며, 발심하고 행함이 곧 도량이니 일을 판단하는 연고라' 했으니, 여러 가지 선한 일로 장엄하는 것도 부지런하지 않으면 이룰 수 없고, 큰 바다를 건너려면 배가 아니고서 어찌하리오.

만일 원하는 마음만 있고, 원하는 일을 행하지 않으면 마음과 일이 함께 하지 않아서 결과를 보지 못하리니, 마치 양식이 떨어진 사람이 여러 가지 음식에 마음을 두어도 굶주림에는 이익이 없음과 같습니다. 훌륭한 과보를 구하려면 마음과 일을 함께 행해야 하나니, 제때에 미쳐서 더 잘하려는 마음을 내고 부끄러운 생각을 가져 참회하여 죄를 멸하고 원결을 풀어버리며, 다시 어두운 데 있으면 열릴 기약이 없으니, 사람들이 해탈하는 것을 후회하지 않아야 합니다.

지성으로 현겁의 부처님께 간절히 오체투지 절하옵니다.

465 지심귀명례 중묘불 (衆妙佛)
466 지심귀명례 가락불 (可樂佛)

467 지심귀명례 세력행불 (勢力行佛)

468 지심귀명례 선정의불 (善定義佛)

469 지심귀명례 우왕불 (牛王佛)

470 지심귀명례 묘비불 (妙臂佛)

471 지심귀명례 대거불 (大車佛)

472 지심귀명례 만원불 (滿願佛)

473 지심귀명례 덕광불 (德光佛)

474 지심귀명례 보음불 (寶音佛)

475 지심귀명례 광당불 (光幢佛)

476 지심귀명례 부귀불 (富貴佛)

477 지심귀명례 사자력불 (獅子力佛)

478 지심귀명례 정목불 (淨目佛)

479 지심귀명례 관신불 (觀身佛)

480 지심귀명례 정의불 (淨意佛)

시방의 다함없는 모든 삼보께 귀의하오니, 저
희들의 죄업을 쌓은 것이 땅보다 깊고, 무명이

가려서 긴긴 밤이 밝아지지 못하며, 항상 3독을 따라서 원수를 지었으므로 3계에 빠져 나올 기약이 없습니다. 오늘 모든 부처님과 보살의 자비하신 힘으로 깨우침을 얻어, 부끄러운 마음을 내어 지성으로 앙모하고 발로 참회하니, 모든 부처님과 보살이시여, 자비로 섭수하시어 큰 지혜의 힘과 부사의한 힘과 한량없이 자재한 힘과 4마를 항복받는 힘과 번뇌를 멸하는 힘과 원결을 푸는 힘과 중생을 제도하는 힘과 중생을 편안하게 하는 힘과 지옥을 해탈하는 힘과 아귀를 제도하는 힘과 축생을 구제하는 힘과 아수라를 교화하는 힘과 인간을 섭수하는 힘과 하늘과 신선의 번뇌를 소멸하는 힘과 무량무변한 공덕의 힘과 무량무진한 지혜의 힘으로써 4생 6도의 모든 원결들이 이 도량에 모여서 저희들의 오늘 참회함을 받고, 일체를 모두 버리어 원수라든가 친하다하는 생각을 없애고, 맺힌 원결을 함께 해탈하고, 8난을 여의어 4취의 괴로움이 없으며, 항상 부처님을 만나서 법문 듣고 도를 깨달으며, 보리심을 발하여 출세할 업을 행하고, 자비희사와 6바라밀을 지성으로 닦아 익히며, 일체의 행원이 10지에 이르고 금강심에 들어가 정각을 함께 이루게 하여지이다.

오늘 이 도량의 동참대중이여, 원한의 대상이 서로 만나는 것은 3업이 행인(行人)을 장엄하여 괴로운 업보를 받게 하는 탓입니다. 이제 고통의 근본을 알았으니 용맹하게 꺾어 버려야 합니다. 고통을 멸하는 것은 참회가 제일입니다. 그러므로 경에서 '첫째는 죄를 짓지 아니함이요, 둘째는 참회함이라'며 칭찬하였습니다.

참회하려고 마음을 깨끗이 하고 얼굴을 단정히 하며, 속으로 참괴한 생각을 가지고 밖으로 슬픈 마음을 일으키면 멸하지 못할 죄가 없습니다. 참회하는 두 가지 마음은, 첫째는 참(慚)이요, 둘째는 괴(愧)입니다. 참은 하늘에게 부끄러움이요, 괴는 사람에게 부끄러움이며, 참은 스스로 참회하여 원결을 멸함이요, 괴는 다른 이로 하여금 결박을 풀음이며, 참은 여러 가지 선을 짓고, 괴는 보고 기뻐함이며, 참은 안으로 수치하는 것이요, 괴는 사람을 향하여 드러내는 것입니다. 이 두 가지 법은 수행하는 사람에게 장애함이 없는 낙을 얻게 합니다.

우리들은 금일에 큰 참괴를 일으키고 큰 참회를 행하여 지극한 마음으로 4생 6도를 어여삐여깁니다.

일체 중생이 모두 친척될 연이 있나니, 혹 부모가 되었고, 혹 스승이 되었으며, 내지 형제자매가 되었을 것이언만, 무명의 그물에 얽혀 서로 알지 못하며, 알지 못하므로 흔히 해롭게 하였고, 그러므로 원결이 그지없다.

저희들은 오늘 이 이치를 깨닫고 지극한 정성으로 마음을 가다듬어 일념에 시방 부처님을 감동케 하고, 한 번 절하여 무량한 원결을 끊고자 합니다.

다 같이 또다시 현겁의 부처님께 간절히 오체투지 절하옵니다.

481 지심귀명례 지차례불 (知次第佛)

482 지심귀명례 맹위덕불 (猛威德佛)

483 지심귀명례 대광명불 (大光明佛)

484 지심귀명례 일광요불 (日光曜佛)

485 지심귀명례 정장불 (淨藏佛)

486 지심귀명례 분별위불 (分別威佛)

487 지심귀명례 무손불 (無損佛)

488 지심귀명례 밀일불 (密日佛)

489 **지심귀명례 월광불** (月光佛)

490 **지심귀명례 지명불** (持明佛)

491 **지심귀명례 선적행불** (善寂行佛)

492 **지심귀명례 부동불** (不動佛)

493 **지심귀명례 대청불** (大請佛)

494 **지심귀명례 덕법불** (德法佛)

495 **지심귀명례 엄토불** (嚴土佛)

496 **지심귀명례 장엄왕불** (莊嚴王佛)

497 **지심귀명례 고출불** (高出佛)

498 **지심귀명례 염치불** (焰熾佛)

499 **지심귀명례 연화덕불** (蓮華德佛)

500 **지심귀명례 보엄불** (寶嚴佛)

　시방의 다함없는 모든 삼보께 귀의하오니, 삼보께서는 가피하고 섭수하사 저희 제자들의 참회하는 죄업이 소멸되고 뉘우치는 허물이 청정케 하소서. 또 오늘 함께 참회하는 이들이 오늘부터 보리에 이르도록 일체의 원결이 해탈되고, 일체의 고통이 소멸되어 습기와 번뇌가 청정해지며, 4취를 길이 하직하고 자재하게 태어나며, 부처님을 친히 모시고 수기를 받으며, 자비희사와 6도 만행을 모두 구비하고, 네 가지 변재를 갖추며, 부처님의 10력을 얻어 훌륭한 상호로 몸을 장엄하고 신통이 무애하며 금강심에 들어가 등정각을 이루게 하여지이다.

찬 讚

4생으로 왕래하며 6도로 윤회함이
모두 원결이 서로 전해진 탓이니
부처님의 어여삐 여기심 입사와
원한의 대상 모두 풀리고
험한 구덩을 만나도 태연하여지이다.
나무 난승지보살마하살 (難勝地菩薩摩訶薩) 〔3칭〕

출 참 出懺

묘한 상호 높고 뛰어나니 중천에 떠 있는 태양이요, 자비한 바람 서늘하니 대지에 진동하는 우레로다. 티끌 마음에 감로 뿌리고 항하사(恒河沙) 세계에 제호(醍醐) 부으니 구하는 일마다 다 응하시고 소원은 모두 성취케 하시며 여래께서 5안(眼)의 광명 비추시니 5시(時)의 불사 원만히 이루었네.

이제까지 참회한 저희들 자비도량참법을 수행하여 제5권이 끝나니, 예경하고 외우는 일 두루하여 바야흐로 공훈(功勳)이 미치려 하오며 다섯 가지 공덕 갖춘 이 모여 5천(天)의 묘한 얼굴 뵈오며 5분의 향을 사르고 5방의 횃불 켜며, 1음(音)을 찬탄하니 5색 꽃이 날리나이다.

작은 정성으로 공양 올리고 간절한 마음으로 예경하며 관(觀)하고 경 외우는 여러 가지 공덕으로 먼저 부처님 보리에 회향하고 다음으로 법계에 널리 미치니, 이러한 힘으로 참회하는 저희들 미처 뉘우치지 못한 죄 참회하고 아직 모으지 못한 인행(因行)을 모으니, 5온이 공(空)하여지고 다섯 가지 쇠퇴함이 나타나지 말며 5근(根)과 5력(力)을 구족하고 5개(蓋)와 5장(障)을 소멸하여 다섯 가지 마음 발명(發明)하고 다섯 가지 계행을 지니오리니, 현재의 권속들은 5복을 누리고 과거의 친척은 5명(明)[3]을 이루게 하소서.

악도에 헤매는 이들 괴로움 쉬어 보리를 얻고 원한의 대상들도 원결이 풀려 좋은 곳에 태어나지이다.

간략한 참문으로 허물 뉘우치나 자라난 과보는 소멸키 어려워 여러 스님들께 간청하여 거듭거듭 참회를 구하나이다.

찬 讚

자비보참 5권의 공덕으로 저희들과 망령(亡靈)의 오역죄 소멸되고, 보살의 난승지⁴⁾를 증득하여 참문 외우는 곳에 죄의 꽃이 스러지며, 원결은 풀리고 복이 더하여 도리천에 왕생하였다가 용화회상에서 다시 만나 미륵 부처님의 수기를 받아지이다.

나무 용화회보살마하살 (龍華會菩薩摩訶薩) 〔3칭〕

거찬 擧讚

자비보참 제5권 모두 마치고 4은(恩) 3유(有)에 회향하오니, 참회를 구하는 저희들은 수복이 증장하고, 망령들은 정토에 왕생하여지이다.

난승지보살이시여, 어여삐 여기시어 거두어 주소서.

나무 등운로보살마하살 (登雲路菩薩摩訶薩) 〔3칭〕

1) 삼밀(三密): 부처님의 신구의(身口意) 삼업(三業).

2) 삼상(三相): 생하고 머물고 멸하는 세 가지 모습.

3) 오명(五明): 고대 인도의 다섯 가지 학문을 말한다. 성명(聲明)·인명(因明)·내명(內明)·의방명(醫方明)·공교명(工巧明)을 말한다.

4) 난승지(難勝地): 10지의 5위. 끊기 어려운 무명을 이기는 지위.

자비도량참법 제6권

[먼저 11~20쪽 정단찬·삼보찬·자비보참의문을 독송 후 시작한다.]

찬 讚

봄, 꽃봉우리 앞서고

여러 가지 풀 싱싱하여라.

작설차 다리니 향기가 자욱

수정 잔에는 설화(雪花) 날리네.

조주 스님의 화두 다시 새로워

졸음의 마왕(魔王) 몇 번이나 퇴진(退陣)하였나.

나무 보공양보살마하살 (普供養菩薩摩訶薩)〔3칭〕

석가여래 6년의 고행으로 부처님 되시고

6욕천의 천마(天魔) 파하니 광명이 번쩍 했네.

보살은 6바라밀 닦아 권속을 장엄하고

성문은 6신통 얻어 앞뒤를 둘러쌌네.

수기 주시니 천지가 진동하고, 법문 설하시니

꽃비 내리고, 묘한 공덕 부사의하고, 은덕의 광

명 널리 덮이니, 가엾이 여기는 마음으로 저희 정성 살피옵소서.

지금 참회하는 저희들 자비도량참법을 수행하오며 이제 제6권의 연기를 당하여 향기는 6수(銖) 가사에 풍기고 등을 6욕천에 켜오니 6화(花)가 하늘과 땅에 날리고, 여섯 가지 맛으로 불·보살께 공양하오며, 머리 조아려 정성 드리고 은근하게 죄를 뉘우치옵니다.

참회를 구하는 저희들 전생의 인행(因行)으로부터 금생에 이르도록 6근(根)을 따라 방일함은 6식(識)으로 반연하는 탓이니 환술 같은 6진(塵)을 탐하여 육취(趣)의 윤회를 지었으며 6념(念)의 바른 인행 닦지 않고 6바라밀의 범행 원만치 못하니 태어날 적마다 고통의 과보 무궁하고 세세생생에 허망한 인연 끊이지 않아 이제 허물을 뉘우치고 정성 다하여 6화합(和合)의 대중들과 함께

6바라밀 참문을 수행하며 6시(時)의 간절한 참회로 6취의 죄업을 풀려하와 부처님 앙모하오니 가피를 드리워지이다.

대자대비로 중생을 어여삐 여기시고 대희대사로 유정을 제도하시며 빛 밝은 상호로 장엄하였사옵기에 저희들은 지성으로 귀의합니다.

입참 入懺

자비도량참법을 행하오며 현겁의 부처님께 절하옵니다.

501 지심귀명례 고대신불 (高大身佛)

502 지심귀명례 상선불 (上善佛)

503 지심귀명례 보상불 (寶上佛)

504 지심귀명례 무량광불 (無量光佛)

505 지심귀명례 해덕불 (海德佛)

506 지심귀명례 보인수불 (寶印手佛)

507 지심귀명례 월개불 (月蓋佛)

508 지심귀명례 다염불 (多焰佛)

509 지심귀명례 순적멸불 (順寂滅佛)

510 지심귀명례 지칭불 (智稱佛)

511 지심귀명례 지각불 (智覺佛)

512 지심귀명례 공덕광불 (功德光佛)

513 지심귀명례 성유포불 (聲流布佛)

514 지심귀명례 만월불 (滿月佛)

515 지심귀명례 명칭불 (名稱佛)

516 지심귀명례 선계왕불 (善戒王佛)

517 지심귀명례 등왕불 (燈王佛)

518 지심귀명례 전광불 (電光佛)

519 지심귀명례 대염왕불 (大焰王佛)

520 지심귀명례 적제유불 (寂諸有佛)

521 지심귀명례 비사거천불 (毘舍佉天佛)

522 지심귀명례 화장불 (華藏佛)

523 지심귀명례 금강산불 (金剛山佛)

524 지심귀명례 신단엄불 (身端嚴佛)

525 지심귀명례 정의불 (淨義佛)

9. 해원석결 ② 解怨釋結

오늘 참회 대중은, 먼저 4생 6취를 향하여 몸으로 지은 악업을 참회합니다.

경에 '몸이 있으면 괴로움이 생기고, 몸이 없으면 괴로움이 멸한다' 했으니, 이 몸은 모든 괴로움의 근본이며, 3악도의 과보가 다 몸으로 얻는 것입니다. 다른 이가 지은 것을 내가 받지 아니하고 내가 지은 것을 다른 이가 받지 아니하니, 스스로 원인을 지어 스스로 과보를 받습니다. 한 가지 업만 지어도 그지없는 죄보를 받거늘, 하물며 종신토록 지은 죄악은 어떻겠습니까. 나의 몸만 알고 다른 이의 몸은 알지 못하며, 나의 고통만 알고 다른 이의 고통을 알지 못하며, 나의 안락만을 구하고 다른 이도 안락은 생각하지도 못합니다.

어리석은 까닭에 '나다', '남이다' 하는 분별을 일으키고, '원수다', '친하다' 하는 생각을 내는 탓으로 원한의 대상이 6취에 두루하니 만일 원결을 풀지 아니하면 6취 중에서 어느 때에 면하리오. 이 겁으로부터 저 겁에 이르리니, 원통하지 않으리오.

우리들은 오늘 용맹한 마음을 일으키고, 부끄러운 생각을 내어 통쾌하게 참회하고 반드시 일념에 시방 부처님을 감동케 하고, 시방의 부처님께 절함으로써 무량한 원결을 끊고자 현겁의 부처님께 간절히 오체투지 절하옵니다.

526 지심귀명례 위맹군불 (威猛軍佛)

527 지심귀명례 지염덕불 (智焰德佛)

528 지심귀명례 역행불 (力行佛)

529 지심귀명례 라후천불 (羅睺天佛)

530 지심귀명례 지취불 (智聚佛)

531 지심귀명례 사자출현불 (獅子出現佛)

532 지심귀명례 여왕불 (如王佛)

533 지심귀명례 원만청정불 (圓滿淸淨佛)

534 지심귀명례 라후라불 (羅睺羅佛)

535 지심귀명례 대약불 (大藥佛)

536 지심귀명례 청정현불 (淸淨賢佛)

537 지심귀명례 제일의불 (第一義佛)

538 지심귀명례 덕수불 (德手佛)

539 지심귀명례 백광명불 (百光明佛)

540 지심귀명례 유포왕불 (流布王佛)

541 지심귀명례 무량공덕불 (無量功德佛)

542 지심귀명례 법장불 (法藏佛)

543 지심귀명례 묘의불 (妙意佛)

544 지심귀명례 덕주불 (德主佛)

545 지심귀명례 최증상불 (最增上佛)

546 지심귀명례 혜정불 (慧頂佛)

547 지심귀명례 승원적불 (勝怨敵佛)

548 지심귀명례 의행불 (意行佛)

549 지심귀명례 범음불 (梵音佛)

550 지심귀명례 해탈불 (解脫佛)

시방의 다함없는 모든 삼보께 귀의하오니, 부처님과 법보와 보살과 일체 성현의 힘으로 4생 6도의 모든 원수들이 모두 도량에 모여 각각 참회하고 마음으로 '이루어 주소서' 사뢰옵니다.

저희들이 비롯함이 없는 무명주지(無明住地)[1]으로부터 오늘에 이르도록 몸의 악업으로 천상과 인간에 원결을 맺었으며, 아수라와 지옥에 원결을 맺었으며, 아귀와 축생에게 원결을 맺었사오니, 부처님과 법보와 보살과 모든 성현의 힘으로 4생 6도의 3세 원결의 대상이거나 대상이 아니거나, 경하거나 중하거나 간에 이번 참회하는 공덕으로 참회해야 할 것이 소멸되고, 뉘우칠 것이 청정해져서, 삼계의 괴로움을 다시 받지 아니하며, 태어나는 곳마다 항상 부처님을 만나게 하여지이다.

오늘 함께 참회하는 이들도 비롯함이 없는 생사 이래 금일에 이르도록, 몸의 악업으로 나쁜 갈래에서 혹은 진심과 혹은 탐심과 혹은 어리석음으로 인하여 원결을 구비하게 일으키고 10악업을 짓되, 농사를 위하고 가택을 위하고 재물을 위하여 금수와 소와 양을 죽이기도 하였을 것이며, 또 무시 이래 금일까지 혹 이양을 위하여 중생을 살상하며, 혹 의사가 되어 백성들에게 침을 놓고 뜸뜨는 등의 죄업으로 원결이 무량하였을 것이오니, 오늘 참회하여 모두 멸제하여지이다.

무시 이래 금일에 이르도록, 혹 중생을 굶주

리게 하고, 혹 남의 양식을 빼앗으며, 혹 중생을 핍박하여 고생케 하며, 혹 남의 음식을 끊는 따위의 여러 가지 악업으로 지은 원결을 오늘 참회하나니, 모두 제멸하여지이다.

무시 이래 금일까지 중생을 살해하여 고기를 먹기도 하고, 혹 3독심으로 중생을 때리기도 하고, 혹 독한 음식을 중생에게 먹여 죽이기도 하였으니, 이러한 원결이 무량무변한 것을 오늘 참회하나니, 모두 제멸하여지이다.

무시 이래 금일까지 밝은 스승을 여의고 나쁜 벗을 가까이 하여 몸의 세 가지 업으로 갖가지 죄를 짓되, 마음대로 살해하여 무고한 이를 요사(夭死)케 하며, 혹 못물을 푸고 도랑을 막아 물에 사는 고기와 작은 벌레들을 살해하며, 혹 산에 불을 놓거나 옥노와 그물을 설치하여 짐승을 살해하였으니, 이러한 원결이 무량무변한 것을 오늘 참회하나니, 모두 제멸하여지이다.

무시 이래 금일에 이르도록 자비심이 없고 평등한 행을 어기면서 말[斗]을 속이고 저울을 농간하여 하열한 이를 침노하고, 혹 성읍을 파괴하고 재물을 겁탈하기도 하며, 혹 남의 재산을 훔쳐 스스로 사용하며, 진실한 마음이 없이 살해하였으니, 이러한 원결이 무량무변한 것을 오늘 참회하나니, 모두 제멸하여지이다.

무시 이래 금일에 이르도록 자비한 마음과 행동이 없어 6도 중에서 모든 중생에게 해독을 주었으며, 혹 권속들에게 무리하게 매질도 하고 속박하고 가두었으며, 혹 고문하고 벌을 주었으며, 찌르고 상해하고 찍고 때리며, 껍데기를 벗기고 굽고 볶는 등, 이러한 원결이 무량무변한 것을 오늘 참회하나니, 모두 제멸하여지이다.

무시 이래 금일에 이르도록 몸으로 짓는 세

가지 악업과 입으로 짓는 네 가지 악업과 뜻으로 짓는 세 가지 악업과 4중 5역죄와 온갖 죄업을 짓지 않은 것이 없으며, 자기의 팔자를 믿고 귀신도 두려워하지 아니하며, 오직 내가 남만 못할 것을 두려워하고, 남이 나보다 못할 것은 생각치 아니하며, 혹 명문 거족이라고 뽐내면서 남을 업신여긴 원결과 혹 지식이 많다고 남을 업신여긴 원결과 혹 글을 잘한다고 남을 업신여긴 원결과 혹 부귀하다고 남을 업신여긴 원결과 혹 말을 잘하노라고 남을 업신여긴 원결을 삼보의 복전(福田)에 짓기도 하고, 화상이나 아사리에게 짓기도 하고, 함께 공부하는 상·중·하좌에게 짓기도 하고, 혹 함께 공부하는 도반에게 짓기도 하고, 혹 부모 친척에게 짓기도 한, 이러한 원결이 무량무변한 것을 오늘 참회하오니, 제멸하여지이다.

무시 이래 금일에 이르도록 천상이나 인간에게 원결을 지었으며, 혹 아수라와 지옥 중생에게 원결을 지었으며, 혹 축생과 아귀에게 원결을 지었으며, 내지 시방의 일체 중생에게 원결을 지어 이런 죄악이 무량무변한 것을 오늘 참회하오니, 모두 제멸하여지이다.

저희들이 또 무시 이래 금일에 이르도록 혹은 질투하고, 혹은 왜곡하게 윗자리에 오르기를 구하기도 하고, 혹은 명예와 이익을 위하여 삿된 소견을 따라다니면서 부끄러움이 없었으니, 이런 원결의 경하고 중한 것과 죄업으로 고통 받을 것과 수량의 많고 적음을 부처님과 대보살께서 모두 아시리이다. 여러 불·보살께서는 자비로서 저희들을 생각하소서.

저희들이 무시 이래 지은 죄업에서 스스로 지었거나, 남을 시켜 지었거나, 짓는 것을 보고 기뼈하였거나, 삼보의 물건을 스스로 취하였거나, 남을 시켜 취하였거나, 취함을 보고 기뻐하였거나, 덮어 감추었거나 감추지 않았거나 간에 불·보살께서 알고 보신 죄업으로 지옥·아귀·축생에 나고, 다른 나쁜 갈래와 변방과 하천한 곳에 태어나서 받을 죄보를 이제 참회하여 제멸하기를 바라옵나이다.

부처님의 위신력은 부사의하옵나니, 자비하신 마음으로 일체를 구호하시와 저희들이 금일 4생 6도와 부모 사장과 일체 권속을 향하여 지나간 죄업을 참회하여 원결을 풀고자 한 뜻을 받으시옵고, 6도의 원수들이 각각 환희하여 모든 것을 풀어버리고, 원수다 친하다는 생각이 없어 모든 것에 무애하기를 허공과 같이하고, 오늘부터 보리에 이르도록 모든 번뇌를 필경 끊어 버리고, 3업이 청정하며 원결이 아주 없어져 천궁보전(天

宮寶殿)에 뜻대로 왕생하며, 자비희사와 6바라밀을 항상 수행하여, 많은 복으로 몸을 장엄하고, 여러 가지 선한 행을 구족하며, 수능엄삼매에 머물러 금강 같은 몸을 얻고, 잠깐 동안에 6도로 다니면서 제도하여 한 사람도 남지 않게 하고, 함께 도량에 앉아서 등정각을 이루게 하여지이다.

오늘 이 도량의 동참대중이여, 우리들이 몸으로 지은 죄를 참회하여 신업은 청정하여졌으니, 이제 구업(口業)을 참회해야 합니다. 남은 구업은 모든 원결과 화단의 문이므로 부처님께서 '양설과 악구와 망어와 기어를 하지 말라' 하셨으니, 왜곡하고 꾸민 말로 시비를 얽는 것은 환난이 적지 않고 과보도 중대합니다.

사람이 세상에 처하여 마음에 독한 생각을 품고, 입으로 독한 말을 하고, 몸으로 독한 행을 행하면서, 이러한 세 가지 일로 중생을 해롭게 하면 중생은 독해를 입고, 곧 원한을 맺고 보복하려 할 것이니, 혹은 현세에 원을 이루기도 하고, 혹은 죽은 뒤에 원을 이루기도 합니다. 이러한 원결로 인하여 여섯 갈래로 다니면서 서로 보복하여 끝날 때가 없으니, 모두가 전세의 원결로 되는 것이요, 그냥 생기는 것이 아닙니다. 몸이 짓는 세 가지 업과, 입으로 짓는 네 가지 업이 진실로 모든 악의 근원입니다.

세속에 사는 사람이 충효하지 않으면, 죽어 태산지옥(泰山地獄)에 들어가서 끓는 물과 타는 불의 참혹한 고통을 받고, 출가한 사람이 불법을 좋아하지 않으면 태어나는 곳마다 나쁜 일과 얽히게 됩니다. 이런 원수는 다 3업 때문이요, 3업 중에도 구업이 가장 무거우며, 과보를 받을 적에는 여러 가지 혹독함을 당하거니와, 동이

트지 않는 밤이라 알지 못할 뿐입니다.

오늘 이 도량의 동참대중이여, 우리들이 6취에 윤회함은 모두 구업 때문이니, 경솔한 말을 함부로 하거나 말을 잘한다 해서 허망하게 꾸며대면 말과 행동이 서로 다르고, 나쁜 과보가 스스로 오게 되어 여러 겁이 지나도 면하기 어려우니, 어찌 사람마다 송구하여 그런 허물을 참회하지 아니하리오.

우리들이 무시 이래 금일에 이르도록 구업이 좋지 못하여, 4생 6도와 부모와 사장과 모든 권속에게 온갖 나쁜 짓을 하면서, 말이 추악하고 포학하며, 여럿이 모여서는 이치에 어기는 말을 하되, 공한 것을 있다 하고, 있는 것을 공하다 하며, 본 것을 보지 않았다 하고, 보지 못한 것을 보았다 하며, 들은 것을 듣지 못했다 하고, 못 들은 것을 들었다 하며, 지은 것을 짓지 않왔다 하고, 짓지 아니한 것을 지었다 하여, 이렇게 뒤바뀌게 말하며 천지를 번복하고 자기에게 이익하고 다른 이를 해롭게 하여 서로 훼방하였습니다.

자기에게는 여러 가지 공덕을 말하고, 다른 이에게는 모든 악한 짓을 씌우며, 성현을 욕하고 임금과 부모를 기만하며, 스승을 시비하고 선지식을 훼방하되, 도의도 없고 체면도 돌아보지 아니하였으니, 세상의 뜻하지 않은 액난으로 목숨을 잃기도 하고, 미래의 고통을 오래오래 받게 되며, 웃고 희롱하는 동안에도 무량한 죄악을 저지르거늘, 하물며 일부러 나쁜 말로 여러 사람을 욕되게 함이리오.

무시 이래 금일까지 나쁜 구업으로 천상이나 인간에 대하여 원결이 있는 이, 아수라와 지옥에 대하여 원결이 있는 이, 아귀와 축생에 대하

여 원결이 있는 이, 부모와 사장과 모든 권속에
대하여 원결이 있는 이들을 위하여 저희들이 자
비심으로 보살의 행과 같이하고 보살의 원과 같
이하여 현겁의 부처님께 귀의하고 절하옵니다.

551 지심귀명례 뇌음불 (雷音佛)

552 지심귀명례 통상불 (通相佛)

553 지심귀명례 혜릉불 (慧隆佛)

554 지심귀명례 심자재불 (深自在佛)

555 지심귀명례 대지왕불 (大地王佛)

556 지심귀명례 대우왕불 (大牛王佛)

557 지심귀명례 이타목불 (梨陀目佛)

558 지심귀명례 희유신불 (希有身佛)

559 지심귀명례 실상불 (實相佛)

560 지심귀명례 최존천불 (最尊天佛)

561 지심귀명례 불몰음불 (不沒音佛)

562 지심귀명례 보승불 (寶勝佛)

563 **지심귀명례 음덕불** (音德佛)

564 **지심귀명례 장엄사불** (莊嚴辭佛)

565 **지심귀명례 용지불** (勇智佛)

566 **지심귀명례 화적불** (華積佛)

567 **지심귀명례 화개불** (華開佛)

568 **지심귀명례 무상의왕불** (無上醫王佛)

569 **지심귀명례 덕적불** (德積佛)

570 **지심귀명례 상형색불** (上形色佛)

571 **지심귀명례 공덕월불** (功德月佛)

572 **지심귀명례 월등불** (月燈佛)

573 **지심귀명례 위덕왕불** (威德王佛)

574 **지심귀명례 보리왕불** (菩提王佛)

575 **지심귀명례 무진불** (無盡佛)

시방의 다함없는 모든 삼보께 귀의하오니, 부처님과 법보와 보살과 성현의 힘으로 4생 6도의 일체 중생이 모두 깨닫고 도량에 오게 하되, 만일 몸이 장애되어 마음은 있으나 오지 못하는 이가 있거든 부처님과 법보와 보살과 성현의 힘으로 그의 정신을 섭수하여 모두 함께 와서, 저희들의 구업으로 지은 죄의 참회를 받게 하소서. 무명주지가 있은 후부터 금일에 이르도록 나쁜 구업의 인연으로 6도 중에서 두루 원결을 일으켰사오니, 삼보의 위신력으로 참회하는 4생 6도의 3세 원결이 영원히 소멸되게 하옵소서.

저희들이 무시 이래 금일에 이르도록 혹은 성내고, 혹은 탐하고, 혹은 어리석은 3독으로 열 가지 악행을 지을 적에, 입으로 짓는 네 가지 업으로 무량한 죄를 일으키되, 악구로 부모와 사장과 권속과 모든 중생을 시끄럽게 하였으며, 혹은 부모에게 망어업(妄語業)을 일으키고, 혹은 사장에게 망어업을 일으키고, 혹은 권속에게 망어업을 일으키며, 혹은 일체 중생에게 망어업을 일으켰으며, 또 본 것을 보지 못했다 하고, 보지 못한 것을 보았다 하며, 들은 것을 듣지 못했다 하고, 듣지 못한 것을 들었다 하며, 아는 것을 알지 못한다 하고, 알지 못하는 것을 안다 하며, 혹은 교만하고, 혹은 질투하여 망어업을 일으켰사오니, 이러한 죄가 무량무변한 것을 오늘 참회하여 제멸하기를 원하나이다.

무시 이래 금일에 이르도록 양설업(兩舌業)을 일으키되, 남에게 나쁜 말 들은 것을 덮어 주지 못하고, 저 사람에게는 이 사람의 말을 하며 이 사람에게 저사람의 말을 하며, 사람들이 헤어지거나 고통을 받게 하며, 혹은 희롱삼아 두 사람을 싸우게 하고, 남의 골육을 이간하여 그의 권속을 헤어지게 하며, 군신 간에 참소하여 일체를 요란케 하였으니, 이런 죄악이 무량무변한 것을 오늘 참회하여 제멸하기를 원하나이다.

무시 이래 금일에 이르도록 기어(綺語)의 죄를 짓되, 의리에 닿지 않는 말과 이익이 없는 말을 하여 부모를 시끄럽게 하고, 사람을 시끄럽게 하고, 동학을 시끄럽게 하며, 내지 6도의 일체 중생을 시끄럽게 하였사오니, 이렇게 구업으로 일으킨 원결이 무량무변한 것을 오늘 참회하여 제멸하기를 원하옵니다.

부처님의 힘과 법보의 힘과 보살의 힘과 성현의 힘으로 저희들의 오늘 참회함을 받고, 4생 6도의 3세 원결을 필경에 해탈하고, 일체 죄업을 모두 끊어버리고, 필경 다시는 원결을 일으켜 3악도에 들어가지 않게 하며, 다시는 6도 중에서 독해를 입히지 않게 하며, 오늘부터 모든 것을 풀어버리고 원수라든가 친한 이라는 생각이 없고, 일체가 화합하기를 물에 젖을 탄 것 같이하며, 일체가 환희하기를 초지(初地)와 같이하며, 영원히 법문의 친척과 자비의 권속이 되며, 이제부터 보리에 이르도록 3계의 과보를 영원히 받지 않고, 삼장(障)의 업과 다섯 가지 두려움을 끊으며, 4무량심과 6바라밀을 더욱 깊이 수행하며, 대승의 도를 행하고 부처님의 지혜에 들어가 일체 원해(願海)를 모두 구족하며, 6통과 3달지(達智)를 모두 분명히 알며, 부처님의 삼밀을 얻고, 5분 법신을 구족하여 금강의 지혜에 올라서 모든 부처님 지혜를 이루어지이다.

오늘 이 도량의 동참대중이여, 이미 몸과 입으로 짓는 죄를 참회하였으니, 다음은 의업(意業)을 청정하게 해야 합니다. 일체 중생이 생사에 윤회하면서 해탈하지 못하는 것은 의업이 굳게 얽힌 탓이니, 10악업과 5역죄가 모두 의업으로 짓는 까닭입니다. 그러므로 부처님은 '탐욕과 성내는 일과 어리석음과 삿된 소견을 내지 말지니, 후에 지옥에 들어가서 무궁한 고통을 받는다'고 하셨습니다.

오늘 마음이 모든 식(識)을 움직이는 것을 우리가 보니, 임금이 신하를 부리는 것과 같아서, 입으로 나쁜 말을 하고 몸으로 나쁜 행동을 함으로 해서 여섯 갈래로 다니면서 혹독한 과보를 받나니, 몸을 망치는 일은 마음으로 업을 짓는 것을 알아야 합니다.

이제 뉘우치고 행동을 고치려거든, 먼저 마음을 꺾어버리고 다음에 뜻을 억제해야 합니다. 경에서 '한 곳만 제어하면 모든 일을 잘 할 수 있다'고 하였습니다. 마음을 깨끗이 함은 해탈할 근본이요, 뜻을 청정히 함은 좋은 데 나아가는 터전입니다. 3도의 나쁜 과보가 오는 것도 아니고, 나쁜 갈래의 고통이 가는 것도 아닙니다. 몸과 입은 업이 거칠어 없애기 쉽거니와, 뜻은 미세하여서 제거하기 어렵습니다. 여래와 일체지(一切智)를 얻은 이는 신·구·의 3업을 두호하지 않아도 되거니와, 우치한 범부는 삼가지 않고, 3업을 꺾어버리지 아니하면 잘할 수 없습니다. 그러므로 경에 '뜻을 방비하기를 성을 지키듯이 하고, 입을 조심하기를 병을 지키듯이 하라' 했으니, 어찌 잘 보호하지 않으리오.

저희들이 무시 이래 이 몸에 이르도록 무명이 애욕을 일으켜 생사를 증장하고, 또한 열두 가지 괴로운 일과 여덟 가지 삿된 길과 여덟 가지 액난을 구족하고, 3악도와 6취로 윤회하면서 경험하지 않음이 없으니, 이렇게 여러 곳에서 무량한 고통을 받는 것은 모두 의업으로 원결을 맺고 염념에 반연하여 잠깐도 버리지 못하고, 6근을 선동하며 5체를 시켜서 가볍고 무거운 악업을 구비하게 지었으며, 또 몸과 입이 뜻대로 되지 않으면 마음에 분노를 더하여 서로 살해하되 조금도 가엾은 생각이 없으며, 자신은 조그만 괴로움도 참지 못하면서 남에게는 고통이 더 심하기를 바라며, 남의 허물을 보고는 선전하여 퍼뜨리면서도, 자기의 허물은 다른 이가 들을까 염려하니, 이런 심사는 실로 참괴할 일입니다.

뜻으로 진심을 내는 것은 대개 원수니, 경에 '공덕을 겁탈하는 도적은 진심이 가장 심하다' 하였고, 『화엄경』에는 이렇게 설하고 있습니다.

불자가 내는 한 번의 진심은 모든 악을 뛰어넘는다. 왜냐하면 한번 진심을 내면 백 천 가지 장애를 받게 되나니, 말하자면, 보리를 보지 못하는 장애, 법을 듣지 못하는 장애, 악도에 태어나는 장애, 병이 많은 장애, 비방을 받는 장애, 어두움이 생기는 장애, 바른 생각을 잃는 장애, 지혜가 없는 장애, 악지식을 가까이 하는 장애,

어진 이를 좋아하지 않는 장애, 바른 소견이 멀어지는 장애, 내지는 부처님의 교법을 여의고 마군의 경계에 들어가며, 선지식을 등지고 몸의 여러 기관이 불구가 되며, 나쁜 직업에 종사하는 집에 태어나고, 변방에 살게 된다.

이러한 장애는 이루 말할 수 없이 많습니다. 무시 이래 금일에 이르도록 우리에게는 성내는 마음이 무량무변하게 있었을 것이며, 가까운 친족에게도 성내었을 것인데, 하물며 여섯 갈래의 모든 중생들에게야 말할 것도 없을 것입니다. 번뇌가 혹독했을 적에는 스스로도 알지 못했을 것이며, 일이 마음대로 되지 않으면 무슨 생각인들 하지 않았겠습니까. 만일 모든 일이 마음대로 된다면 어떤 사람이 피곤해 하겠습니까. 그러므로 천자(天子)가 한번 노하면 송장이 만 리에 덮인다 하니, 그보다 낫다한들 공연히 분주하게 채찍으로 갈기고 결박하고 때려 죄업이 많았을 것이며, 이러한 때에 어디서 '나는 선한 말[誡]을 의지하였다' 하겠으며, 오직 고초가 더 심하지 않기만을 바랐을 것입니다.

이 뜻으로 짓는 악은 여러 중생에게 통하는 것이니, 지혜 있는 이나 어리석은 이가 다 면하지 못하며, 귀하고 천한 이가 모두 그런 것이어서, 하루도 부끄러워 뉘우친 적이 없습니다.

오늘 이 도량의 동참대중이여, 진심[瞋恚]의 번뇌는 매우 깊어서 비록 버리려고 하나 경계가 생기면 곧바로 발하고, 한번 움직이면 악과 더불어 함께 하니, 어느 때에나 이 괴로움을 면할 수 있겠습니까. 대중이여, 이미 그런 죄를 알았으니, 어찌 지극한 마음으로 참회하지 않을 수 있겠습니까.

우리는 오늘 정성을 다하여 이 죄를 참회해야

하리니, 다 같이 현겁의 부처님께 간절히 오체
투지 절하옵니다.

576 지심귀명례 보리안불 (菩提眼佛)

577 지심귀명례 신충만불 (身充滿佛)

578 지심귀명례 혜국불 (慧國佛)

579 지심귀명례 최상불 (最上佛)

580 지심귀명례 청정조불 (清淨照佛)

581 지심귀명례 혜덕불 (慧德佛)

582 지심귀명례 묘음성불 (妙音聲佛)

583 지심귀명례 무애광불 (無礙光佛)

584 지심귀명례 무애장불 (無礙藏佛)

585 지심귀명례 상시불 (上施佛)

586 지심귀명례 대존불 (大尊佛)

587 지심귀명례 지세불 (智勢佛)

588 지심귀명례 대염불 (大焰佛)

589 지심귀명례 제왕불 (帝王佛)

590 지심귀명례 제력불 (制力佛)

591 지심귀명례 위덕불 (威德佛)

592 지심귀명례 월현불 (月現佛)

593 지심귀명례 명문불 (名聞佛)

594 지심귀명례 단엄불 (端嚴佛)

595 지심귀명례 무진구불 (無塵垢佛)

596 지심귀명례 위의불 (威儀佛)

597 지심귀명례 사자군불 (獅子軍佛)

598 지심귀명례 천왕불 (天王佛)

599 지심귀명례 명성불 (名聲佛)

600 지심귀명례 수승불 (殊勝佛)

시방의 다함없는 모든 삼보께 귀의하오니, 자비한 힘과 무량무변하고 자재하신 힘으로 저희들이 금일 4생 6도의 부모와 사장과 일체 권속에 대하여 뜻으로 맺은 모든 원결에서, 대상이 되거나 대상이 아니거나, 경하거나 중하거나 참회함을 받으소서. 이미 맺은 원결은 참회하여 제멸하오며, 아직 맺지 않은 원결은 다시 맺지 않겠나이다. 삼보의 힘으로 가피하여 섭수하시며, 어여삐 여겨 두호하사 해탈케 하여지이다.

저희들이 무시 이래 금일에 이르도록 뜻으로 지은 악업의 인연으로 4생 6도의 부모와 사장과 모든 권속에게 맺은 원결이 경하거나 중하거나 간에 오늘 참괴하여 발로 참회하오니, 일체의 원결을 모두 제멸하여 주소서.

무시 이래 금일에 이르도록 3독으로 인하여 탐심을 일으키고 탐욕과 번뇌를 인하여 탐업을 일으키되, 감추어져 있거나 드러났거나 간에, 다함없는 모든 법계에 있는 다른 이의 소유물에 대하여 나쁜 생각을 내어 내가 가지려 하였으며, 내지 부모의 물건, 사장의 물건, 권속의 물건, 일체 중생의 물건, 천인의 물건, 신선의 물건 등 이런 물건들을 다 자기의 것으로 생각하려는 그런 죄악이 무량무변한 것을 오늘 참회하여 제멸하기를 원하나이다.

무시 이래 금일에 이르도록 성내는 업을 지어 밤낮으로 불타면서 일시 일각도 쉬지 아니하고, 조금만 뜻에 안 맞아도 크게 성을 내어 모든 중생에게 갖가지 피해를 입히되, 혹은 채찍으로 갈기고, 혹 물에 빠뜨리며, 내지 압박하여 굶주리게 하며, 매어달고 가두는 등, 진심으로 지은 무량한 원결을 오늘 참회하여 제멸하기를 원하나이다.

무시 이래 금일에 이르도록 무명을 따라서 우치한 업을 일으켜 모든 악업을 두루 지었으며, 바른 지혜가 없고 삿된 말을 믿으며, 삿된 법을 받는 등, 이런 우치한 업으로 원결을 맺은 것이 무량무변한 것을 오늘 참회하여 제멸하기를 원하나이다.

무시 이래 금일에 이르도록 열 가지 사도(邪道)를 행하여 모든 원결을 맺고, 모든 업을 지어 생각마다 반연하여 잠깐도 버리지 못하며, 6정(情)을 선동하여 원결의 업을 지었으되, 혹 몸과 입으로 그 일을 성취하지 못하면 마음이 혹독하여지고, 내지 희롱거리로 시비를 일으키며, 순직한 마음으로 사람을 대하지 않고, 항상 왜곡된 생각으로 참괴함이 없나니, 이러한 죄가 무량무변하여 6도 중생에게 큰 괴로움을 받게 한 것을 오늘 참회하여 제멸하기를 원하나이다.

저희들이 무시 이래 금일에 이르도록 신업이 선하지 못하며, 구업이 선하지 못하며, 의업이 선하지 못하여, 이러한 악업을 부처님과 법보와 모든 보살과 성현에게 일으킨 일체 죄업이 무량무변한 것을 오늘 지성으로 참회하여 제멸하기를 원하나이다.

무시 이래 금일에 이르도록 몸의 3업과 입의 4업과 뜻의 3업으로 5역죄와 4바라이의 죄를 지은 것을 오늘 참회하여 제멸하기를 원하오며, 무시 이래 금일에 이르도록 6근·6진·6식과 허망하게 뒤바뀐 생각으로 모든 경계를 반연하면서 지은 일체 죄악을 오늘 참회하여 제멸하기를 원하나이다.

무시 이래 금일에 이르도록 섭율의계(攝律儀戒)와 섭선법계(攝善法戒)와 섭중생계(攝衆生戒)를 범한 죄가 많아 죽은 뒤에 3악도에 떨어지되, 지옥 중에서 받을 항하의 모래알과 같이 수없이 많은 죄와, 아귀도에 떨어져 아는 것은 없고 항상 받을 기갈이 심한 괴로움과, 축생에 떨어져 받을 무량한 고통과, 음식은 부정하고 굶주리고 추위에 떠는 고난과 괴로움과, 인간에 태어나되, 삿된 소견을 가진 집에 태어나 마음이 항상 아첨하고 왜곡되며, 삿된 말을 믿고 바른 도를 잃어버리며, 생사고해에 빠져 나올 기약이 없을 것이니, 3세의 모든 원결이 이루 말할 수 없어 오직 부처님만이 모두 알고 보시리니, 부처님께서 알고 보시는 모든 죄보를 오늘 참회하여 제멸하기를 원하나이다.

부처님의 대자비력과 대신통력과 중생을 조복하는 힘으로써, 저희 제자들이 오늘 참회하는 모든 원결을 곧 제멸케 하시며, 6도 4생 중에서 오늘 원한의 대상이 되는 이와, 대상이 되지 않는 이들까지도, 부처님과 지위가 높은 보살과 일체 현성의 대자비력으로써 이런 원수들을 끝까지 해탈케 하옵소서.

오늘부터 보리에 이를 때까지 모든 죄업이 필경 청정하며, 악도에 태어나지 않고 정토에 나게 하며, 원결의 생활을 버리고 지혜의 생활을 얻으며, 원결의 몸을 버리고 금강 같은 몸을 얻으며, 악도의 괴로움을 버리고 열반의 낙을 얻으며, 악도의 괴로움을 생각하고 보리심을 발하며, 자비희사와 6바라밀이 항상 앞에 나타나고, 네 가지 변재와 여섯 가지 신통이 뜻과 같이 자재하며, 용맹정진하여 쉬지 아니하며, 내지 닦아 나아가 10지행을 만족하고 도리어 무변한 일체 중생을 제도하여지이다.

오늘 이 도량의 동참대중은, 과거·현재의 4생 6도와 미래의 세계가 다할 때까지 일체 중생이 오늘의 참회로써 함께 청정하며, 함께 해탈하며, 지혜를 구족하고 신통력이 자재하며, 모든 중생이 금일부터 보리에 이르도록 항상 시방의 다함없는 부처님의 법신을 보며, 모든 부처님의 32상과 자마금신을 보며, 모든 부처님께서 80종호의 형체를 나누어 시방에 가득하여 중생을 구제하는 몸을 보며, 모든 부처님이 미간 백호상의 광명을 놓아 지옥고를 구제함을 보도록 발원합니다.

오늘 이 도량의 동참대중이 지금 참회하는 청정한 공덕의 인연으로 금일부터 몸을 버리거나 몸을 받되, 확탕지옥과 노탄지옥에서 형체가 볶이는 고통을 경험하지 않으며, 아귀의 세계에서 목구멍은 바늘 같고 배는 북과 같아서 기갈을 참아야 하는 고통을 경험하지 않으며, 축생의 세계에서 빚과 목숨을 갚느라고 몰려다니면서 가죽이 벗기우는 고통을 경험하지 않으며, 인간세계에서 404가지 병이 몸에 침노하는 고통과 더위와 추위를 참아야 하는 고통과, 칼과 작대기와 독약으로 괴롭히는 고통과 굶주리고 목마른 곤핍한 고통을 경험하지 않게 하여지이다.

이 대중이 오늘부터 청정한 계행을 받들어 더럽히려는 마음이 없고, 항상 인의(仁義)를 수행하여 은혜 갚을 생각을 가지고 부모 공양하기를 세존을 받들듯이 하며, 스승 섬기기를 부처님을 대하듯 하며, 국왕을 공경하기를 부처님의 법신을 대하듯이 하며, 다른 일체에 대하여도 제 몸과 같이 하여지이다.

이 대중이 오늘부터 보리에 이르도록 깊은 법을 통달하여 두려움이 없는 지혜를 얻고, 대승을 밝게 해석하여 정법을 분명히 알되 스스로 알게 되고, 다른 이를 말미암아 깨닫지 아니하며, 한결같이 견고하여 불도를 구하며, 도리어 그지없는 일체 중생을 제도하여 여래와 함께 정각을 이루어지이다.

오늘의 이 도량에 있거나 없는 대중이 발하는 조그마한 소원을 증명하소서. 저희들의 소원은 성현이 계시는 곳에 나서 도량을 건립하고 공양에 이바지하며, 중생들을 위하여 큰 이익을 지으며, 항상 삼보의 자비로 섭수함을 받으며, 세력이 있어서 교화를 행하며, 항상 정진하고 닦아서 세상의 낙에 집착하지 않고 일체 법이 공함을 알며, 원수와 친한 이를 다 같이 잘 교화하며, 보리에 이르도록 마음이 물러가지 않으며, 오늘부터는 조그만 선도 다 원력을 도와지이다.

인간에 태어나면 선행을 닦는 집에 나서 자비 도량을 건립하여 삼보께 공양하고, 조그만 선도 모두에게 베풀어 화상과 아사리를 항상 떠나지 않으며, 나물 밥을 먹고 애욕을 끊어 처자를 필요로 하지 않으며, 충성하고 정직하고 인자하고 화평하며, 나에게 해로워도 남을 구제하고 명리를 구하지 말아지이다.

만일 이 몸을 버리도록 해탈을 얻지 못하고

귀신 중에 나게 되면, 대력귀왕(大力鬼王)과 호법선신(護法善神)과 제고(濟苦)선신이 되어 옷과 밥을 도모하지 않아도 자연히 배부르고 따뜻하여지이다.

이 몸을 버리도록 해탈을 얻지 못하고 축생 중에 나게 되면, 항상 깊은 산에 살면서 풀을 먹고 물을 마시되 괴로움이 없으며, 나오게 되면 상서로운 짐승이 되어 속박을 받지 말아지이다.

이 몸을 버리도록 해탈을 얻지 못하고 아귀 중에 떨어지면, 몸과 마음이 안락하여 모든 시끄러움이 없고, 같은 동족들을 교화하여 모두 허물을 뉘우치고 보리심을 발하여지이다.

이 몸을 버리도록 해탈을 얻지 못하고 지옥에 떨어지게 되면, 스스로 전세의 인연을 알고, 같은 동족들을 교화하여 모두 허물을 뉘우치고 보리심을 발하여지이다.

저희들은 항상 보리심을 생각하고 보리심이 항상 계속하여 끊이지 않고자 하옵나니, 시방의 일체 제불과 지위가 높은 보살과 일체 성인은 자비심으로 저희를 위하여 증명하시며, 또 모든 하늘과 신선과 호세 4천왕과 선을 주관하고 악을 징벌하며 주문을 수호하는 5방 용왕과 8부 용신은 함께 증명하소서. 다시 지성으로 삼보께 귀의하나이다.

찬불축원 讚佛祝願

대성 세존께서 외외당당(巍巍堂堂)하사 삼달(三達)의 지혜로 환히 비치시니 여러 성인 중에 왕이시네. 몸을 나누어 제도하시며 도량에 앉으시니 인천(人天)이 귀의하여 법을 물음이 그지없고 여덟 가지 뛰어난 음성 멀리 퍼짐에, 마군들이 놀라며 위엄이 대천세계에 떨치니 자비로 교화하심 멀리 미치네.

자비하신 힘으로 시방을 섭수하사 여덟 가지 괴로움 영원히 하직하고 보리의 고향에 이르게 하시네.

그러므로 여래·응공·정변지·명행족·선서 ·세간해·무상사·조어장부·천인사·불·세존 이라 하시나니, 한없는 사람을 제도하여 생사의 괴로움에서 구제하시나이다.

이제 참회하고 부처님을 찬탄한 공덕 인연으 로 4생 6도의 일체 중생이 오늘로부터 보리에 이르도록 부처님의 신통력으로 자유자재하여지 이다.

찬 讚
마음이 몸과 입을 시키며
서로 원인이 되어 짓고 변하면서
여섯 갈래로 다니며 허물을 일으켜
원결의 대상이 되고 얽혔으나

부처님의 자비를 의지하여

배를 옮겨 번뇌의 강을 건너네.

나무 현전지보살마하살 (現前地菩薩摩訶薩) 〔3칭〕

출참 出懺

여래께서 옛날에 행하신 6념의 대자비문은
말로 할 수 없나니 이렇게 수행하기 그지없으사
견고하여 파괴되지 않는 몸 얻으셨으며 자비는
광대하시고 지혜는 한량없으사 6시(時)로 정진을
더 힘써 6바라밀 더욱 밝으시었네.

부처님이시여, 감응하사 이루어 주소서. 이제
까지 참회하는 저희들 자비도량참법을 수행하여
제6권이 끝나니 공과(功果)가 원만하여지이다.

훌륭한 향을 사르고 휘황하게 등을 켜며 일곱
가지 진수를 차리고 아름다운 차를 받들어 이
법회의 성현과 단상을 살피시는 신장께 공양하
오니, 이 선한 공덕을 모아 여러 중생에게 입혀

지이다.

참회하는 저희들 세세생생 이어내려오는 업장 씻어버리고 6천(天)의 쾌락 증장하려 하오니, 6근(根)이 청정하여 아침해가 허공에 뜬 듯 6식(識)이 원명하기 가을 달이 물에 비치듯 받아드리는 일 모두 반야의 인(因)이 되고, 여섯 가지 애욕과 번뇌로 원명한 결과를 얻고 여섯 가지 수승한 일, 이 세계 저 세계에서 이루고 6바라밀은 천상과 인간에 원만하여 4생과 6도 함께 해탈을 얻고 9유(有)와 3도(途) 모두 괴로움을 벗어지이다. 깊은 사정 구비하지 못하고 무거운 허물 말할 수 없음에 거듭 여러 대중들 함께 참회하나이다.

찬 讚

자비보참 6권의 공덕으로 저희들과 망령이 6근으로 지은 죄 소멸되고, 보살의 현전지[2]를 증득하며, 참문(懺文) 외우는 곳에 죄의 꽃이 스러지며, 원결은 풀리고 복이 더하여 도리천에 왕생하였다가 용화회상에서 다시 만나 미륵 부처님의 수기를 받아지이다.

나무 용화회보살마하살 (龍華會菩薩摩訶薩)〔3칭〕

거찬 擧讚

자비보참 제6권 모두 마치고 4은(恩) 3유(有)에 회향하오니, 참회하는 저희들은 수복이 증장하고, 망령들은 정토에 왕생하여지이다.

현전지보살이시여, 어여삐 여기사 거두어 주옵소서.

나무 등운로보살마하살 (登雲路菩薩摩訶薩)〔3칭〕

1) 무명주지(無明住地): 무명의 근원.
2) 현전지(現前地): 보살 10지의 제6위. 여기서는 연기의 모습이 눈 앞에 나타난다.

자비도량참법 제7권

[먼저 11~20쪽 정단찬·삼보찬·자비보참의문을 독송 후 시작한다.]

찬 讚

천상의 진수 순타의 최후의 공양

주릴 때 삼([麻])과 보리로 배를 채우고

선인이 또 성찬을 보내고

목우녀(牧牛女) 죽을 올리니,

4천왕이 바루를 받들고

영산회상을 향하네.

나무 보공양보살마하살 (普供養菩薩摩訶薩) 〔3칭〕

7불 세존은 참법을 증명하는 님이시고, 일곱 비유의 경전은 해탈에 들어가는 문이시니, 7보의 법재(法財)가 있고, 7각지(覺支)를 구족하며 전단림(旃檀林)을 전단으로 둘러싸고 사자왕이 사자의 하품을 하시니 소원을 다 이루어 주고, 구하는 일 모두 응하시네.

자비의 구름을 널리 펴시고 물속의 달처럼 함용(含容)하실세, 머리 조아려 원하오니 참법을 증명하소서. 저희들은 자비도량참법을 행하오며 이제 제7권의 연기를 당하여 불자들은 더욱 은근하고 사문은 법다이 지녀 닦으오며 당번과 탱화로 장엄하고 향과 등과 꽃을 진열하여 정성으로 공양하오며 백 번 절하고 공경합니다.

　　저희들은 많은 부모에게서 태어나고 여러 겁을 원수와 친척 맺어 일곱 갈래에서 윤회하면서 모든 악을 두루 지었고 7정(情)의 망상으로 방종하여 못하는 짓이 없었으며, 일곱 가지 아만으로 성현을 기망(欺罔)하고, 일곱 가지 샘[漏]으로 번뇌를 지어 깨달음을 등지니, 일곱 가지 계율의 모둠을 지키지 않고, 일곱 가지 말리는 역적죄를 피할 수 없네.

　　많은 겁 동안 참회하지 못하다가 금생에 다행

히 불법을 만나 부처님 형상 앞에서 발로하고 대원경(大圓鏡) 속에서 죄를 씻으며 저희 모든 대중이 참회문을 읽으니 연기(緣起)는 시작이 있으나 슬픈 마음 그지없습니다. 부처님이시여, 가엾이 여겨 명훈가피(冥薰加被)하소서.

시방세계에 계시는 현겁 부처님께, 청정한 신·구·의 삼업으로 남김없이 두루 예경합니다.

입참 入懺

자비도량참법을 행하오며 현겁의 부처님께 절하옵니다.

601 지심귀명례 대장불 (大藏佛)

602 지심귀명례 복덕광불 (福德光佛)

603 지심귀명례 범문불 (梵聞佛)

604 지심귀명례 출제유불 (出諸有佛)

605 지심귀명례 지정불 (智頂佛)

606 지심귀명례 상천불 (上天佛)

607 **지심귀명례 지왕불** (地王佛)

608 **지심귀명례 지해탈불** (至解脫佛)

609 **지심귀명례 금계불** (金髻佛)

610 **지심귀명례 라후일불** (羅睺日佛)

611 **지심귀명례 막능승불** (莫能勝佛)

612 **지심귀명례 모니정불** (牟尼淨佛)

613 **지심귀명례 선광불** (善光佛)

614 **지심귀명례 금제불** (金齊佛)

615 **지심귀명례 종덕천왕불** (種德天王佛)

616 **지심귀명례 법개불** (法蓋佛)

오늘 이 도량의 동참대중이여, 지극한 덕은 매우 아득하여 본래 말도 없고 말할 수도 없습니다. 말은 덕을 이야기함이요, 도에 들어가는 가까운 길이며, 말하는 것은 이치에 이르는 계단이요, 성인의 자리로 인도합니다. 그러므로 말을 빌려 이치를 나타내니, 이치를 나타내는 것이므로 말은 아니요, 이치는 말을 의지하여 드러나는 것이므로 말은 이치를 초월하지 않습니다. 비록 말과 이치가 모두 어긋나고 선과 악이 현저하게 끊어졌지만, 그림자와 메아리처럼 부합하여 일찍이 어긋나지 않습니다. 초학(初學)은 말로 인하여 도리를 알게 되다가, 무학(無學)에 이르러서는 이내 이치에 합하고 말을 잊어버립니다.

어리석은 범부는 번뇌의 업장이 두터워서 모든 법문에서 말을 버리지 못하거니와, 지금 인식이 부족하여 묘한 이치를 다하지 못하며, 소견이 천박하여 궁극에 이르지 못하는 것입니다. 그러므로 말하기는 쉬우나 실행하기는 어려우니 오직 성인들만이 구비하게 행합니다.

이렇게 힐난하는 사람이 있습니다. '자신도 바로하지 못하면서 어떻게 남을 바르게 하며, 자기의 3업이 혼탁한데 어떻게 다른 이를 청정케 하겠는가. 자기는 청정치 못하면서 남을 청정케 한다는 것은 될 수 없는 일이니, 자기가 견고치 못하고야 어떻게 남을 권하리오. 이제 부질없는 말과 행동을 하여 남을 괴롭게 하나니, 남이 이미 괴로워하거늘 어찌하여 그치지 않는가. 이리저리 생각하면 어찌 부끄럽지 않으리오.'

'나는 선지식이다' 하면서 이런 말을 하기에 의복을 단정히 하며 얼굴을 공손히 하고 대답을 하지 않았으나, 이제 와서 선지식의 이 말을 들으니 마음이 부끄럽고 허물이 큰 줄을 알았으므로 감히 성인을 기망하고 허물을 감추지 못하는 것입니다. 이제 훼방하려 하나 혹시 이로 인하여 복덕이 증가할는지도 모르며, 그냥 두려고 하나 혹시 이로 인하여 비방하는 사람이 있을지도 모르는 터라, 나아가지도 물러서지도 못하고 망설이면서 어찌할 줄을 알지 못하여, 우선 참 법을 말하니, 마음은 선한 것이며 선한 법은 장애가 없으니, 다만 노력할 것이요, 다른 일을 계획하지 말아야 합니다.

이제 세간의 대자대비하신 부처님께서 두호하고 섭수하심을 믿을 것이니, 이미 그런 말씀이 계셨으니 훼방할 것이 아니요, 오직 참괴해야 할 뿐입니다.

대중은 조금이라도 이치에 맞으면 이 참법을 의지하여, 지나간 허물을 고치고 장래의 선을 닦으면 선지식이 될 것이요, 만일 대중의 마음을 모른다 하여도 보시하고 환희하면 악지식은 되지 않을 것이며, 보리의 권속이 될 것입니다.

10. 자경 自慶

오늘 이 도량의 동참대중은, 삼보에 귀의한 이후부터 지극한 도덕을 믿을 줄을 알고 의심을 끊어 참회하였으니, 죄업과 번뇌가 모두 없어졌을 것이요, 계속하여 발심하고 실행할 것을 권장하였으니, 원결이 이미 풀려 소요자재하여 장애될 것이 없을 것입니다. 어찌 사람마다 용약환희하여 스스로 기뻐하지 않으오리까. 이제 그 뜻을 일심으로 독송합니다.

8난(難)이란, 첫째는 지옥이요, 둘째는 아귀요, 셋째는 축생이요, 넷째는 변지(邊地)요, 다섯째는 장수천(長壽天)이요, 여섯째는 사람이 되었으나 난치의 병으로 불구가 됨이요, 일곱째는 사견가(邪見家)에 태어남이요, 여덟째는 부처님이 계시지 않을 때 나는 것이니라.

이러한 8난이 있으므로 중생들이 생사에 윤

회하면서 벗어나지 못하느니라. 우리들은 여래의 말법 중에 나서 부처님을 만나지는 못했으나, 경사가 오히려 많으니라. '난'이란 말은 마음에 죄가 있음이니, 마음으로 의심하면 난이 아닌 것도 난이 되고, 마음에 의심이 없으면 난이 되지 않느니라. 왜 그런 줄을 아는가. 여덟째의 난에 부처님이 계시지 않을 때 나는 것을 난이라 했고, 성동노모(城東老母)는 부처님과 한 세상에 나서 부처님과 한 처소에 있었으나 부처님을 뵙지 못했으니, 마음으로 의심하면 난이 되고 다른 세상에 난다고 해서 난은 아니니라. 또 파순은 나쁜 생각을 가졌다가 살아서 지옥에 빠졌고, 용왕은 법문을 듣고 문득 도를 깨쳤으니, 반드시 천상이나 인간에 났다고 해서 난이 아니라고 할 수 없느니라. 마음이 진실로 선하지 못하면 태어남도 다를 것 없으니 천상의 귀한 몸으로도 지옥에 떨어지고, 축생의 천한 몸으로도 도량에 오르니, 이것으로 미루어 보면 마음이 삿되면 가벼운 난도 무겁게 되고, 마음이 바르면 무거운 난도 장애가 되지 않느니라.

오늘 이 도량의 동참대중이여, 마음이 장애되는 탓으로 간 곳마다 난(難)이 되고, 마음이 바르기만 하면 난도 난이 되지 않으니, 이것을 따라야 합니다. 그러므로 부처님 앞과 부처님 뒤도 정법 아닌 것이 없고, 변지와 축생도 모두 도를 얻는 곳입니다. 이제 마음이 바르면 8난이 다시 없을 것이요, 만일 의혹하면 한량없는 난이 될 것입니다. 이렇게 기쁘고 다행한 일이 적지 않건만 대중이 날마다 만나면서도 알지 못할 때, 이제 대강 소견을 말하여 기쁘고 다행한 일을 보이리니, 기쁘고 다행한 일인 것을 알면 출세할 마음을 닦아야 합니다.

스스로 경행(慶幸)한 일이란 무엇입니까. 부처님 말씀에, 지옥을 면하기 어렵다 했으나 우리는 이미 이 고통을 면했으니, 첫째 경행한 일이요, 아귀를 벗어나기 어렵다 했으나 우리는 이미 그 괴로움을 벗어났으니 둘째 경행한 일이요, 축생을 버리기 어렵다 했으나 우리가 그런 과보를 받지 않았으니 셋째 경행한 일이요, 변지에 태어나면 인의(仁義)를 모를 것인데, 이미 근역(槿域)에 함께 있으면서 도법이 유행하며 친히 미묘한 이치를 들으니 넷째 경행한 일이요, 장수천에 나면 복을 지을 줄을 모를 것이나 우리는 벌써 좋은 인을 심었으니 다섯째 경행한 일입니다.

사람의 몸은 얻기 어렵고 한번 잃으면 다시 만나지 못하는데, 우리는 각각 사람이 되었으니 여섯째 경행한 일이요, 6근이 불구면 선근에 참여키 어려운데 우리는 이미 청정하여 깊은 법문을 향했으니 일곱째 경행한 일이요, 세상에 지혜 있고 말 잘하고 총명한 이는 도리어 난이 되는데 우리는 일심으로 정법에 귀의하였으니 여덟째 경행한 일이요, 부처님 앞과 부처님 뒤에 나면 난이 되고 부처님을 뵙지 못함이 더 큰 난이라 하는데, 우리는 이미 좋은 원을 발하고 미래세에 중생을 구제하게 되었으니 여래를 뵙지 못한다고 난이 될 것이 아니며, 한 번 형상을 뵙고 한 번 정법을 들었으니 옛날 녹야원에서 설법함과 같습니다. 죄를 멸하고 사람으로 태어나면 그만이라, 부처님을 못 뵙는다 해서 난이라 할 수 없으며, 부처님 말씀에 부처님 뵙는 것이 어렵다 하였으나 우리는 이미 불상을 대하였으니 아홉째 경행한 일이요, 부처님 말씀에 법문 듣기가 어렵다 하였는데 우리는 이미 감로수를 먹었으니 열째의 경행한 일입니다.

부처님 말씀에 출가하기가 어렵다 하였으나 우리는 이미 불법에 귀의하였으니 열한째 경행한 일이요, 부처님 말씀에 자기를 이롭게 하기는 쉬우나 남을 이롭게 하기는 어렵다 하였는데 우리가 오늘 한 번 뵙고 한 번 예배한 것까지도 모두 시방의 일체 중생에게 회향하니 열두째 경행한 일이요, 부처님 말씀에 애써 노력하며 괴로움을 참는 일이 어렵다 하였는데 우리는 오늘 각각 부지런히 선한 일을 하였으니 열셋째 경행한 일이요, 부처님 말씀에 경을 독송함이 어렵다 하였으나 우리는 경전을 무시로 읽고 보니 열넷째 경행한 일이요, 좌선이 어렵다 하였으나 지금 잡념을 쉬고 뜻을 정한 이가 있으니 열다섯째 경행한 일입니다.

오늘 이 도량의 동참대중이여, 이와 같이 스스로 기쁘고 다행한 일이 진실로 한량이 없으니, 변변치 못한 말로는 이루 다 말할 수 없습니다. 사람이 세상을 사는 데 괴로움은 많고 낙은 적으니, 한 가지 기쁨과 한 가지 즐거움도 오히려 얻기 어렵거늘, 우리가 이제 여러 가지 장애 없음을 얻었으니 이것은 모두 시방 삼보의 위신력입니다.

각각 지성으로 이 은혜를 생각하고 다 같이 간절히 오체투지하고 국가원수와 국토와 인민과 부모와 스승과 상·중·하좌와 시주 단월과 선지식·악지식과 천인과 신선과 호세 4천왕과 총명하고 정직한 이와 천지 허공과 선한 이를 권장하고 악한 이를 벌 주는 이와 주문을 수호하는 이와 5방 용왕과 8부 용신과 모든 대마왕과 오제(五帝) 대마(大魔)와 모든 마왕과 염라왕과 태산부군과 5도대신(道大神)과 18옥주와 그 모든 권속들과 3계 6도의 무궁무진한 불성 있는 중생들을 위하여, 지성으로 시방의 다함없는 모든 삼보께 귀의하오니, 자비하신 마음으로 가피하여 섭수하시며, 부사의한 신통으로 보호하고 구제하사 천인과 신선들과 일체 신중과 3계 6도의 일체 중생들이 오늘부터 생사의 바다를 건너서 열반의 저 언덕에 이르며, 행과 원이 만족하여 10지에 오르고 금강심에 들어가 등정각을 이루게 하여지이다.

11. 경연삼보 警緣三寶

오늘 이 도량의 동참대중이여, 다시 각각 삼보를 생각해야 합니다. 만일 삼보를 알지 못하면 어떻게 인자한 마음으로 중생을 연민하며, 삼보를 알지 못하고야 어떻게 어여삐 여기는 마음으로 일체를 섭수하며, 삼보를 알지 못하고야 어떻게 평등한 마음으로 원수와 친한 이를 한결같이 관찰하며, 삼보를 알지 못하고야 어떻게 미묘한 지혜를 얻어 무상보리를 증득하며, 삼보를 알지 못하고야 어떻게 3공(空)과 진실상(眞實相)을 분명하게 알겠습니까.

　부처님께서 '사람 되기 어렵다 했으나' 이미 얻었고, '신심을 내기 어렵다' 하셨으나 이미 내었으니, 우리는 이제 삼보께 귀의하여 눈으로는 지옥 아귀의 혀를 뽑고 불을 토하는 모양을 보지 말고, 귀로는 지옥 아귀의 고통 받고 번민하는 소리를 듣지 말고, 코로는 지옥 아귀의 몸을 찢고 고름이 썩는 냄새를 맡지 말고, 혀로는 썩고 더러운 맛을 보지 말고, 몸으로는 확탕과 노탄과 한빙지옥의 괴로움 겪지 말고, 뜻으로는 부처님이 자비하신 아버지로서 큰 의사이신 줄 알며, 모든 교법은 중생의 병을 치료하는 약인 줄을 알며, 여러 성현은 모든 중생의 병을 보살피는 어머니인 줄을 알아서, 항상 삼보께서 세상을 구호하는 줄을 일깨워 반연할 것이며, 생각이 있는 곳에 알음알이[識]가 있어 내가 항상 알 수 있습니다.

우리가 오늘 비록 부처님을 뵙지 못하는 말법에 태어났으나, 신심이 있고 6근이 청정하여 시끄러움이 없으며, 마음대로 다니면서 장애가 없으니, 이런 과보는 모두 전세의 인연으로 삼보의 은혜이며, 또 금세에 보리심을 발하게 되었으니 이러한 이익은 말로 다할 수 없습니다. 어찌 저마다 은혜를 갚아 공양하지 않으리오.

오늘 이 도량의 동참대중이여, 모든 공덕 가운데 공양이 제일입니다. 경에 '지나간 세상에서 공양이 변변치 않았으되 그 과보로 여러 겁을 지냈고, 남은 복으로 세존을 만났다' 하고, 또 '은혜를 갚고자 하면 탑과 절과 등촉과 번개와 향화와 좌복 등 가지가지로 공양하면, 오는 세상에 자연히 복을 받느니라' 하였습니다.

그러나 비록 아무리 공양하더라도 부처님의 은혜를 갚지 못하나니, 부처님 은혜를 갚으려면 보리심을 발하고, 사홍서원을 세우며, 무량한 인연을 지어 몸을 장엄하고, 정토의 행을 닦을지니, 이것이 지혜 있는 이의 은혜를 알고 은혜를 갚는 것입니다.

오늘 이 도량의 동참대중은, 부처님의 자비한 은혜를 갚아야 할 것입니다. 보살마하살이 몸을 부숴도 만분의 일도 갚지 못하거늘, 하물며 우리 범부가 어떻게 갚으리오. 우리들은 경의 말씀에 의지하여 사람을 이롭게 함이 으뜸이 되니, 각각 지극한 마음으로 시방의 무궁무진한 4생의 중생을 위하여 현겁의 부처님께 오체투지 절하옵니다.

617 지심귀명례 용맹명칭불 (勇猛名稱佛)

618 지심귀명례 광명문불 (光明門佛)

619 지심귀명례 미묘혜불 (美妙慧佛)

620 지심귀명례 미의불 (微意佛)

621 지심귀명례 제위덕불 (諸威德佛)

622 지심귀명례 사자계불 (獅子髻佛)

623 지심귀명례 해탈상불 (解脫相佛)

624 지심귀명례 혜장불 (慧藏佛)

625 지심귀명례 사라왕불 (娑羅王佛)

626 지심귀명례 위상불 (威相佛)

627 지심귀명례 단류불 (斷流佛)

628 지심귀명례 무애찬불 (無礙讚佛)

629 지심귀명례 소작이판불 (所作已辦佛)

630 지심귀명례 선음불 (善音佛)

631 지심귀명례 산왕상불 (山王相佛)

632 지심귀명례 법정불 (法頂佛)

시방의 다함없는 모든 삼보께 귀의하오니, 자비력과 중생을 덮어 보호하는 힘과 큰 방편의 힘과 부사의한 힘으로 참법을 수행하는 제자들과 법계의 일체 중생들이 세세생생 있는 곳마다 항상 삼보의 이름을 듣고, 항상 삼보의 형상을 보고, 항상 삼보의 광명이 몸과 마음에 비치고, 항상 삼보의 자비로 몸과 마음을 덮어 두호하심을 입고, 항상 삼보의 위신력으로 몸과 마음을 제도하심을 얻고, 항상 삼보의 지혜로 몸과 마음을 깨우쳐 주심을 얻어 무생법인(無生法忍)을 깨닫고 진실상을 증득케 하여지이다.

세세생생 있는 곳마다 항상 삼보의 원인을 알고, 항상 삼보의 덕을 생각하며, 항상 삼보를 칭찬하고 항상 삼보를 공경하고, 항상 삼보께 공양하고, 항상 삼보를 건립(建立)하고, 항상 삼보를 호지(護持)하고, 항상 삼보를 잇게 하여지이다.

이렇게 삼보를 경연(警緣)함으로써 은혜를 알고 은혜를 갚으며, 사람마다 각각 6근이 청정하며, 5안(眼)이 원명(圓明)하며, 4무량심과 4무애지(無礙智)가 생각함을 따라 앞에 나타나며, 6신통과 6바라밀이 마음대로 자재하며, 미래의 세계가 끝나도록 중생을 이익케 하며 행과 원이 원만히 성취되어 함께 정각에 올라지이다.

12. 참주사대중 懺主謝大衆

오늘 이 도량의 동참대중이여, 우리는 서로 견고한 신심을 내고 보리심을 발하여 서원코 물러가지 않으려 하나니, 이는 불가사의한 뜻이라, 이 마음과 이 뜻을 부처님들이 칭찬하십니다.

오늘 남의 선행을 크게 기뻐하고 오는 세상에 다시 만나며, 이 몸을 버리고 다른 몸을 받아도 서로 여의지 말고, 보리에 이르도록 영원히 법의 친척과 자비권속이 되어야 합니다.

지금 이 법회에 모임은 욕되고 부끄러운 일이니, 지혜로는 그러한 것을 알 수가 없고, 몸은 실행과 어긋나는데, 경솔히 이런 뜻을 내었으니 진실로 보고 듣는 이가 놀랄 만합니다. 그러나 사람은 미약한데 일은 중대하고, 마음에는 서로 상극하는 생각이 얽히니 만일 굳센 인연에 의지하지 않으면 좋은 과보를 얻을 수 없습니다. 진실로 잘못 지은 줄을 알고 마음으로 선을 잊지 않고, 전념하는 힘을 입어 함께 자비의 친족이 되어야 합니다. 대중들을 이 도량에 모이도록 하였으나 시운(時運)이 머물러 있지 않아 문득 기한이 박두하니, 연행(緣行)에 끌려 좋은 법회를 기약하기 어렵습니다.

스스로 독려하며 다른 이까지 이롭게 하고, 우뚝하게 군중에 배열(排列)하여 후회하지 않으며, 법음(法音)이 귀에 스치기만 하여도 공덕의 과보가 여러 겁에 이르며, 일념의 선도 오래오래 몸을 도우니, 한결같이 뜻이 순일하면 원을 이루지 못할 것 없습니다.

저희들은 지극한 정성으로 현겁의 부처님께 오체투지 절하옵니다.

633 지심귀명례 무능영폐불 (無能暎蔽佛)

634 지심귀명례 선단엄불 (善端嚴佛)

635 지심귀명례 길신불 (吉身佛)

636 지심귀명례 애어불 (愛語佛)

637 지심귀명례 사자리불 (獅子利佛)

638 지심귀명례 화루나불 (和樓那佛)

639 지심귀명례 사자법불 (獅子法佛)

640 지심귀명례 법력불 (法力佛)

641 지심귀명례 애락불 (愛樂佛)

642 지심귀명례 찬부동불 (讚不動佛)

643 지심귀명례 중명왕불 (衆明王佛)

644 지심귀명례 각오중생불 (覺悟衆生佛)

645 지심귀명례 묘명불 (妙明佛)

646 지심귀명례 의주의불 (意住義佛)

647 지심귀명례 광조불 (光照佛)

648 지심귀명례 향덕불 (香德佛)

시방의 다함없는 모든 삼보께 귀의하오니, 이 도량의 동참대중과 법계의 일체 중생이 동일한 보리심과 동일한 보리원으로 오늘부터 미래의 세계가 다하도록 세세생생 항상 삼보의 권속이 되며 함께 지혜와 법의 친척이 되며, 함께 자비의 골육이 되며, 같은 곳에서 인행을 닦고, 같은 곳에서 과를 증득하되, 소리와 메아리 같이 서로 응하며, 형상에 그림자가 서로 따르듯이 정토를 장엄하고 부처님을 섬기되, 함께 행하며 함께 이르며, 세계를 구호하며 중생을 접인하되,

힘을 함께 하게 하여지이다.

법신은 본래 두 체(體)가 없고, 행과 원은 또한 한 가지이니 3신(身)과 4지(智)를 함께 원만히 성취하고 8해탈과 6신통이 함께 자재하며 장래의 사람들을 이익케 하여 함께 정각에 올라지이다.

13. 총발대원 總發大願

오늘 이 도량의 동참대중이여, 또 우리가 오늘 참회하고 발심한 공덕인연으로, 시방의 다함 없는 모든 천왕과 모든 하늘과 각각 권속들과 선주(仙主)와 일체 진선(眞仙)과 각각 권속들과 또 범왕과 제석천과 호세 4천왕과 신왕(神王)과 신장과 각각 권속들과 총명하고 정직한 이와 천지 허공과 선을 권하고 악을 벌하는 이와 주문을 수호하는 이와 일체의 신왕(神王)과 신장과 각각 권속들과 묘화(妙化)용왕과 두화제(頭化提)용왕과 5

방 용왕과 8부 용신과 8부 신왕과 8부 신장과 각각 권속들과, 아수라왕과 일체 신왕과 일체 신장과 각각 권속들과, 인간의 일체 인왕(人王)과 신민과 장수와 각각 권속들과 시방의 비구와 비구니와 식차마나와 사미와 사미니와 각각 권속들과 염라왕과 태산부군(泰山府君)과 5도대신(道大神)과 18옥왕(獄王)과 일체 신왕과 일체 신장과 각각 권속들과 지옥도의 일체 중생과 아귀도의 일체 중생과 축생도의 일체 중생과 각각 권속들과 시방의 다함없는 법계와 미래의 세계가 끝나기까지의 크고 작은 일체 중생과 각각 권속들과 뒤에 오는 중생과 다른 세계의 중생들까지 모두 대원해(大願海)에 들어가서 각각 공덕과 지혜를 구족하여지이다.

이러한 3계의 안과 3계 밖의 무궁무진한 일체 중생의 명색(名色)에 속해 있는 불성(佛性)이 있는 이들까지도 공덕과 지혜가 구족하여지이다.

오늘 저희들은 시방의 다함없는 모든 부처님의 대자비력과 여러 대보살과 일체 성현의 근본 서원력과 무량무진한 지혜력과 무량무진한 공덕력과 자재신통력과 중생을 덮어 두호하는 힘과 중생을 안위하는 힘과 천인과 신선의 번뇌를 다하게 하는 힘과 일체 선신(善神)을 교화하는 힘과 지옥 중생을 구제하는 힘과, 모든 아귀를 제도하는 힘과 일체 중생을 해탈케 하는 힘을 받자와, 여러 중생들이 소원대로 이뤄지게 하여지이다.

오늘 저희들이 이어받은 자비도량의 힘과 삼보에 귀의한 힘과, 의심을 끊고 신심을 낸 힘과 참회하고 발심한 힘과 원결을 풀어 없앤 힘과 스스로 기뻐한 힘과, 용약하고 지극한 마음의 힘과, 발원하고 회향한 선근의 힘을 받자와, 모든 중생의 소원이 여의하게 하여지이다.

오늘 저희들이 이어받은 시방제불의 인자한 힘과 시방제불의 대비하신 힘과 시방제불의 번뇌를 멸하는 힘과, 시방제불의 마군을 항복받는 힘과 시방제불의 중생을 제도하는 힘과 시방제불의 중생을 섭수하시는 힘과 십이보살의 중생을 보호하시는 힘과 무변신보살·관세음보살의 참법을 유통한 힘으로, 시방 3계 6도의 미래가 끝날 때까지의 일체 중생으로서, 크거나 작거나, 오르거나 내리거나, 명색에 소속된 불성 있는 모든 이가 지금 참회한 후부터 태어나는 곳에서 각각 부처님과 여러 대보살의 광대한 지혜와 불가사의한 무량하고 자재한 신력의 몸을 얻되, 6도신(度身)으로는 보리에 향하고, 4섭신(攝身)으로는 일체를 버리지 않고, 대비신(大悲身)으로는 일체의 괴로움을 뽑아주고, 대자신(大慈身)으로는 일체의 낙을 주고, 공덕신으로는 일체를 이익케 하고, 지혜신으로는 설법이 무궁하고, 금강신은 다른 물건이 파괴하지 못하고, 정법신으로는 생사를 여의고, 방편신으로는 자재한 힘을 나타내고, 보리신으로는 일체의 시간에 따라 3보리를 이루며, 4생 6도의 일체 중생이 모두 이런 몸들을 구족하여 여러 부처님의 무상한 대지혜의 몸을 구족하게 성취하여지이다.

시방의 일체 중생들이 금일로부터 태어나는 곳에서 각각 부처님과 보살들의 불가사의한 공덕의 입을 얻되, 유연(柔軟)한 입으로는 일체를 안락케 하고, 헛되지 않은 입으로는 진실한 법을 말하고, 진실하게 놀리는 입으로는, 내지 꿈에서라도 헛된 말이 없고, 존중한 입으로는 제석천왕·범천왕을 공경하고 존중하며, 깊고 깊은 입으로는 법성(法性)을 나타내어 보이고, 견고한 입으로는 불퇴전법(不退轉法)을 말하고, 정직한 입으로는 변재를 구족하고, 장엄한 입으로는 때와 업을 따라 널리 나타내고, 일체지(一切智)의 입으로는 응함에 따라 일체를 해탈케 하며, 4생 6도의 일체 중생들 모두에게 모든 부처님과 보살의 청정한 구업이 구족하여지이다.

시방의 일체 중생이 오늘부터 태어나는 곳에서 각각 모든 부처님과 보살의 불가사의한 대지혜심을 얻되, 항상 번뇌를 여의려는 마음과 맹리(猛利)한 마음과 굳센 마음과 금강 같은 마음과 불퇴하는 마음과 청정한 마음과 명료한 마음과 선을 구하는 마음과 장엄한 마음과 광대한 마음이 있으며, 큰 지혜의 힘이 있어 법을 들으면 스스로 알며, 자비심으로 사람을 대하여 모든 원결을 끊으며, 수치심이 있어 항상 참괴함을 품으며, 나와 남을 비교치 아니하여 선지식과 같고, 보시·지계·인욕·정진·선정·지혜를 수행하는 사람을 보면 환희심을 내며, 원수와 친한 이를 한결같이 관찰하여 교만한 마음이 없으며, 다른 이의 선악과 장단을 말하지 않으며, 누구든 사이가 좋고 나쁜 것을 전하지 아니하며, 부처님의 공덕을 찬탄하며, 경전 배우기를 좋아하며, 중생을 애호하되 내 몸과 같이하며, 복을 짓는 이를 보고는 비방하지 아니하고, 자비심으로 화합하되 성현들과 같이하여 보살들과 함께 등정각을 이루어지이다.

14. 봉위천도예불 奉爲天道禮佛

오늘 이 도량의 동참대중이여, 모든 하늘과 신선과 일체 선신은 중생들에게 무량하고 불가사의한 은덕을 입혔으며, 중생들과 함께 안락을 누리며, 은근하게 수호하여 선한 일만 따릅니다.

부처님이 제두뢰타(提頭賴陀) 4천왕에게 명하여 자비심으로 경 읽는 이를 옹호하게 하되 자비한 이름만 들어도 천자를 법신(法臣)들이 보호하듯 하게 하며,

이발라(伊鉢羅) 용왕에게 명하여 자비심으로 경 읽는 이를 옹호하게 하되 눈을 아끼고 아들을 사랑하듯이 밤낮의 6시(24시간)로 떠나지 않게 하며,

염파(閻婆) 나찰자(羅刹子)와 무수한 독룡과 용녀에게 명하여 자비심으로 경 읽는 이를 옹호하게 하되 정수리를 사랑하여 건드리지 못하게 하며,

비류륵가왕(毘留勒迦王)을 명하여 자비심으로 경 읽는 이를 옹호하게 하되 어미가 아들 사랑하듯, 싫은 맘 없이 밤낮으로 옹호하여 함께 있게 하며,

난타용왕·발난타용왕과 사가라용왕·우바타 용왕에게 명하여 자비심으로 경 읽는 이를 옹호 하게 하되 공경하고 공양하고 발에 예경하게 하 며,

천인들이 제석천왕 받들듯 또한 효자가 부모 를 공경하듯 자비도량에 안락을 베풀어 중생들 이 법의 친척되도록 하며,

후생에 부처님 앞에서 삼매에 들어 필경에 불 퇴전을 얻으며 부처님의 명호를 듣는 이와 무변 신보살·관세음보살의 명호를 들은 이,

3장을 소멸하고 악업이 없으며 5안을 구족하 고 보리 이루어 모든 하늘과 신왕이 모든 이를 염려하고 항상 권장하며 위신을 도우게 하셨습 니다.

오늘 이 도량의 동참대중이여, 제천과 신왕이

이러한 은덕으로 중생을 보호하는데, 중생들은 발심하여 그 은덕을 갚지 못합니다. 옛 사람이 밥 한 그릇 신세를 지고도 목숨을 버리고 몸을 잊었거늘, 하물며 제천 선신과 8부 신장이 우리 중생에게 이러한 은덕이 있음이리오. 이 은혜와 공덕이 그지없으니, 우리가 금일에 참회하고 발심하는 것도 모두 천왕이 신력을 가피하고, 수행자를 도와서 성취케 하는 것이니, 만일 천왕이 돕지 않으면, 이런 마음이 벌써 물러갔을 것입니다. 그러므로 보살마하살이 '선지식은 큰 인연이라' 하며 우리를 도량에 오르게 하니, 만일 선지식이 아니었던들 우리가 어떻게 부처님을 뵙게 되겠습니까. 몸을 던져도 큰 자비를 보답할 수 없고, 목숨을 끊어도 깊은 은덕을 갚지 못한다 했으니, 보살마하살도 이런 말을 하였거늘, 하물며 그보다 못한 이들이 어찌 보답할 수 있겠습니까.

대중이여, 금일에 몸을 던지기도 목숨을 끊지도 못하였으나, 부지런히 수행하는 것이 역시 은혜를 갚는 점차가 될 것이며, 우리는 각각 마음을 가다듬어 은혜를 갚을 것이요, 허송세월하면서 스스로 반성하지 않으면 될 수 없습니다. 앞에 말한 경행을 다시 만나기 어려우며, 지금의 결과도 얻기 어려우니, 장차 어찌하리오. 이 기회를 한 번 잃으면 어떻게 될 것을 알지 못하니, 다만 용맹하게 몸을 잊고, 다른 이를 위할 것입니다. 일을 이루려면 실패도 있는 것이, 마치 봄에도 겨울이 있는 것 같습니다. 시기가 사람을 기다리는 것이 아니거늘 목숨인들 어찌 장구하리오. 우리가 한 번 이별하면 다시 만나기를 기약할 수 없습니다.

저희들은 시방의 다함없는 모든 천왕과 일체

의 여러 하늘과 각각 권속을 위하여 현겁의 자
비하신 부처님께 간절히 오체투지 절하옵니다.

649 지심귀명례 영희불 (令喜佛)

650 지심귀명례 일성취불 (日成就佛)

651 지심귀명례 멸에불 (滅恚佛)

652 지심귀명례 상색불 (上色佛)

653 지심귀명례 선보불 (善步佛)

654 지심귀명례 대음찬불 (大音讚佛)

655 지심귀명례 정원불 (淨願佛)

656 지심귀명례 일천불 (日天佛)

657 지심귀명례 요혜불 (樂慧佛)

658 지심귀명례 섭신불 (攝身佛)

659 지심귀명례 위덕세불 (威德勢佛)

660 지심귀명례 찰리불 (刹利佛)

661 지심귀명례 중회왕불 (衆會王佛)

662 지심귀명례 상금불 (上金佛)

663 지심귀명례 해탈계불 (解脫髻佛)

664 지심귀명례 낙법불 (樂法佛)

시방의 다함없는 모든 삼보께 귀의하오니, 자비하신 힘으로 가피하고 섭수하소서. 시방의 다함없는 모든 천왕과 일체의 하늘과 각각 권속들 앞에 평등한 공혜(空慧)가 항상 나타나고, 지혜와 방편으로 무루도(無漏道)를 열며, 10지의 행과 원이 각각 더욱 밝으며, 6바라밀로 마음을 닦고, 자비희사로 널리 가피하여 보살도를 행하고, 부처님의 행처(行處)에 들어가며 사홍서원으로 중생을 버리지 않고, 변재가 끊어지지 않아 요설(樂說)이 무궁하며, 좋은 방편으로 섭수하고 교화하며, 4생을 이롭게 하여 법운지[1]에 함께 올라 항상 머무는 과보를 증득케 하여지이다.

15. 봉위제선예불 奉爲諸仙禮佛

오늘 이 도량의 동참대중은, 사람마다 지극한 마음으로 시방의 다함없는 모든 선주(仙主)와 일체 선인과 각각 권속들을 위하여 현겁의 자비하신 부처님께 간절히 오체투지 절하옵니다.

665 지심귀명례 주행불 (住行佛)

666 지심귀명례 사교만불 (捨憍慢佛)

667 지심귀명례 지장불 (智藏佛)

668 지심귀명례 법행불 (梵行佛)

669 지심귀명례 전단불 (栴檀佛)

670 지심귀명례 무우명불 (無憂名佛)

671 지심귀명례 단엄신불 (端嚴身佛)

672 지심귀명례 상국불 (相國佛)

673 지심귀명례 민지불 (敏持佛)

674 지심귀명례 무변덕불 (無邊德佛)

675 지심귀명례 천광불 (天光佛)

676 지심귀명례 혜화불 (慧華佛)

677 지심귀명례 빈두마불 (頻頭摩佛)

678 지심귀명례 지부불 (智富佛)

679 지심귀명례 대원광불 (大願光佛)

680 지심귀명례 보수불 (寶手佛)

　시방의 다함없는 모든 삼보께 귀의하오니, 자비하신 힘으로 가피하고 섭수하소서. 모든 선주와 일체 신선과 각각 권속들이 객진번뇌[2]를 해탈하고, 인연의 장애를 청정케 하며, 묘색이 고요하여 부처님의 몸과 같으며, 4무량심과 6바라밀이 항상 앞에 나타나고, 네 가지 무애지(無礙智)와 여섯 가지 신통력이 뜻대로 자재하여, 보살의 경지에 출입하고 유희하며, 법운지와 같으며, 금강심에 들어가 부사의한 힘으로 6도중생을 섭수하여지이다.

16. 봉위범왕등예불 奉爲梵王等禮佛

오늘 이 도량의 동참대중은, 다시 지성으로 범천왕·제석천왕과 호세 4천왕과 각각 권속들을 위하여 현겁의 부처님께 귀명하고 오체투지 절하옵니다.

681 **지심귀명례 정근불** (淨根佛)

682 **지심귀명례 구족론불** (具足論佛)

683 **지심귀명례 상론불** (上論佛)

684 **지심귀명례 불퇴지불** (不退地佛)

685 **지심귀명례 법자재불허불** (法自在不虛佛)

686 **지심귀명례 유일불** (有日佛)

687 **지심귀명례 출니불** (出泥佛)

688 **지심귀명례 득지불** (得智佛)

689 **지심귀명례 상길불** (上吉佛)

690 **지심귀명례 모라불** (謨羅佛)

691 **지심귀명례 법락불** (法樂佛)

692 지심귀명례 구승불 (求勝佛)

693 지심귀명례 지혜불 (智慧佛)

694 지심귀명례 선성불 (善聖佛)

695 지심귀명례 망광불 (網光佛)

696 지심귀명례 유리장불 (瑠璃藏佛)

697 지심귀명례 선천불 (善天佛)

698 지심귀명례 이적불 (利寂佛)

699 지심귀명례 교화불 (敎化佛)

700 지심귀명례 보수순자재불 (普隨順自在佛)

시방의 다함없는 모든 삼보께 귀의하오니, 자비하신 힘으로 가피하고 섭수하소서. 범천왕·제석천왕·호세 4천왕과 각각 권속들의 6바라밀과 4무량심이 밤낮으로 증장되고, 네 가지 무애한 변재로 연설함이 그지없으며, 여덟 가지 자재함을 얻고, 6신통을 구족하며, 삼매로 총지 (總持)함이 생각대로 앞에 나타나며, 시방의 4생을 자비로 널리 덮어서 백복(百福)으로 장엄하고 만 가지 선한 일이 원만하며, 3달지(達智)가 열리고 천안통이 구족되며, 법륜왕(法輪王)이 되어 6도 중생을 포섭하여 교화하게 하여지이다.

찬 讚

소요하여 걸림이 없어

경행(慶幸)함을 진술하였으니

삼보를 경연(警緣)함이 진실한 일이로다.

서로의 뜻이 순일하여

자존(慈尊)에게 널리 예배하여

상천(上天)의 은혜를 보답하네.

나무 원행지보살마하살 (遠行地菩薩摩訶薩) 〔3칭〕

출참 出懺

제불이 자비하시니 귀의하는 이 18지옥에 떨어지지 않으며 7취정계(聚淨戒) 수지하는 이 화락한 천궁에 나게 되리니, 자비를 드리우사 정성을 증명하시며 7취의 중생을 구제하여 7보의 연화대에 앉게 하고 다함없는 대자비를 드리워 중생의 정성 살피옵소서.

이제까지 참회하는 저희들은 자비도량참법을 수행하여 제7권이 끝나니 공과(功果)가 원만하도다. 저희들은 입참하고 출참하는 데 전념하며 지혜의 등을 켜고 순타의 공양 올리오니, 향로에는 상서 구름이 자욱하고 촛대에는 서기가 서리었네.

종과 경쇠는 운치가 쟁쟁하고 꽃과 과일을 상품으로 이바지하여 좋은 공양 받들어 올리며, 담복화 올리어 부처님께 공양하니, 게송을 선양하소서.

현묘한 법음 낙락(落落)하고 거룩한 공덕 높고 크며, 선정에 들어 묘한 수행 모으며 부처님 보리에 회향하오니 10성(聖) 3현(賢)이 증명하시며 항하사 세계에 널리 퍼져 4은 3유를 적시며, 이로 인하여 생기는 공덕으로 참회하는 저희들 모든 업장 소멸하옵고 대길상(大吉祥)을 얻어지이다.

일곱 번뇌 다하여 7각지(覺支)의 꽃 피고 성품의 하늘 청명하며 7취계(聚戒) 청정하여 일곱 가지 막는 일 원만하고, 고통 바다의 물결 잔잔하니 일곱 가지 아만의 산 꺾어버리고, 7정(情)으로 생각하는 망상 끊으며 7재(財)의 법장(法藏)을 얻고, 7취의 중생 제도하니, 칼 숲이 변하여 7보의 숲이 되고 업의 바탕 화하여 7진(珍)의 성역(聖域)되게 하소서. 남은 업과(業果) 피할 길 없기에 여러 사람 정성 다하여 참회합니다.

찬 讚

자비보참 7권의 공덕으로 저희들과 망령의 일곱 가지 죄 소멸되어 보살의 원행지를 증득하며 참문을 외우는 곳에 죄의 꽃이 스러지며 원결은 풀리고 복이 더하여 도리천에 왕생하였다가 용화회상에서 다시 만나 미륵 부처님의 수기를 받아지이다.

나무 용화회보살마하살 (龍華會菩薩摩訶薩) 〔3칭〕

거찬 擧讚

자비보참 제7권 모두 마치고 4은(恩) 3유(有)에 회향하오니 참회하는 저희들은 수복이 증장하고, 망령들은 정토에 왕생하여지이다.

원행지보살(遠行地菩薩)이시여, 어여삐 여기시어 거두어 주소서.

나무 등운로보살마하살 (登雲路菩薩摩訶薩) 〔3칭〕

1) 법운지(法雲地): 보살 10지의 가장 높은 자리. 지혜의 구름이 감로의 법비를 온 세계에 내림.
2) 객진번뇌(客塵煩惱): 밖에서 와서 청정한 마음을 더럽히는 번뇌를 말한다. 객(客)은 본래 없는 번뇌가 일시적으로 생긴 것이며 진(塵)은 먼지이다. 번뇌가 미세하고 많기 때문에 먼지에 비유하여 말한 것이다.

자비도량참법 제8권

[먼저 11~20쪽 정단찬 · 삼보찬 · 자비보참의문을 독송 후 시작한다.]

찬 讚

세간의 보배를 여러 대로 내려오면서

예와 이제에 전하는 것

산호와 호박과 은실이며

자거와 마노와 진주 꾸러미며

급고독 장자 희사한 제타숲 동산

금륜왕(金輪王)이 법을 말하여

용궁에 유전하네.

나무 보공양보살마하살 (普供養菩薩摩訶薩)〔3칭〕

모든 부처님께서 여덟 가지 모습으로 성도하시니 달이 허공에 뜬 듯하며, 여래께서 8정도(正道)로 교화하시니 비가 항하사 세계에 내린 듯하며, 4생 7취가 천상에 태어나고 8부 용신이 모두 공경하네.

8만 대사(大士)가 교화를 돕고 8대 보살이 항상 호위하며 8시(時)에 여덟 가지 길상을 얻고, 8해탈에 8공덕을 갖추었네. 신기한 기밀과 묘한 작용으로 모든 이의 사정 따라 응하시니, 자비를 베풀어 이 불사를 증명하소서.

지금 참회하는 저희들 자비도량참법을 수행하며 이제 제8권의 연기를 당하여 법대로 수지하니 저희들은 더욱 정진하고 사문은 여법하게 훈수(熏修)합니다. 향로에는 5분향을 사루고, 화병에는 만다라화를 공양하며, 옥수(玉樹)에 등을 켜고, 금쟁반에 과일을 담아 백 번 절하며, 부처님께 정성 드리고 한결같은 마음은 도량에 간절하며 다생(多生)의 죄업을 발로하고 여러 세상 허물을 소멸하려 합니다.

참회하는 저희들은 알음알음이 있은 후부터 금생에 이르기까지 8정도를 등지고 여덟 가지 삿된 길 향하여 하늘에 서리는 가시덤불 생겼고 8탐(貪)을 따름에 8해탈을 몰라서 법계에 가득한 공화(空華)가 생겼으며 8식(識)으로 반연하는 8풍[1]에 지배되었고 여덟 가지 때에 물들었으니 8난을 피하기 어렵습니다.

이제 잘못을 뉘우칠 문이 없고 가슴을 어루만져 참괴하니 일승교법에 조그만 선을 닦으며 부처님 앞에 정성 드리고 죄과를 발로하여 지성으로 참회합니다.

정경을 해석해야 하오니 크신 자비 우러나니 가피를 주시옵소서.

티끌같이 많은 마음 세어서 알고
큰 바다 물 모두 마시며
허공을 측량하고 바람 얽매어도
부처님 공덕 다 말 못하네.

입참 入懺

자비도량참법을 행하오며 현겁의 부처님께
절하옵니다.

701 **지심귀명례 견고고행불** (堅固苦行佛)

702 **지심귀명례 중덕상명불** (衆德上明佛)

703 **지심귀명례 보덕불** (寶德佛)

704 **지심귀명례 일체선우불** (一切善友佛)

705 **지심귀명례 해탈음불** (解脫音佛)

706 **지심귀명례 감로명불** (甘露明佛)

707 **지심귀명례 유희왕불** (遊戲王佛)

708 **지심귀명례 멸사곡불** (滅邪曲佛)

709 **지심귀명례 일체주불** (一切主佛)

710 **지심귀명례 담복정광불** (薝蔔淨光佛)

711 **지심귀명례 산왕불** (山王佛)

17. 봉위아수라도일체선신예불

奉爲阿修羅道一切善神禮佛

오늘 이 도량의 동참대중은, 다시 지성으로 시방의 다함없는 모든 아수라왕과 일체 아수라와 그 권속들을 위하며, 시방의 다함없는 일체의 총명 정직하고 천지 허공에서 선을 권장하고 악을 형벌하는 이와 주문을 수호하는 이와 8부 신왕과 8부 신장과, 내지 안이거나 밖이거나, 가깝거나 멀거나, 동서남북·4유(維)·상하의 다함없는 모든 법계에 있는 대신력·대위덕이 있는 시방의 8부 신왕과 8부 신장과 그 권속들을 위하여, 대자대비하신 현겁의 부처님께 오체투지 절하옵니다.

712 **지심귀명례 적멸불** (寂滅佛)

713 **지심귀명례 덕취불** (德聚佛)

714 **지심귀명례 구중덕불** (具衆德佛)

715 **지심귀명례 최승월불** (最勝月佛)

716 **지심귀명례 선시불** (善施佛)

717 **지심귀명례 주본불** (住本佛)

718 **지심귀명례 공덕위취불** (功德威聚佛)

719 **지심귀명례 지무등불** (智無等佛)

720 **지심귀명례 감로음불** (甘露音佛)

721 **지심귀명례 선수불** (善手佛)

722 **지심귀명례 집명거불** (執明炬佛)

시방의 다함없는 모든 삼보께 귀의하오니, 자비력으로 가피하고 보호하소서. 아수라왕과 일체 아수라와 그 권속들과 총명 정직한 이와 천지 허공과 선을 권장하고 악을 벌주는 이와 주문을 수호하는 이와 8부 신왕과 8부 신장과 그 권속들이 객진(客塵) 번뇌를 해탈하고 인연의 장애가 청정하며, 대승을 발기하여 장애가 없는 도를 닦아서, 4무량심과 6바라밀이 항상 앞에 나타나며, 4무애변재와 6신통이 뜻과 같이 자재하며, 항상 자비로 중생을 구호하며, 보살도를 행하여 부처님 지혜에 들어가며, 금강심을 얻어 등정각을 이루어지이다.

18. 봉위용왕예불 奉爲龍王禮佛

오늘 이 도량의 동참대중은, 다시 지성으로 시방의 다함없는 모든 부사의한 용왕인 묘화(妙化)용왕과 두화제(頭化提)용왕·5방 용왕·천(天)용왕·지(地)용왕·산(山)용왕·해(海)용왕·일궁(日宮)용왕·월궁(月宮)용왕·성궁(星宮)용왕·세시(歲時)용왕·청해(靑海)용왕·호형명(護形命)용왕·호중생(護衆生)용왕과 내지 시방의 안이거나 밖이거나, 가깝거나 멀거나, 동서남북·4유·상하와 다함없는 법계에서 대신족(大神足)과 대위덕의 힘이 있는 일체 용왕과 일체 용신과 그 권속들을 위하여 대자대비하신 현겁의 부처님께 오체투지 절하옵니다.

723 **지심귀명례 사해탈의불** (思解脫義佛)

724 **지심귀명례 승음불** (勝音佛)

725 **지심귀명례 이타행불** (梨陀行佛)

726 **지심귀명례 선의불** (善義佛)

727 **지심귀명례 무과불** (無過佛)

728 **지심귀명례 행선불** (行善佛)

729 **지심귀명례 수묘신불** (殊妙身佛)

730 **지심귀명례 묘광불** (妙光佛)

731 **지심귀명례 요설불** (樂說佛)

732 **지심귀명례 선제불** (善濟佛)

733 **지심귀명례 불가설불** (不可說佛)

시방의 다함없는 모든 삼보께 귀의하오니, 자비력으로 가피하고 섭수하소서. 모든 용왕과 각각 권속들의 광명이 더욱 빛나고 신통이 자재하여, 상(相)이 없는 지해(智解)로 인연의 장애를 끊어버리며, 악취를 영원히 여의고 정토에 태어나며, 4무량심과 6바라밀이 항상 앞에 나타나며, 4무애변재와 6신통이 뜻대로 자재하고, 자비심으로 모든 이를 건져 묘한 행으로 장엄하고, 법운지를 지내며, 금강심에 들어가 등정각을 이루어지이다.

19. 봉위마왕예불 奉爲魔王禮佛

오늘 이 도량의 동참대중은, 다시 지성으로 대마왕과 5제대마(帝大魔)와 내지 동서남북과 4유·상하와 다함이 없는 모든 마왕과 그 권속들을 위하여 현겁의 자비하신 부처님께 오체투지 절하옵니다.

734 지심귀명례 최청정불 (最淸淨佛)

735 지심귀명례 요지불 (樂知佛)

736 지심귀명례 변재일불 (辯才日佛)

737 지심귀명례 파타군불 (破他軍佛)

738 **지심귀명례 보월명불** (寶月明佛)

739 **지심귀명례 상의불** (上意佛)

740 **지심귀명례 우안중생불** (友安衆生佛)

741 **지심귀명례 대견불** (大見佛)

742 **지심귀명례 무외음불** (無畏音佛)

743 **지심귀명례 수천덕불** (水天德佛)

744 **지심귀명례 혜제불** (慧濟佛)

시방의 다함없는 모든 삼보께 귀의하오니, 자비력으로 가피하고 보호하소서. 대마왕과 5제대마왕과 일체 마왕과 그 권속들이 무시 이래 금일에 이르도록 반연하는 모든 장애가 다 청정하고 일체 죄업이 모두 소멸하며, 모든 괴로움을 다 해탈하며, 4무량심과 6바라밀이 항상 앞에 나타나며, 4무애지와 6신통력이 뜻과 같이 자재하여 보살도를 행하기를 쉬지 않아, 먼저 중생을 제도하고 그런 후에 성불하여지이다.

20. 봉위부모예불 奉爲父母禮佛

오늘 이 도량의 동참대중이여, 다음에는 부모의 양육하신 은혜를 생각할지니, 품에 안고 젖먹이던 애정이 깊어서, 차라리 내 몸이 위태로울지언정 자식을 편안케 하고, 나이 들어 장성하면 인(仁)과 예절을 가르치며, 손을 씻고 스승을 구하여 경전을 배우게 하며, 시각을 잊지 않고 사람되기를 바라며, 공급해야 할 것은 재산을 아끼지 않으며, 염려함이 깊어도 병이 되고, 누워도 자리에 편안히 있지 못하고, 항상 아들을 생각하니, 천하에 그 은혜 둘도 없습니다.

그러기에 부처님께서 '천하에 부모의 은혜보다 지날 것이 없다' 하였으니, 집을 떠난 사람이 도를 얻지 못하더라도, 학업을 부지런히 닦아 선한 일을 폐하지 말고 덕을 쌓아 그치지 말며, 부모의 애쓰시던 은혜에 보답해야 합니다.

지극한 마음으로 다 같이 식심(識心)이 있은 후부터 오늘에 이르도록 여러 생의 부모와 많은 겁의 친연(親緣)과 모든 권속들을 위하여 현겁의 부처님께 간절히 오체투지 절하옵니다.

745 **지심귀명례 무등의불** (無等意佛)

746 **지심귀명례 부동혜광불** (不動慧光佛)

747 **지심귀명례 보리의불** (菩提意佛)

748 **지심귀명례 수왕불** (樹王佛)

749 **지심귀명례 반타음불** (槃陀音佛)

750 **지심귀명례 복덕력불** (福德力佛)

751 **지심귀명례 세덕불** (勢德佛)

752 **지심귀명례 성애불** (聖愛佛)

753 **지심귀명례 세행불** (勢行佛)

754 **지심귀명례 호박불** (琥珀佛)

755 **지심귀명례 뇌음운불** (雷音雲佛)

시방의 다함없는 모든 삼보께 귀의하오니, 자비하신 힘으로 가피하고 섭수하소서. 부모와 친척과 그 권속들이 금일부터 보리에 이르도록 일체의 죄장을 모두 제멸하고, 일체의 고통을 필경 해탈하며, 맺힌 습기와 번뇌가 영원히 청정하여, 4취를 하직하고 자재하게 왕생하며, 모시던 부처님이 앞에 나타나 수기하시며, 4무량심과 6바라밀이 항상 떠나지 않으며, 4무애지와 6신통이 뜻대로 자재하며, 부처님의 10력을 얻고 상호로 몸을 장엄하며, 함께 도량에 앉아서 등정각을 이루어지이다.

21. 봉위과거부모예불 奉爲過去父母禮佛

오늘 이 도량의 동참대중이여, 이 중에 만일 어려서 부모를 여읜 이가 있으면 다시 만나기 어려우니, 헛된 생각만 유유할 뿐입니다. 신통이나 천안통을 얻지 못하였으니, 부모의 영혼이 어느 갈래에 났는지를 알지 못합니다. 선근을 심어 추천보은(追薦報恩)할 것이니, 선한 일 하기를 쉬지 않으면 공이 이루어져 정성에 감동할 것입니다.

경에 말씀하셨습니다.

망인을 위하여 명복을 비는 것은 먼 사람에게 이바지함과 같으니, 만일 인간에나 천상에 나면 공덕이 증장할 것이요, 삼악도에 나거나 8난에 있으면 영원히 모든 고통을 여읠 것이며, 태어나서 부처님을 만났으면 정교(正教)를 받고 세상에서 뛰어나 깨달음을 얻었을 것이니, 7세의 선망부모와 여러 겁의 친척들이 근심을 제멸하고 해탈을 얻게 함이, 지혜로운 이가 지극한 효도로 은혜를 보답하는 최상의 일이니라.

우리들이 오늘 슬퍼하고 근심하며, 목메도록 통곡하며, 과거 부모와 누겁의 친연을 위하여 현겁의 부처님께 오체투지 절하옵니다.

756 지심귀명례 선애목불 (善愛目佛)

757 지심귀명례 선지불 (善智佛)

758 지심귀명례 구족불 (具足佛)

759 지심귀명례 화승불 (華勝佛)

760 지심귀명례 대음불 (大音佛)

761 지심귀명례 법상불 (法相佛)

762 지심귀명례 지음불 (智音佛)

763 지심귀명례 허공불 (虛空佛)

764 지심귀명례 사음불 (祠音佛)

765 지심귀명례 혜음차별불 (慧音差別佛)

766 지심귀명례 월염불 (月焰佛)

시방의 다함없는 모든 삼보께 귀의하오니, 자비하신 힘으로 구호하고 접인하여 주소서. 과거의 부모와 여러 겁 동안의 권속들이 오늘부터 도량에 이르도록 모든 죄업이 다 소멸되고, 모든 괴로움이 영원히 제멸되고, 번뇌로 맺힌 업이 필경에 청정해져 3장(障)의 인연이 끊어지고, 다섯 가지 두려움이 없어지고, 보살도를 행하여 모든 것을 교화하며, 8해탈로 마음을 씻고, 사홍서원으로 중생을 건져 자비하신 얼굴을 뵈오며, 미묘한 말씀을 듣고 제자리에서 일어나지 않고도 모든 번뇌를 다하며, 마음대로 소요하여 여러 부처님 세계에 두루 다니며, 행과 원을 성취하여 빨리 정각에 올라지이다.

22. 봉위사장예불 奉爲師長禮佛

오늘 이 도량의 동참대중이여, 이미 부모와 친연을 위하여 예불하였으니, 이제는 스승의 은덕을 생각해야 합니다. 부모가 우리를 낳아 길렀지만, 우리를 악취에서 벗어나게 하지는 못하였으나 스승은 우리에게 은덕이 무량합니다. 자비로 권장하여 선한 일을 수행케 하며 생사에서 벗어나 저 언덕에 이르게 하고, 매사에 이익케 하여 부처님을 보게 하며, 번뇌를 끊고 길이길이 무위(無爲)에 있게 하였으니, 이러한 은덕을 누가 갚을 수 있으리오. 설사 종신토록 도를 행하더라도 다만 스스로 이익할 뿐이요, 스승의 은덕을 갚는 것은 아닙니다. 그러므로 부처님께서 '천하의 선지식은 스승보다 수승한 이가 없으니, 이미 스스로 제도하고 다시 남을 제도한다' 하였습니다.

우리가 이제 다행히 불문에 들어 계를 받았으니, 어찌 스승의 은혜를 생각치 아니하리오.

저희들은 지극한 마음으로 다 같이 화상아사리와 같은 단(壇)의 종사(宗師)들과 상·중·하좌와 각각 권속들을 위하여 현겁의 부처님께 간절히 오체투지 절하옵니다.

767 **지심귀명례 성왕불** (聖王佛)

768 **지심귀명례 중의불** (衆意佛)

769 **지심귀명례 변재륜불** (辯才輪佛)

770 **지심귀명례 선적불** (善寂佛)

771 **지심귀명례 불퇴혜불** (不退慧佛)

772 **지심귀명례 일명불** (日名佛)

773 **지심귀명례 무착혜불** (無著慧佛)

774 **지심귀명례 공덕집불** (功德集佛)

775 **지심귀명례 화덕상불** (華德相佛)

776 **지심귀명례 변재국불** (辯才國佛)

777 **지심귀명례 보시불** (寶施佛)

시방의 다함없는 모든 삼보께 귀의하오니, 자비하신 힘으로 가피하고 섭수하소서. 화상과 아사리와 같은 단의 증명법사와 상·중·하좌와 그 권속들이 금일부터 보리도량에 앉을 때까지 모든 죄장이 청정해지고, 모든 괴로움을 해탈하고, 일체 번뇌를 다 끊어 버리고, 마음대로 모든 부처님의 정토에 왕생하여 보리행원을 모두 구족하고, 재물의 보시가 무진하며, 법의 보시가 무진하며, 복덕이 무진하며, 안락이 무진하며, 수명이 무진하며, 지혜가 무진하고, 4무량심과 6바라밀이 항상 앞에 나타나며, 4무애지와 6신통력이 뜻과 같이 자재하고, 수능엄삼매에 머물러서 금강심을 얻으며, 본래의 서원을 버리지 않고 중생을 제도하여지이다.

23. 위시방비구비구니예불 爲十方比丘比丘尼禮佛

오늘 이 도량의 동참대중은, 시방의 다함없는 법계의 현재와 미래의 모든 비구와 비구니와 식차마나와 사미와 사미니와 각각 권속들을 위하고, 시방의 다함없는 모든 우바새와 우바이와 각각 권속들을 위하고, 그동안의 시주 단월과 선지식·악지식과 인연 있는 이와 인연 없는 이와 각각 그 권속들과 이와 같은 인간의 모든 인류와 각각 권속들을 위하며, 금일에 자비심으로 모두를 위하여 현겁의 부처님께 오체투지 절하옵니다.

778 **지심귀명례 애월불** (愛月佛)

779 **지심귀명례 집공덕온불** (集功德蘊佛)

780 **지심귀명례 멸악취불** (滅惡趣佛)

781 **지심귀명례 자재왕불** (自在王佛)

782 **지심귀명례 무량정불** (無量淨佛)

783 **지심귀명례 등정불** (等定佛)

784 **지심귀명례 불괴불** (不壞佛)

785 **지심귀명례 멸구불** (滅垢佛)

786 **지심귀명례 부실방편불** (不失方便佛)

787 **지심귀명례 무요불** (無嬈佛)

788 **지심귀명례 묘면불** (妙面佛)

시방의 다함없는 모든 삼보께 귀의하오니, 자비하신 힘으로 가피하고 보호하소서. 시방의 다함없는 모든 비구와 비구니와 식차마나와 사미와 사미니와 각각 권속들과 시방의 일체 우바새와 우바이와 각각 권속들과 지금까지의 시주 단월과 선지식·악지식과 인연 있는 이와 인연 없는 이와 각각 권속들과 내지 인도(人道)의 일체 인류들이 무시 이래 금일에 이르도록 지은 모든 번뇌는 다 끊어지고, 모든 업장이 다 청정해지며, 모든 죄업이 다 소멸되고, 모든 고통을 다 해탈하여 3장의 업을 여의고, 다섯 가지 두려움을 제멸하며, 4무량심과 6바라밀이 항상 앞에 나타나며, 4무애지와 6신통력이 뜻대로 자재하여 보살행을 행하여 일승도에 들어가 그지없는 일체 중생을 제도하여지이다.

24. 위시방과거비구비구니예불

爲十方過去比丘比丘尼禮佛

오늘 이 도량의 동참대중은, 다시 지성으로 시방의 다함없는 모든 과거의 비구와 비구니와 식차마나와 사미와 사미니와 과거의 우바새와 우바이와 널리 시방의 일체 인간세계의 인류로서 목숨이 지나간 이와 각각 권속들을 위하여, 오늘 자비심으로 모든 부처님의 마음과 같이 모든 부처님의 서원과 같이, 모두를 위하여 현겁의 부처님께 오체투지 절하옵니다.

789 **지심귀명례 지제주불** (智制住佛)

790 **지심귀명례 법사왕불** (法師王佛)

791 **지심귀명례 대천불** (大天佛)

792 **지심귀명례 심의불** (深意佛)

793 **지심귀명례 무량불** (無量佛)

794 **지심귀명례 무애견불** (無礙見佛)

795 지심귀명례 세공양불 (世供養佛)

796 지심귀명례 보산화불 (普散華佛)

797 지심귀명례 삼세공불 (三世供佛)

798 지심귀명례 응일장불 (應日藏佛)

799 지심귀명례 천공양불 (天供養佛)

800 지심귀명례 상지인불 (上智人佛)

시방의 다함없는 모든 삼보께 귀의하오니, 자비하신 힘으로 구호하고 건져 주소서. 과거의 일체 비구·비구니·식차마나·사미·사미니와 각각 권속들과 과거의 일체 우바새·우바이와 각각 권속들로서 만일 지옥의 괴로움을 받고 있는 이는 오늘 곧 해탈하고, 아귀의 괴로움을 받고 있는 이는 오늘 곧 해탈하고, 축생의 괴로움을 받고 있는 이는 오늘 곧 해탈하여 8난을 여의고 8복을 받으며, 악도를 버리고 정토에 나며, 재물의 보시가 무진하고, 법의 보시가 무진하고,

복덕이 무진하고, 안락이 무진하고, 수명이 무진하고, 지혜가 무진하며, 4무량심과 6바라밀이 항상 앞에 나타나며, 4무애지와 6신통력이 뜻대로 자재하여 항상 부처님을 뵙고 법문을 듣고 보살도를 행하며, 용맹정진하기를 쉬지 않으며, 내지 닦아 나아가 아뇩다라삼먁삼보리를 이루고, 모든 중생들을 널리 제도하여지이다.

찬 讚

하늘과 용과 인주(人主)와 호세 사천왕이

두루 온전하니

스승과 부모의 중대한 은혜

이보다 더할 것 없어

보답하려는 생각이 심전(心田)에 있으니

여럿의 뜻 정성 어리어

애써 3천 배를 올리네.

나무 부동지보살마하살 (不動地菩薩摩訶薩) 〔3칭〕

출참 出懺

8공덕 연못 중에 천 꽃의 모양 나타나고, 8고(苦)의 세계에 만덕(萬德)이 존숭하신 부처님께 귀의하니, 8음(音)과 8인(忍)의 묘한 법문 말씀하시고 8한(寒)과 8숙(熱)의 엄한 형벌 구제하시네.

대자대비하신 지혜로 감찰하시며 중생들을 연민하시니 그 은혜 유루(有漏)의 인간과 천상에 흡족하고 그지없는 세계에 복을 내리시니, 애민하시고 가피하사 이 좋은 인연 살피소서.

이제까지 참회하는 저희들 자비도량참법을 수행하여 8권이 끝나니 외우는 일도 완성되었네. 수행하는 단상에 등 켜고 과일 공양하고 이름난 차를 받들고 순타의 공양 올리어 대각금선(大覺金仙)께 이바지하고 10주(洲)와 3도(島)에 미치옵나니, 옛날의 명왕제주(明王帝主)와 충신과 열사와 신선들과 3계 시방의 4생(生)과 9유(有)들 무차대회

(無遮大會)의 법리(法利)를 입고 유루의 범부를 벗어 나오며 이러한 이익으로 참회하는 저희 제자들 죄업을 참회하여 없애고 대길상을 얻나이다.

중생 세계의 여덟 가지 삿된 소견 버리고 무루(無漏)의 지위에서 8정도를 행하며, 8고와 8난의 재앙은 자비광명 의지하여 소멸되고 8시(時)와 8종(種)의 복전을 훈수하는 법력 원만하니 티끌마다 자재하고 법문마다 융통하나니 큰 바다에 파도 고요하고 일천 강에 달빛 새롭네. 남은 5온이 공하지 못하여 함께 참회를 구하나이다.

찬 讚

자비보참 8권의 공덕으로 저희들과 망령의 여덟 가지 죄 소멸되고, 보살의 부동지를 증득하며, 참문을 외우는 곳에 죄의 꽃이 스러지며, 원결은 풀리고 복이 더하여 도리천에 왕생하였다가 용화회상에서 다시 만나 미륵 부처님의 수기를 받아지이다.

    나무 용화회보살마하살 (龍華會菩薩摩訶薩)〔3칭〕

거찬 擧讚

    자비보참 제8권 모두 마치고 4은(恩) 3유(有)에 회향하오니 참회하는 저희들은 수복이 증장하고, 망령들은 정토에 왕생하여지이다.

    부동지보살이시여, 어여삐 여기시어 거두어 주소서.

    나무 등운로보살마하살 (登雲路菩薩摩訶薩)〔3칭〕

---

1) 팔풍(八風): 사람의 마음을 들뜨게 하는 것으로 이(利)·쇠(衰)·훼(毀)·예(譽)·칭(稱)·기(譏)·고(苦)·락(樂).

자비도량참법 제9권

[먼저 11~20쪽 정단찬 · 삼보찬 · 자비보참의문을 독송 후 시작한다.]

찬 讚

일백팔이여,

경을 수지하여 장도(藏圖)에 가득하니

재앙을 소멸하고 수명을 연장하는

약사유리광부처님과

비로자나 여래의 마음 안에 있는

유가부(瑜伽部)와 대승경전과 아미타불께서

남방 용녀가 보리에 이르는 길을 증명하시네.

나무 보공양보살마하살 (普供養菩薩摩訶薩) 〔3칭〕

도가 9천의 범천왕보다 뛰어나고 이름이 세상의 대웅(大雄)이시며 공(功)은 9유(有)의 중생을 초월하니 명호를 조어사(調御師)라 하시네.

9유(幽)의 세계에서 고통을 멸하며 9품 연대에 중생을 섭수하기도 하고 아홉 단계의 차례를 일념에 뛰어넘고 9계의 색신을 인연 따라 보이시나니 광명은 법계를 포함하고 도력은 중생계를 초월하나니 만행의 장엄을 드리우사 9시(時)의 불사를 증명하소서.

지금 참회하는 저희들은 자비도량참법을 수행하오며, 이제 제9권의 연기를 당하여 향·등·화·과(香燈花果)를 진열하며, 다·미(茶米)의 진수를 받들고 한결같은 정성으로 삼보 전에 공양하오며, 모든 생각 씻어버리고 지성으로 발로 참회하오니, 법신은 동요하지 않고 법성은 고요하여 법과 법이 두루하여 법안(法眼)이 원만하소서.

자마금신(紫磨金身)을 나투시며 백옥명호(白玉明毫)를 빛내시니 예배하여 귀의합니다. 애민히 섭수하사 제멸하지 못한 죄를 제멸케 하시고 참회하지 못한 허물 참제케 하소서.

참회하는 저희들은 수없이 많은 겁을 지내도

록 혼미한 곳에서 돌이키지 못하여 9계(界)의 인과를 모르니 무명이 덮였고 9천(泉)의 괴로운 과보 믿지 않으니 삿된 소견이 마구 생겼나이다.

9부의 경전을 경멸(輕蔑)하며 마음대로 죄를 지었고 9결(結)의 번뇌에 얽혀 멋대로 허망한 짓을 하고 스스로를 칭찬하고 남을 훼방하며 남에게는 해롭게 자기는 이롭게 하니, 혹은 말과 저울을 속이고 혹은 술과 색으로 혼미하여 티끌세상의 짧은 즐거움을 탐하여 지옥의 극심한 고통 면치 못하네. 이제 앎을 돌이켜 허물 뉘우치고 다행히 공경하는 마음을 내어 진정한 복전에 귀의하고 참문을 의지하여 참회하며 크신 자비를 빌어 가피를 청하나이다.

백련대(白蓮臺) 위에 황금 상호요,
홍우화(紅藕花) 피니 자마금신이라,
어마어마한 상호 하늘 중의 하늘이요,

훤출하여 이름할 수 없어
성인 중의 성인이시네.

입참 入懺

자비도량참법을 행하오며 현겁의 부처님께
절하옵니다.

801 **지심귀명례 진계불** (眞髻佛)

802 **지심귀명례 신감로불** (信甘露佛)

803 **지심귀명례 불착상불** (不著相佛)

804 **지심귀명례 이분별해불** (離分別海佛)

805 **지심귀명례 보견명불** (寶肩明佛)

806 **지심귀명례 이타보불** (梨陀步佛)

807 **지심귀명례 수일불** (隨日佛)

808 **지심귀명례 청정불** (淸淨佛)

809 **지심귀명례 명력불** (明力佛)

25. 위아비지옥예불 爲阿鼻地獄禮佛

오늘 이 도량의 동참대중이여, 삼보께 귀의한 후부터 여기 이르도록 항상 만법이 차별하며 공용(功用)이 한결같지 않다고 말하나, 밝고 어두움이 서로 대하는 데는 선과 악뿐이니, 선한 것은 인간이나 천상의 좋은 갈래요, 악한 것은 3악도의 다른 갈래라, 인의(仁義)를 수행하면 좋은 데 나고, 잔해(殘害)를 일으키면 나쁜 곳에 납니다. 좋은 데 사는 이는 업이 선한 까닭이니 경쟁해서 얻는 것이 아닙니다.

자연의 즐거움을 받아 위가 없이 자재할 것이요, 나쁜 곳에 떨어지는 이는 업이 나쁜 까닭이니 화성(火城)이나 철망(鐵網) 속에 있게 되니, 먹는 것은 철환과 뜨거운 쇠요, 마시는 것은 끓는 돌과 구릿물입니다. 수명은 천지보다 오래고 겁수(劫數)는 무궁에 이릅니다.

지옥 고통은 부모 자식도 대신 받을 수 없으니, 영원히 이 몸 떠나면 식심이 저곳에 나게 되어, 칼바퀴가 신체에 더하고 불과 맷돌이 형상을 해롭게 하여 수명이 촉박하지 않아 오래오래 고통 받으며, 비록 지옥을 면하더라도 다시 아귀에 태어나 입으로 불을 토하며, 목숨을 온전히 사는 것 아니며, 거기서 죽어서는 축생에 떨어져서 모든 고통을 받으며, 살은 남의 잔치에 공급되느라 제 명대로 살지 못하며, 솥에 삶기고 교자상에 놓이며, 혹 무거운 짐을 싣고 멀리 달리며, 험난한 데로 몰려다니니, 실로 3악도의 고통이며, 긴밤은 새기 어렵습니다.

좋고 나쁜 것이 현저하건만, 믿는 이가 없고 '나'라는 관념으로 의혹을 일으키며, 의혹 때문에 다분히 선한 일을 하지 못하니 부처님께서 말씀하셨습니다.

세상에는 열 가지 일이 있는데 이로 인하여 죽어 나쁜 갈래에 들어가나니, 선한 일에 전심하지 못하여 공덕을 닦지 않으면, 음식을 탐내는 주린 호랑이 같으며, 주색에 빠져서 성내기를 좋아하며, 항상 우치하여 남의 충고를 듣지 않으며, 제 역량대로 나쁜 일을 함부로 하며, 살생하기를 좋아하고 연약한 이를 업신여기며, 악인과 당파를 지어 다른 이를 침해하며, 말하는 것이 진실하지 않으며 모든 이를 사랑하지 않고 악업을 일으키니, 이런 사람은 오래 살지 못하고 죽어 악도에 들어가느니라.

오늘 이 도량의 동참대중이여, 부처님의 말씀이 이와 같으니 누가 벗어날 수 있으리오. 기왕 벗어나지 못한다면 지옥에 들어갈 죄가 있으니, 대중은 이 뜻을 각오하고 스스로 방일하지 말며, 시간을 다투어 보살도를 행해야 합니다.

바른 법을 부지런히 구하여 중생을 이롭게 하면, 첫째 스스로 죄를 멸하고, 둘째 다른 이의 복을 증장케 하리니, 이러하면 자기도 이롭게 되고 남도 이롭게 하니, 피차가 다를 것이 없습니다. 오늘부터 용맹심을 내고 견고한 마음을 내고 자비심을 내며, 모든 이를 제도하려는 마음과 중생을 구제하려는 마음으로 도량에 앉을 때까지 이 소원을 잊지 말아야 합니다.

시방의 다함없는 모든 부처님과 대보살들의 대신통력과 대자비력과 지옥을 해탈하는 힘과 아귀를 제도하는 힘과 축생을 구제하는 힘과 대신주력(大神呪力)과 대위맹력을 받아 저희들이 하는 일이 이익되고 소원이 성취되리니, 다 같이 아비지옥에서 고통 받는 중생과 내지 흑암지옥과 18한지옥과 18열지옥과 18도륜(刀輪)지옥과 검림(劍林)지옥과 화거(火車)지옥과 비시(沸屎)지옥과 확탕지옥과 그에 딸린 8만4천의 지옥 중에서 고통 받는 일체 중생들을 위하여 우리들은 보리심과 보리행과 보리원으로써 그들을 대신하여 현겁의 부처님께 간절히 오체투지 절하옵니다.

810 **지심귀명례 공덕취불** (功德聚佛)

811 **지심귀명례 구족덕불** (具足德佛)

812 **지심귀명례 단엄해불** (端嚴海佛)

813 **지심귀명례 수미산불** (須彌山佛)

814 **지심귀명례 화시불** (華施佛)

815 **지심귀명례 무착지불** (無著智佛)

816 **지심귀명례 무변좌불** (無邊座佛)

817 **지심귀명례 애지불** (愛智佛)

818 **지심귀명례 반타엄불** (槃陀嚴佛)

시방의 다함없는 모든 삼보께 귀의하오니, 자비력으로 구제하여 접인하소서. 아비지옥과 흑암지옥·도륜지옥·화거지옥·비시지옥과 그에 딸린 지옥에서 고통 받는 중생이 부처님의 힘과 법보의 힘과 보살의 힘과 일체 성현의 힘으로 고통에서 곧 해탈하여 필경에 다시 지옥에 떨어지지 않고, 모든 죄장을 모두 소멸하고, 다시 지옥의 업을 짓지 않으며, 지옥에 나지 않고 정토에 왕생하며, 지옥의 명(命)을 버리고 지혜의 명을 얻으며, 지옥의 몸을 버리고 금강신을 얻으며, 지옥의 고(苦)를 버리고 열반의 즐거움을 얻으며, 지옥의 괴로움을 생각하고 보리심을 발하여 4무량심과 6바라밀이 항상 앞에 나타나며, 4무애지(無礙智)와 6신통력이 뜻과 같이 자재하며, 지혜를 구족하고 보살도를 행하며, 용맹정진하여 쉬지 않으며, 내지 닦아나가 10지의 행을 만족하고 금강심에 들어가 등정각을 이루어지이다.

26. 위회하철환등지옥예불 爲灰河鐵丸等地獄禮佛

오늘 이 도량의 동참대중은, 다시 지성으로 회하(灰河)지옥과 검림지옥과 자림(刺林)지옥과 동주(銅柱)지옥과 철기(鐵機)지옥과 철망지옥과 철굴(鐵窟)지옥과 철환(鐵丸)지옥과 첨석(尖石)지옥과 시방의 다함없는 이 같은 일체의 지옥에서 금일 고통 받는 일체 중생을 위하여 우리들은 보리심으로 현겁의 부처님께 오체투지 절하옵니다.

819 지심귀명례 청정주불 (淸淨住佛)

820 지심귀명례 생법불 (生法佛)

821 지심귀명례 상명불 (相明佛)

822 지심귀명례 사유락불 (思惟樂佛)

823 지심귀명례 낙해탈불 (樂解脫佛)

824 지심귀명례 지도리불 (知道理佛)

825 지심귀명례 다문해불 (多聞海佛)

826 지심귀명례 지화불 (持華佛)

827 지심귀명례 불수세불 (不隨世佛)

시방의 다함없는 모든 삼보께 귀의하오니, 자비력으로 가피하고 구제하소서. 오늘 현재 회화지옥 등에서 고통 받는 일체 중생들이 모두 해탈을 얻어 모든 괴로움의 과보가 영원히 소멸하고, 지옥의 업보가 필경에 청정해져 지옥의 몸을 버리고 금강신을 얻으며, 지옥고를 버리고 열반의 즐거움을 얻으며, 지옥의 괴로움을 생각하고 보리심을 발하여 함께 화택(火宅)에서 벗어나 도량에 이르러서 여러 보살들과 함께 정각(正覺)을 이루어지이다.

27. 위음동탄갱등지옥예불 爲飮銅炭坑等地獄禮佛

오늘 이 도량의 동참대중은, 다시 지성으로 시방의 다함없는 음동(飮銅)지옥·중합(衆合)지옥·규환(叫喚)지옥·대규환지옥·열(熱)지옥·대열지옥·탄갱(炭坑)지옥·소림(燒林)지옥과 그에 딸린 이렇게 무량무변한 지옥에서 지금 고통을 받고 있는 중생을 위하여 우리들은 보리심으로 그들을 대신하여 현겁의 부처님께 오체투지 절하옵니다.

828 지심귀명례 희중불 (喜衆佛)

829 지심귀명례 공작음불 (孔雀音佛)

830 지심귀명례 불퇴몰불 (不退沒佛)

831 지심귀명례 단유애구불 (斷有愛垢佛)

832 지심귀명례 위의제불 (威儀濟佛)

833 지심귀명례 제천유포불 (諸天流布佛)

834 지심귀명례 수사행불 (隨師行佛)

835 지심귀명례 화수불 (華手佛)

836 지심귀명례 최상시불 (最上施佛)

시방의 다함없는 모든 삼보께 귀의하오니, 자비력으로 가피하고 구제하소서. 음동지옥 등에서 현재 고통 받는 중생들의 일체 죄장이 모두 소멸되고, 일체의 고통을 모두 해탈하고, 금일부터 필경에 다시 지옥에 떨어지지 않으며, 지옥에 나지 않고 정토의 생을 얻으며, 지옥의 명(命)을 버리고 지혜의 명을 얻으며, 4무량심과 6바라밀이 항상 앞에 나타나며, 4무애변과 6신통력이 뜻과 같이 자재하며, 지옥도(地獄道)에서 벗어나 열반의 도를 얻어 여래와 같은 정각을 이루어지이다.

28. 위도병동부등지옥예불 爲刀兵銅釜等地獄禮佛

오늘 이 도량의 동참대중은, 다시 지성으로 시방의 다함없는 상(想)지옥 · 흑사(黑砂)지옥 · 정신(釘身)지옥 · 화정(火井)지옥 · 석구(石臼)지옥 · 비사(沸砂)지옥 · 도병(刀兵)지옥 · 기아(飢餓)지옥 · 동부(銅釜)지옥 등 이같이 무량한 지옥에서 지금 현재 고통 받는 중생들을 위하여 금일 보리심의 힘으로 현겁의 부처님께 오체투지 절하옵니다.

837 지심귀명례 파원적불 (破怨賊佛)

838 지심귀명례 부다문불 (富多聞佛)

839 지심귀명례 묘국불 (妙國佛)

840 지심귀명례 치성왕불 (熾盛王佛)

841 지심귀명례 사자지불 (獅子智佛)

842 지심귀명례 월출불 (月出佛)

843 지심귀명례 멸암불 (滅闇佛)

844 지심귀명례 무동불 (無動佛)

845 지심귀명례 차례행불 (次第行佛)

시방의 다함없는 모든 삼보께 귀의하오니, 자비력으로 가피하고 구호하소서. 도병지옥 등 일체 지옥과 그에 딸린 지옥에서 고통 받는 중생들이 금일 곧 해탈하여 모든 고통의 길이 끊어지고, 지옥의 연(緣)을 여의고 지혜가 나며, 지옥의 고통을 생각하고 보리심을 발하며, 보살행을 행하기를 쉬지 아니하고, 1승도에 들어가 10지행이 원만해지고, 신통력으로 일체 중생을 접인하여 함께 도량에 앉아서 정각에 올라지이다.

29. 위화성도산등지옥예불 爲火城刀山等地獄禮佛

오늘 이 도량의 동참대중은, 다시 지성으로 시방의 다함없는 화성(火城)지옥·석굴(石窟)지옥·탕요(湯澆)지옥·도산(刀山)지옥·호랑(虎狼)지옥·철상(鐵床)지옥·열풍(熱風)지옥·토화(吐火)지옥과 이같이 무량무변한 지옥에 딸린 지옥에서 지금 고통 받는 중생들을 위하여 우리들은 보리심으로 현겁의 부처님께 오체투지 절하옵니다.

846 지심귀명례 음성치불 (音聲治佛)

847 지심귀명례 교담불 (憍曇佛)

848 지심귀명례 세력불 (勢力佛)

849 지심귀명례 신심주불 (身心住佛)

850 지심귀명례 상월불 (常月佛)

851 지심귀명례 각의화불 (覺意華佛)

852 지심귀명례 요익왕불 (饒益王佛)

853 지심귀명례 선위덕불 (善威德佛)

854 지심귀명례 지력덕불 (智力德佛)

시방의 다함없는 모든 삼보께 귀의하오니, 자비력으로 가피하고 섭수하소서. 도산 등의 지옥에서 현재 고통 받는 중생들이 곧 해탈을 얻으며, 내지 시방의 말로 다할 수 없이 많은 모든 지옥에서 지금 고통 받는 이와, 장차 고통 받을 일체 중생이 부처님의 힘과 법의 힘과 보살의 힘과 성현의 힘으로 함께 해탈을 얻어, 영원히 시방의 여러 지옥의 업이 끊어지고, 오늘부터 도량에 이르도록 다시 3악도에 떨어지지 않으며, 몸을 버리고 몸을 받을 때에도 항상 부처님을 만나 지혜를 구족하고, 청정하고 자재하며, 용맹하게 정진하여 쉬지 않고, 계속 닦아나가서

10지의 행을 만족하고 금강심(金剛心)에 오르며, 부처님의 지혜에 들어가 부처님의 위신력으로 마음대로 자재하여지이다.

30. 위아귀도예불 爲餓鬼道禮佛

오늘 이 도량의 동참대중은, 다시 지성으로 시방의 다함없는 모든 아귀도(餓鬼道)의 아귀신 등과 일체 아귀와 그 권속들을 위하여 우리들은 오늘 보리심으로 현겁의 부처님께 오체투지 절 하옵니다.

855 지심귀명례 선등불 (善燈佛)

856 지심귀명례 견행불 (堅行佛)

857 지심귀명례 천음불 (天音佛)

858 지심귀명례 복덕등불 (福德燈佛)

859 지심귀명례 일면불 (日面佛)

860 지심귀명례 부동취불 (不動聚佛)

861 지심귀명례 계명불 (戒明佛)

862 지심귀명례 주계불 (住戒佛)

863 지심귀명례 보섭수불 (普攝受佛)

　시방의 다함없는 모든 삼보께 귀의하오니, 자비력으로 가피하고 섭수하소서. 동서남북·4유·상하와 다함없는 시방(十方) 법계의 모든 아귀도의 일체 아귀신과 각각 권속들과 일체 아귀와 각각 권속들의 일체 죄장을 다 소멸하며, 모든 고통을 모두 해탈하며, 몸과 마음이 청정하며 다시 번뇌가 없고, 몸과 마음이 배불러서 다시 기갈이 없으며, 감로를 얻고 지혜의 눈이 열리며, 4무량심과 6바라밀이 항상 앞에 나타나며, 4무애지와 6신통력이 뜻과 같이 자재하여, 아귀도를 떠나서 열반에 들어가 모든 부처님과 함께 정각을 이루어지이다.

31. 위축생도예불 爲畜生道禮佛

오늘 이 도량의 동참대중은, 다시 지극한 마음으로 동서남북·4유·상하와 이같이 시방의 다함없는 모든 축생도의 4생(生)의 중생과 크고 작은 수륙공계(水陸空界)의 일체 중생과 그 권속들을 위하여 우리는 오늘 자비력으로 현겁의 부처님께 오체투지 절하옵니다.

864 지심귀명례 견출불 (堅出佛)

865 지심귀명례 안사나불 (安闍那佛)

866 지심귀명례 증익불 (增益佛)

867 지심귀명례 향명불 (香明佛)

868 지심귀명례 위람명불 (違藍明佛)

869 지심귀명례 염왕불 (念王佛)

870 지심귀명례 밀발불 (密鉢佛)

871 지심귀명례 무애상불 (無礙相佛)

872 지심귀명례 지묘도불 (至妙道佛)

시방의 다함없는 모든 삼보께 귀의하오니, 자비력으로 가피하고 섭수하소서. 동서남북·4유·상하 등 다함없는 모든 축생도의 4생의 중생과 그 권속들의 일체 죄장을 모두 소멸하고 모든 고통을 다 해탈하여, 함께 악취를 버리고 도과(道果)를 얻으며, 몸과 마음이 3선천(禪天)과 같이 안락하며, 4무량심과 6바라밀이 항상 앞에 나타나며, 4무애지와 6신통력이 뜻과 같이 자재하여 축생도를 여의고 열반도에 들어가며, 금강심에 올라서 등정각을 이루어지이다.

32. 위육도발원 爲六道發願

저희들은 지금 천인과 신선과 8부 용신을 위하여 예불한 공덕의 인연으로 시방의 다함없는 4생 6도의 미래 세계가 끝나기까지, 중생이 오늘부터 보리에 이르도록 다시는 형체를 잘못받아 모든 고초를 받지 않으며, 다시는 10악과 5

역죄를 지어 3악도에 들어가지 말고 지금의 예불한 공덕 인연을 힘입어 각각 보살마하살의 몸과 입의 업이 깨끗함을 얻으며, 각각 보살마하살의 큰 마음을 얻되 대지(大地)와 같은 마음으로 모든 선근을 내고, 바다와 같은 마음으로 부처님들의 지혜의 법을 받아 지니고, 수미산 같은 마음으로 모든 이들이 무상보리에 머물고, 마니보배 같은 마음으로 번뇌를 멀리 여의고, 금강 같은 마음으로 모든 법을 결정하고, 견고한 마음으로 마군과 외도들이 파괴하지 못하고, 연꽃 같은 마음으로 모든 법에 물들지 아니하고, 우담발화 같은 마음으로 오랜 겁 동안 만나기 어렵고, 깨끗한 해 같은 마음으로 모든 어리석은 장애를 제멸하고, 허공 같은 마음이어서 일체 중생들이 측량하지 못하기를 원합니다.

4생 6도의 모든 중생들이 오늘부터 인식하는

성품을 생각하며, 결정코 신해하는 성품을 생각하여 희론(戱論)을 버리고 법문을 생각하며, 가진 것을 모두 보시하되 아끼는 마음이 없으며, 마음이 용맹하여 겁약한 생각이 없으며 수행한 공덕을 여럿에게 보시하며, 삿된 도에로 돌아가지 않고 일심으로 정도를 향하며, 선함을 보고는 보살의 화현(化現)같이 여기고, 악한 일을 보고는 꿈과 같이 여기며, 생사를 버리고 3계에서 벗어나, 깊고 묘한 법을 분명하게 관찰하며, 모든 부처님께 공양하되 모든 공양구가 다 만족하며, 모든 법보에게 공양하되 모든 공양구가 다 만족하며, 모든 보살에게 공양하되 모든 공양구가 다 만족하며, 모든 성현에게 공양하되 모든 공양구가 다 만족하며, 만약 뒤에 오는 일체 중생 가운데 저희들의 오늘의 소원과 다른 이가 있으면 그 모두가 대원해중에 들어가 곧 공덕과 지혜를 성취하고 부처님의 신력으로 마음대로 자재하여 여래와 더불어 함께 정각을 이루어지이다.

33. 경념무상 警念無常

오늘 이 도량의 동참대중이여, 우리들이 이미 6도를 위하여 예참하고 발원하였으니, 이제는 세상이 무상함을 각오해야 할 것입니다. 3세의 죄와 복은 원인과 결과로 생기는 것이니, 측은한 마음이 있어 서로 막히지 않으며, 항상 '그림자와 메아리 같아 서로 부합하지만, 북호(北胡)와 남월(南越)같이 현격하리라'고 생각할 것이며, 선과 악의 관계는 어길 수 없습니다.

대중들은 이 무상함을 각오하고 부지런히 행업을 닦아 스스로 몸을 도와야 하고, 노력하기를 게을리하지 말아야 합니다. 지혜 있는 이는, 천만억 년을 두고 5욕락을 받더라도 필경에는 3

악도의 고통을 면하지 못하는 것을 항상 탄식합니다. 하물며 우리는 백 년에 반도 살지 못하거늘, 이렇게 촉박한 세월에 어떻게 너그러움을 얻겠습니까. 세간은 환상이며 의혹이니, 마침내는 없어지는 것이어서 있는 것은 없어지고 높던 것은 떨어지며, 모이면 헤어지고, 나면 죽는 것입니다. 부모 형제와 처자 권속의 사랑이 뼈에 사무치나 목숨을 버릴 적에는 서로 대신할 수 없으며, 고관 대작과 부귀 영화와 돈과 보물도 사람의 수명을 연장할 수 없고, 말이나 음식으로 청탁하여 벗어날 수도 없는 것이니, 형상이 없는 상태를 누가 머물 수 있겠습니까.

경에서 말씀하십니다.

죽는 것은 없어지는 것이니, 숨이 끊어지고 정신이 떠나가면 몸뚱이는 쓸쓸해져서 사람이나 물건이 한 가지 계통이라, 태어난 사람으로 죽지 않는 이가 없으며, 목숨이 끊어질 때에는 무한한 고통을 받으니, 내외 6친은 둘러앉아 통곡하고, 죽는 이는 황황하여 의지할 데를 모르느니라.

신체가 허냉(虛冷)하며 기운이 끝나려 할 때 평생에 지은 선악의 업보가 눈에 가득한데 선한 일을 한 이는 천신이 보호하고, 악한 일을 한 이는 우두옥졸이 몰아가니, 옥졸과 나찰은 조금도 용서가 없고, 부모와 효자도 서로 구원할 수 없으며, 남편과 아내 사이의 은혜와 사랑도 마주 보면서 끊어지니, 바람같이 몸을 오려낼 적에 그 고통은 이루 말할 수 없느니라. 그때에 죽는 이는 간담이 마디마디 찢어지고, 한량없는 고통이 한꺼번에 모여들거늘, 정신이 산란하여 취한 듯 미친 듯할 때에 그제서야 한 생각, 선한 마음을 일으켜 털끝만한 복을 지으려 한들, 한

탄이 마음속에 있으나 다시 어찌할 수 없으니, 이런 고통을 누가 대신할 수 있으리오.

『열반경』에서도 설하고 있습니다.

죽은 이는 험난한 곳에서 양식은 없고 갈 길은 먼 데 동행자는 없으며, 가지만 끝이 없고 깊고 어두워 광명이 없으며, 들어가도 막는 이가 없고, 도달하고도 벗어나지 못하나니, 살아서 복을 닦지 못하면 죽어서는 고통 받는 곳으로 가게 되어 괴롭고 신산함을 고칠 수 없으니, 이는 악(惡)이 사람을 두렵게 하는 것이니라.

오늘 이 도량의 동참대중이여, 생사의 과보는 고리 같아서 끝이 없으며, 고혼이 혼자 가건만 보는 사람도 없으니, 찾을 사람도 없고, 의지할 물건도 없습니다. 오직 노력하여 수고로움을 무릅쓰고 괴로움을 참으며, 4무량심과 6바라밀을 부지런히 닦아서, 여러 갈래로 혼자 다니는 데

자량(資糧)을 삼을 것이요, 강건하다고 안심할 것
이 아닙니다.

저희들은 지극한 마음으로 다 같이 현겁의 부
처님께 오체투지 절하옵니다.

873 **지심귀명례 신계불** (信戒佛)

874 **지심귀명례 낙실불** (樂實佛)

875 **지심귀명례 명법불** (明法佛)

876 **지심귀명례 구위덕불** (具威德佛)

877 **지심귀명례 대자불** (大慈佛)

878 **지심귀명례 상자불** (上慈佛)

879 **지심귀명례 요익혜불** (饒益慧佛)

880 **지심귀명례 감로왕불** (甘露王佛)

881 **지심귀명례 미루명불** (彌樓明佛)

시방의 다함없는 모든 삼보께 귀의하오니, 자
비력으로 가피하고 두호하소서. 오늘 이 도량에
서 함께 참회하는 이들이 금일부터 보리에 이르

도록 모든 죄의 원인과 무량한 괴로운 과보가 모두 제멸되고, 번뇌의 맺힌 업이 필경까지 청정하여 여러 부처님의 법회에 항상 참여하며, 보살도를 행하여 자재하게 태어나되, 자비희사와 6바라밀을 말씀한 대로 수행하며, 4무애변과 6신통이 모두 만족하며, 백천 삼매가 한 생각에 앞에 나타나서, 모든 총지문(總持門)에 들어가지 못함이 없으며, 빨리 도량에 올라가서 등정각을 이루어지이다.

34. 위집로운력예불 爲執勞運力禮佛

오늘 이 도량의 동참대중은, 다시 지성으로 자비심을 일으키고 원수라든가 친하다는 생각이 없으며, 오늘 설익은 모든 것을 돌이켜 익게 하고, 노동하기를 기뻐하며, 애를 쓰고 운력하여 복업 닦음을 도와주는 이와, 각각 권속들을 위하며, 이 세상의 감옥에 갇혀 근심하고 곤액(困

厄)을 당하는 이와 모든 형벌을 집행하는 이들을 위하여 그 살아가는 것을 생각하면 비록 사람이 되었으나 낙이 적고 고가 많으며, 칼을 씌우고 수갑을 채우는 것이 몸에서 떠날 때가 없으며 혹 이 세상에서 악업을 지었거나, 혹 과거의 허물을 면할듯하지만 스스로 발명할 것이 없으며, 중죄로 죽게 될 것을 구원할 이가 없는 이러한 중생과 그 권속들을 위하여, 우리들이 금일에 자비한 마음으로 그들을 위하여 현겁의 대자대비하신 부처님께 오체투지 절하옵니다.

882 **지심귀명례 성찬불** (聖讚佛)

883 **지심귀명례 광조불** (廣照佛)

884 **지심귀명례 지수불** (持壽佛)

885 **지심귀명례 견명불** (見明佛)

886 **지심귀명례 선행보불** (善行報佛)

887 **지심귀명례 선희불** (善喜佛)

888 지심귀명례 무멸불 (無滅佛)

889 지심귀명례 보명불 (寶明佛)

890 지심귀명례 구족명칭불 (具足名稱佛)

시방의 다함없는 모든 삼보께 귀의하오니, 자비하신 힘으로 가피하고 두호하소서. 금일에 노동하며 따라 기뻐하는 이와 그 권속들이 오늘부터 보리에 이르도록 모든 죄와 업장이 소멸되고, 모든 고통을 필경까지 해탈하며, 수명이 연장되고 몸과 마음이 안락하며, 영원히 재액을 여의고 다시 번뇌가 없으며, 대승심을 발하고 보살행을 닦으며, 6바라밀과 자비희사가 모두 구족하고, 생사의 괴로움을 버리고 열반의 즐거움을 얻으며, 천하의 감옥과 여러 가지 형벌과 죄수들을 가두는 일과 근심과 곤액과 모든 질병이 있어 자재하지 못하는 이와 그 권속들이 지금 그를 위하여 예불한 공덕과 위력으로 모든 괴로움을 다 해탈하고, 악업의 대상들을 필경에 끊어 버리고, 감옥에서 벗어나 선한 법문에 들어가서 수명이 무궁하고 지혜가 무진하며, 몸과 마음이 3선천(禪天)과 같이 즐겁고, 감옥의 고통을 생각하고 부처님의 은혜를 염(念)하며, 나쁜 행을 고치고 선한 일을 닦아서, 대승심을 발하고 보살도를 행하며, 금강의 세계에 들어가 도리어 일체 중생을 제도하며 함께 정각에 올라서 신력이 자재하여지이다.

35. 발회향 發廻向

오늘 이 도량의 동참대중은 발심하였으니, 이제 이전의 공덕으로 회향심을 발합니다. 모든 중생이 해탈하지 못함은 다 과보에 집착하여 버리지 못하는 까닭이니, 만일 조그만 복이나 털 끝만한 선이라도 회향하는 이가 있으면, 과보에 대하여 다시 집착을 내지 않고 문득 해탈하여 우유자재(優遊自在)합니다. 그러므로 경에 '수행하여 회향함이 큰 이익이 된다' 하였으니 오늘 회향할 것을 발하고, 겸하여 여럿에게 권하여 과보에 집착하지 말게 해야 합니다.

우리들은 지극한 마음으로 현겁의 부처님께 귀명하고 오체투지 절하옵니다.

891 지심귀명례 낙복덕불 (樂福德佛)

892 지심귀명례 공덕해불 (功德海佛)

893 지심귀명례 진상불 (盡相佛)

894 지심귀명례 단마불 (斷魔佛)

895 지심귀명례 진마불 (盡魔佛)

896 지심귀명례 과쇠도불 (過衰道佛)

897 지심귀명례 불괴의불 (不壞意佛)

898 지심귀명례 수왕불 (水王佛)

899 지심귀명례 정마불 (淨魔佛)

900 지심귀명례 중상왕불 (衆上王佛)

시방의 다함없는 모든 삼보께 귀의하오니, 자비하신 힘으로 가피하고 두호하사, 일체의 행과 원을 모두 원만케 하여지이다.

오늘 이 도량의 동참대중이여, 금일부터 보리에 이르도록 보살도를 닦되 물러가지 않고, 먼저 중생을 제도한 뒤에 성불해야 합니다. 만일 도를 얻지 못하고 중간에 생사에 걸리는 이는 이 원력으로 이 대중들이 태어나는 곳마다, 몸과 입과 뜻으로 짓는 업이 항상 청정하며, 유연한 마음과 조화된 마음과 방일하지 아니한 마음과 적멸한 마음과 참된 마음과 잡란하지 않은 마음과 간탐이 없는 마음과 크게 수승한 마음과 대자비심과 평안히 머무는 마음과 환희한 마음과 모든 중생을 먼저 제도하려는 마음과 일체를 수호하는 마음과 보리를 수호하는 마음과 부처님과 같아지려는 마음과 이같이 광대하고 오묘한 마음을 발하고 다문(多聞)을 구하여 탐욕을 여의는 정(定)을 닦으며, 일체 중생을 요익하고 안락케 하며, 보리원을 버리지 말고 함께 정각을 이뤄야 합니다.

대발회향법 代發廻向法

오늘 이 도량의 동참대중은, 호궤 합장하고 함께 독송합니다.

시방의 천인과 신선들이
가지고 있는 공덕의 업을
내가 지금 그를 위해 회향하여
함께 정각의 도에 돌아가며

시방의 용과 귀신들이
가지고 있는 훌륭한 선업을
내가 지금 그를 위해 회향하여
함께 일승의 도에 돌아가며

시방의 모든 인간 세계의 왕이
닦으신 보리의 업을
내가 지금 그를 위해 회향하여
함께 무상도에 돌아가며

6도의 중생들이
가지고 있는 조그만 선업도
내가 지금 그를 위해 회향하여
함께 무상도에 돌아가며

시방의 불제자와
선래비구(善來比丘)의 무리와
집착함이 없는 네 무리의 사문과
연각을 구하는 이들이

드러나거나 은밀하게 중생을 교화하며
인연법을 분명히 밝히고 아는
이러한 모든 것을 다 불도로 회향하며

시방의 모든 보살들이
경을 독송하고 수지하며
선정에 들고 선정에서 나오는
모든 선(善)을 권하며 행하던

이러한 3승들의 모든 공덕의 근본을
모두 중생에게 회향하여
함께 무상도에 돌아가며

하늘에서나 인간에서나
성인의 도를 닦은 모든 선업을
내가 모두 권하여 회향하여
함께 무상도에 돌아가며

발심하고 참회하여
스스로 행하고, 남에게도 권하여 행한
그러한 털끝만한 복이라도
모두 회향하여 중생에게 돌리며

부처되지 못한 중생이 있으면
보리원을 버리지 않고
모든 이가 다 성불한 연후에
정각에 오르려 하오니

부처님과 보살과 무루(無漏)의 여러 성인들은
이 세상에서나 후생에서나
섭수하여 주시옵소서.

오늘 이 도량의 동참대중은, 서로 지극한 마음으로 부모 친척을 위하여 회향하고, 스승과 동학을 위하여 회향하고, 시주와 단월과 선지식·악지식을 위하여 회향하고, 호세 4천왕을 위하여 회향하고, 시방의 마왕을 위하여 회향하며, 총명정직한 사람과 천지허공과 선을 권장하고 악을 벌하는 이와 주문을 수호하는 이와 5방 용왕과 8부 용신을 위하여 회향하며, 감추어졌거나 나타난 일체 영기(靈祇)를 위하여 회향하며, 시방의 다함없는 모든 중생을 위하여 회향합니다.

시방의 제천과 신선들과 8부 용신과 일체 중생이 금일부터 보리에 이르도록 항상 무상(無相)을 알고 다시 집착하지 않게 하여지이다.

찬 讚

3악도의 혹심한 과보 괴로움 감당키 어려우니 한 생각으로 말미암아 재앙을 부른 것,
세상의 무상함을 경책하고
대의왕(大醫王)에게 기원하여
자비한 교화가 길이 유전하네.
나무 선혜지보살마하살 (善慧地菩薩摩訶薩) 〔3칭〕

출참 出懺

9품도사를 9극(極) 6천(天)이 받들어 모시고 9계(界)의 인자한 이들, 9종의 아라한이 따라 모시나니, 부처님은 9중 궁궐에 향복(享福)하고 중생을 제도하여 9품 연대에 오르소서.

공이 9유(有)에 뛰어나고 도가 9천(天)을 초월하시니, 대각이시여, 이 참회를 증명하소서.

이제까지 참회하는 저희들 자비보참을 수행하려고 용궁해장(龍宮海藏)의 글을 외우면서 제9권을 당하였으니 들고 나는 2시에 공행(功行)이 끝나나이다.

부처님을 대하여 머리 조아려 귀의하며, 전단향을 사루고, 좋은 과일을 올리며, 차를 다려 혼침한 맛을 깨우고, 등을 켜서 캄캄한 밤을 깨뜨리나니, 신기한 꽃은 천기(天機)를 다투고, 범패는 신성의 풍악을 전하며 지성으로 6념(念)하고 선관(禪觀)하는 일심으로 사량하고 계교하여 모두 회향하니, 대승 보살과 성문과 아라한과 여러 천인들이 경천 위지(經天緯地)하여 음양(陰陽)을 맡으셨으니 천기를 저울질하는 조화신과 8부 용사들은 이 마음을 감찰하고 참된 즐거움을 돌보시어 참회하는 저희들 업장을 참제케 하고 길상을 얻게 하며, 9품연대에 오르려 하오니 얽어맺힌 죄업은 이제부터 풀리고 어두운 악취에서 헤매는 일을 초월하여 9지(地)의 견혹(見惑)에 걸리지 말고 9품의 연화세계에 빨리 이르러 아홉 가지 공도 초월하고 아홉 가지 덕을 장엄하여지이다. 두번 세번 정성 드리오나 망정(妄情)이 어긋날까 두려워 다시 대중과 더불어 거듭거듭 참회합니다.

찬 讚

자비보참 9권의 공덕으로 저희들 망령의 아홉 번 맺힌 죄 소멸되고, 보살의 선혜지(善慧地) 증득하며, 참문을 외우는 곳에 죄의 꽃이 스러지며, 원결은 풀리고 복이 더하여 도리천에 왕생하였다가 용화회상에서 다시 만나 미륵 부처님의 수기를 받아지이다.

나무 용화회보살마하살 (龍華會菩薩摩訶薩) 〔3칭〕

거찬 擧讚

자비보참 제9권 모두 마치고 4은(恩) 3유(有)에 회향하오니 참회하는 저희들은 수복이 증장하고, 망령들은 정토에 왕생하여지이다.

선혜지보살이시여, 어여삐 여기사 거두어 주소서.

나무 등운로보살마하살 (登雲路菩薩摩訶薩) 〔3칭〕

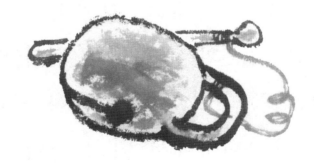

자비도량참법 제10권

[먼저 11~20쪽 정단찬 · 삼보찬 · 자비보참의문을 독송 후 시작한다.]

찬 讚

옷을 공양하니

명주와 비단과 항라와 갑사

소금괘자(銷金掛子) 그리기 어려워

용녀는 금실로 수건을 짜고

파사익왕은 가사를 희사하고

마명보살이 신통을 서원했네.

나무 보공양보살마하살 (普供養菩薩摩訶薩) 〔3칭〕

십호를 구족하신 석가 세존 연꽃 위에서 정각 이루시고, 열 가지 몸 갖추신 조어사(調御師) 티끌 속에서 법륜 굴리시니, 광명이 시방에 두루하고, 방편은 10지(地)를 초월하시네.

10바라밀을 구족하여 10대원왕(大願王)이라 칭하니, 크신 자비로 통촉하소서.

지금 참회하는 저희 제자들 자비도량참법을
수행하오며 이제 제10권의 연기를 당하여 일편
단심으로 열 가지 공양 차리어 시방 삼보께 받
들어 올리고 10권의 참문을 수련하며 10과(科)의
참법을 따라 10전(纏)의 죄를 풀려고 합니다.

저희 제자들이 과거에 지은 원인으로 금생에
과보 받음에 10선(善)의 정인(正因)을 모르고 10악
(惡)의 업을 지었사오니 10전에 얽힌 것, 쇠사슬
의 이은 고리요, 열 가지 습기로 익혀온 일, 불
에 덤비는 나비와 같아 점점 백천 가지 형상이
되고 다시 무량한 죄업을 이루니 애견(愛見)을 잊
지 못하고 탐심을 만족하기 어려워 불같은 진심
은 보리의 종자를 태우고 죄업의 바람에 공덕의
숲이 쇠잔하며 세월이 오래 되고서야 비로소 허
물을 알았으나 광음(光陰)이 빨라 옛날의 잘못을
이제야 깨달으니, 이제 참회의 문을 얻어 수련

하는 차례를 알고 스님네를 의지하여 참문을 읽으며 엄숙히 불사를 닦고 무궁한 법리(法利)를 지으며 거듭거듭 생각을 가다듬고 한결같이 정성을 다하오니 부처님께서 자비를 드리우사 명훈 가피하소서.

한 생각에 무량한 겁을 두루 살피니 가도 않고 오도 않고 머물지도 않아 이와 같이 3세의 일을 알기만 하면 방편을 뛰어넘어 10력(力)을 이루오리다.

입참 入懺

자비도량참법을 행하오며 현겁의 부처님께 오체투지 절하옵니다.

901 지심귀명례 애명불 (愛明佛)

902 지심귀명례 복등불 (福燈佛)

903 지심귀명례 보리상불 (菩提相佛)

904 지심귀명례 대위력불 (大威力佛)

905 지심귀명례 선멸불 (善滅佛)

906 지심귀명례 범명불 (梵命佛)

907 지심귀명례 지희불 (智喜佛)

908 지심귀명례 신상불 (神相佛)

909 지심귀명례 여중왕불 (如衆王佛)

910 지심귀명례 종종색상불 (種種色相佛)

36. 보살회향법 菩薩廻向法

오늘 이 도량의 동참대중은, 피로함을 견디고 고통을 참으며, 이같이 무량한 선근을 닦았으니, 다시 일심으로 발원합니다.

'내가 닦은 선근으로 일체 중생을 이익케 하여 여러 중생들을 끝까지 청정케 하며, 내가 참회한 선근으로 모든 중생들이 다 지옥과 아귀와 축생과 염라왕들의 한량없는 괴로움을 멸제하고, 이 참법이 모든 중생들의 큰 저택(邸宅)이 되어 괴로움을 멸하며, 큰 구호자가 되어 번뇌를 해탈케 하며, 귀의할 곳이 되어 공포를 여의게 하며, 크게 머물러 있을 갈래가 되어 지혜에 이르게 하며, 안락한 곳이 되어 구경의 안락을 얻게 하며, 밝게 비치는 빛이 되어 캄캄함을 멸하게 하며, 큰 등불이 되어 끝까지 밝고 깨끗한 곳에 머물게 하며, 큰 도사가 되어 방편문에 들어가서 깨끗한 지혜를 얻게 하소서.'

오늘 이 도량의 동참대중은, 이 같은 모든 법으로 보살마하살은 원수와 친한 이를 위하여 여러 가지 선근으로 함께 회향하며, 모든 중생에게 평등하게 차별없이 대하고, 평등하게 관찰하는 데 들어가 원수라든가 친한 이라는 생각이 없으며, 항상 사랑하는 눈으로 모든 중생을 보십니다.

만일 중생이 원한을 품고, 보살에 대하여 악

하고 거역하는 마음을 가지더라도, 보살은 참으로 선지식이 되어 마음을 잘 조복하고서 깊은 법을 연설하니, 마치 큰 바다를 온갖 독으로도 파괴할 수 없는 것과 같습니다. 가령 우치하고 지혜가 없어 은혜를 갚을 줄 모르는 중생이 한량없이 악한 마음을 가지더라도, 보살의 도심(道心)을 동요할 수 없습니다. 마치 아침 해가 모든 중생에게 두루 비치며, 눈이 없는 사람에게 광명을 숨기지 않는 것 같이 나쁜 사람이라고 해서 물러가는 것이 아니며, 중생을 조복하기가 어렵다고 해서 선근을 버리지 않습니다.

보살마하살이 여러 가지 선근으로 신심이 청정하여 자비를 기르고 모든 선근으로써 중생을 위하여 깊은 마음으로 회향하나니, 입으로 말만 하는 것이 아니라, 모든 중생에게 환희심과 밝고 깨끗한 마음과 부드러운 마음과 자비한 마음과 사랑하는 마음과 거두어 주는 마음과 이익케 하려는 마음과 안락케 하려는 마음과 가장 훌륭한 마음을 내고, 모든 선근으로 회향합니다.

보살마하살이 이러한 선근을 발하여 회향하오니, 우리들도 금일 이같이 회향함을 배워서 마음으로 생각하고 이와 같이 염송합니다.

'내가 가진 회향의 공덕으로 모든 중생이 청정한 갈래를 얻고 청정한 생명을 얻어, 만족한 그 공덕을 일체 세간에서 파괴할 이가 없고, 공덕과 지혜가 끝이 없으며, 신구의(身口意) 3업이 구족하게 장엄하여 항상 여러 부처님을 뵙고, 깨뜨릴 수 없는 신심으로 정법을 듣고 모든 의심을 여의며, 기억해 지니고 잊어버리지 않아 신구의 3념(念)이 청정하며, 마음이 항상 승묘한 선근에 머물고, 영원히 가난을 여의어 일곱 가지 재물이 충만하며, 모든 보살이 배우던 것을 배워 여러 가지 선근을 얻으며, 평등을 성취하여 묘한 해탈과 일체종지(一切種智)를 얻으며, 여러 중생이 자비한 눈을 얻으며, 몸이 청정하고 변재가 그지없고, 선근을 발기하여 물드는 마음이 없으며, 깊은 법에 들어가 온 중생 거두어 머묾이 없는 곳에 부처님과 같이 머물며, 회향하는 모든 일이 시방의 보살마하살의 회향과 같아서, 광대하기가 법성(法性)과 같으며, 구경에 허공과 같아지이다.'

저희들도 이러한 소원을 성취하여 보리원을 만족하며, 4생 6도도 모두 소원이 뜻과 같기를 원하며, 거듭 정성을 더하여 현겁의 부처님께 오체투지 절하옵니다.

911 **지심귀명례 애일불** (愛日佛)

912 **지심귀명례 라후월불** (羅睺月佛)

913 **지심귀명례 무상혜불** (無相慧佛)

914 지심귀명례 약사상불 (藥師上佛)

915 지심귀명례 지세력불 (持勢力佛)

916 지심귀명례 염혜불 (焰慧佛)

917 지심귀명례 희명불 (喜明佛)

918 지심귀명례 호음불 (好音佛)

919 지심귀명례 부동천불 (不動天佛)

920 지심귀명례 묘덕난사불 (妙德難思佛)

시방의 다함없는 모든 삼보께 귀의하오니, 자비하신 힘으로 가피하시고 섭수하사 회향하는 마음이 구족히 성취케 하소서. 저희들이 만일 한량없는 대죄업을 갖춰서 무량무변한 고초를 받으며, 악도 중에서 벗어나지 못하며, 금일의 보리심 발한 것을 어기고 보리행을 어기며 보리원을 어기게 되거든, 시방의 지위가 높은 보살과 일체 성인이 자비심으로 본래의 서원을 어기지 마시고 저희들을 도우사 3악도 중에서 중생들을 구제하여 해탈을 얻게 하되, 서원코 괴롭다고 해서 중생을 여의지 말게 하며, 나를 위하여 무거운 짐을 짊어지고, 평등한 원을 만족하고, 일체 중생의 생로병사와 근심과 괴로움과 무량한 액난을 제도하여 중생들이 모두 청정케 하며, 선근을 구족하고 끝내는 해탈케 하며, 모든 악마의 무리를 여의고 악지식을 멀리하게 하며, 선지식과 참된 권속을 친근하여 정법을 성취하며, 모든 고통을 멸하고 보살의 무량한 행원을 구족하며, 부처님을 뵈옵고 환희하여 일체지(一切智)를 얻고는 다시 일체 중생을 제도케 하여지이다.

37. 발원 發願

오늘 이 도량의 동참대중은 회향을 발했으니, 이제는 이와 같이 원을 발합니다.

대개 모든 악의 일어남이 다 6근으로 말미암습니다. 6근은 모든 화(禍)의 근본이지만, 또한 무량한 복업(福業)을 일으키나니, 그러므로 『승만경』에 '6근을 수호하여 몸과 입과 뜻을 깨끗이 하면, 이런 뜻으로 선근을 생기게 하는 근본이 된다' 했으니, 6근에 대하여 큰 서원을 발합니다.

① 안근(眼根)의 원을 발함

오늘 이 도량의 동참대중과 시방 4생 6도의 일체 중생들이 오늘부터 보리에 이르도록, 눈으로는 만족할 줄을 모르는 탐욕의 삿되고 헛된 대상을 항상 보지 않으며, 아첨하고 왜곡하고 망령된 세계를 보지 않으며, 검고 누르고 붉고 연두색 등 사람을 의혹케 하는 빛을 보지 않으며, 성내어 싸우는 추잡한 것을 보지 않으며, 때리고 성가시고 남을 해롭게 하는 것을 보지 않으며, 중생을 도살하고 상해하는 것을 보지 않으며, 우치하고 신용없고 의혹케 하는 것을 보지 않으며, 겸손하지 않고 조심성없는 교만한 것을 보지 않으며, 96종의 삿된 소견을 보지 않겠나이다.

오직 일체 중생이 오늘부터 항상 시방에 상주하는 법신의 담연(湛然)한 빛을 눈으로 보며, 32상의 자금색신을 보며, 80종호의 빛을 보며, 모든 하늘과 신선이 보배를 받들고 와서 꽃처럼 뿌리는 것을 보며, 입으로 5색의 광명을 내어 설법하여 제도하는 것을 보며, 분신을 나투어 시방에 가득 차는 것을 보며, 모든 부처님이 육계(肉髻)의 광명을 놓아 인연 있는 이들이 와서 모이는 것을 보며, 시방의 보살·벽지불·아라한 등 여러 성현을 보며, 모든 중생과 권속들이 함께 부처님을 관하는 것을 보며, 거짓이 없는 선한 일을 보며, 7각지(覺支)의 깨끗한 경계를 보며, 묘한 해탈의 경계를 보며, 금일 이 도량의 대중이 환희하여 법을 찬탄하고 정대(頂戴)하는 광경을 보며, 4부대중이 둘러앉아 법문 듣고 우러러 보는 광경을 보며, 보시·지계·인욕·정진의 모든 경계를 보며, 고요하게 생각하고 지혜를 닦는 모든 것을 보며, 일체 중생이 무생법인을 얻어 수기를 받고 환희하는 것을 보며, 모든 중생이 금강혜(金剛慧)에 올라서 무명을 끊고 보처(補處)에 이르는 것을 보며, 모든 이들이 법의 흐름에 목욕하고 물러나지 않는 것을 보겠나이다.

안근의 원을 발하였으니, 함께 지성으로 현겁의 부처님께 오체투지 절하옵니다.

921 지심귀명례 선업불 (善業佛)

922 지심귀명례 의무류불 (意無謬佛)

923 지심귀명례 대시불 (大施佛)

924 지심귀명례 명찬불 (名讚佛)

925 **지심귀명례 중상불** (衆相佛)

926 **지심귀명례 해탈월불** (解脫月佛)

927 **지심귀명례 세자재불** (世自在佛)

928 **지심귀명례 무상왕불** (無上王佛)

929 **지심귀명례 멸치불** (滅癡佛)

930 **지심귀명례 단언론불** (斷言論佛)

시방의 다함없는 모든 삼보께 귀의하오니, 자비하신 힘으로 가피하고 두호하사 저희들이 소원대로 보리원을 원만히 이루게 하여지이다.

② 이근(耳根)의 원을 발함

오늘 이 도량의 동참대중과 시방 4생 6도의 일체 중생이 오늘부터 보리에 이르도록 항상 통곡하고 수심하여 슬프게 우는 소리를 귀로 듣지 않으며, 무간지옥에서 고통 받는 소리를 듣지 않으며, 확탕지옥·뇌비(雷沸)지옥의 신음을 듣지 않으며, 도산지옥·검수지옥의 칼로 찢고 베는 소리를 듣지 않으며, 80지옥의 간격마다 한량없이 괴로워하는 소리를 듣지 않으며, 아귀들이 굶주리고 답답하여 먹을 것을 찾아도 얻지 못하는 소리를 듣지 않으며, 아귀들이 행동할 때 뼈마디마다 불이 타올라 5백 수레가 굴러가듯 하는 소리를 듣지 않으며, 5백 유순의 축생들의 몸을 수 없는 벌레들이 빨아먹어 고통 받는 소리를 듣지 않으며, 빚을 지고 갚지 못하여 약대·나귀·말·소로 태어나서 무거운 짐을 지고 채찍을 맞으면서 고통 받는 소리를 듣지 않으며, 사랑하는 것을 떠나게 되고 미운 것을 만나게 되는 등의 여덟 가지 고통 받는 소리를 듣지 않으며, 4백4병으로 앓는 소리를 듣지 않으며, 여러 가지 나쁘고 선하지 못한 소리를 듣지 않으며, 사람을 현혹시키는 종·방울·소라·북·거문고·비파와 공후 등의 소리를 듣지 않겠나이다.

오직 모든 중생이 오늘부터 항상 부처님이 설법하는 여덟 가지 음성만을 귀로 들으며, 무상하고 괴롭고 공(空)하고 '아뜨만'의 '나'는 없다는 소리를 들으며, 8만4천의 바라밀 소리를 들으며, 모든 법은 이름만 있을 뿐 거짓이어서 성품이 없다는 소리를 들으며, 부처님이 1음(音)으로 설법하면 각각 깨닫는 소리를 들으며, 일체 중생이 다 불성이 있어 법신이 항상 머물러 멸하지 않는 소리만 들으며, 10지보살이 인욕하고 정진하는 소리만 들으며, 무생(無生)의 깨달음을 얻고 부처님의 지혜에 들어가 3계를 뛰어넘는 소리만 들으며, 법신보살들이 법의 흐름에 들어가 진(眞)과 속(俗)을 함께 관해 생각마다 만행을 구족하는 소리만 들으며, 시방의 벽지불과 아라한의 사과(四果)의 소리만 들으며, 제석천이 여러 천인들을 위하여 『반야경』을 설하는 소리만 들으며, 10지의 보처(補處)에 있는 보살이 도솔천궁에서 물러나지 않는 지위의 법과 행을 설하는 소리만 들으며, 모든 선이 함께 돌아가 부처가 된다는 소리만 들으며, 일체 중생이 10선을 행함을 찬탄하고 따라 기뻐하는 부처님들의 소리만 들으며, 모든 중생들이 '옳다, 잘 말했다. 이 사람이 머지 않아 성불하리라'고 찬탄하시는 부처님의 소리만 듣겠나이다.

이근의 원을 발하였으니 지극한 마음으로 현겁의 부처님께 오체투지 절하옵니다.

931 **지심귀명례 법공양불** (梵供養佛)

932 **지심귀명례 무변변상불** (無邊辯相佛)

933 **지심귀명례 이타법불** (梨陀法佛)

934 **지심귀명례 응공양불** (應供養佛)

935 **지심귀명례 도우불** (度憂佛)

936 **지심귀명례 낙안불** (樂安佛)

937 **지심귀명례 세의불** (世意佛)

938 **지심귀명례 애신불** (愛身佛)

939 **지심귀명례 묘족불** (妙足佛)

940 **지심귀명례 우발라불** (優鉢羅佛)

시방의 다함없는 모든 삼보께 귀의하오니, 자비하신 힘으로 가피하고 섭수하사 저희 제자들의 이러한 원을 이루며 보리원이 만족케 하여지이다.

③ 비근(鼻根)의 원을 발함

오늘 이 도량의 동참대중과 시방 4생 6도의 일체 중생이 오늘부터 보리에 이르도록 코로는 항상 살생하여 만든 맛 나는 음식의 냄새를 맡지 않으며, 사냥하거나 불을 놓아 중생을 살해하는 냄새를 맡지 않으며, 중생을 삶거나 굽거나 찌거나 볶는 냄새를 맡지 않으며, 사람의 몸 속에 있는 서른여섯 가지 더러운 것의 냄새를 맡지 않으며, 명주·비단·항라·갑사 등 사람을 현혹케 하는 냄새를 맡지 않으며, 지옥에서 가죽을 벗기고 찢고 볶고 찌는 냄새를 맡지 않으며, 아귀가 굶주리고 목말라 똥·오줌·고름·피를 먹는 냄새를 맡지 않으며, 축생의 비리고 누리고 부정한 냄새를 맡지 않으며, 병들어 자리에 누웠으나 간호하는 사람은 없고 등창이 터져서 나는, 가까이 갈 수 없는 냄새를 맡지 않으며, 똥과 오줌의 더러운 냄새를 맡지 않으며, 송장이 붓고 썩어서 구더기가 생기고 시체에서 흐르는 물의 냄새를 맡지 않겠나이다.

오직 대중과 6취 중생이 오늘부터 코로는 항상 시방 세계의 우두전단(牛頭旃壇)의 향기를 맡으며, 우담발화의 5색 꽃 향기를 맡으며, 환희원(歡喜園)에 있는 여러 꽃나무의 향기를 맡으며, 도솔천궁에서 설법하는 때의 향기를 맡으며, 묘법당

상(妙法堂上)에서 유희할 때의 향기를 맡으며, 시방 중생들이 5계(戒)와 10선과 6념을 행하는 향기를 맡으며, 일곱 가지 방편의 사람[1]이 행하는 16행(行)의 향기를 맡고, 시방의 벽지불·아라한의 모든 덕의 향기를 맡고, 4향(向)4과(果)의 사람이 무루를 얻는 향기를 맡고, 무량한 보살의 환희지(歡喜地)·이구지(離垢地)·발광지(發光地)·염혜지(燄慧地)·난승지(難勝地)·현전지(現前地)·원행지(遠行地)·부동지(不動地)·선혜지(善慧地)·법운지(法雲地)의 향기를 맡으며, 여러 성인의 계향·정향·혜향·해탈향·해탈지견향 등 5분법신의 향기를 맡으며, 모든 부처님의 보리의 향기를 맡으며, 37도품과 12인연과 6바라밀의 향기를 맡으며, 대비·3념·10력·4무소외(無所畏)·18불공법의 향기를 맡고, 8만4천 바라밀의 향기를 맡고, 시방에 상주하는 무량하고 오묘한 법신의 향기를 맡겠나이다.

비근의 원을 발하였으니 지성으로 현겁의 부처님께 오체투지 절하옵니다.

941 지심귀명례 화영불 (華瓔佛)

942 지심귀명례 무변변광불 (無邊辯光佛)

943 지심귀명례 신성불 (信聖佛)

944 지심귀명례 덕정진불 (德精進佛)

945 지심귀명례 진실불 (眞實佛)

946 지심귀명례 천주불 (天主佛)

947 지심귀명례 낙고음불 (樂高音佛)

948 지심귀명례 신정불 (信淨佛)

949 지심귀명례 파기라타불 (婆耆羅陀佛)

950 지심귀명례 복덕의불 (福德意佛)

시방의 다함없는 모든 삼보께 귀의하오니, 자비하신 힘으로 가피하고 섭수하사 저희들이 소원을 이루며 보리원을 만족케 하여지이다.

④ 설근(舌根)의 원을 발함

오늘 이 도량의 동참대중과 시방 4생 6도의
일체 중생이 이제부터 보리에 이르도록 혀로는
항상 모든 중생의 몸을 살상(殺傷)한 맛을 맛보지
않으며, 스스로 죽은 모든 것의 맛을 맛보지 않
으며, 중생들의 골수와 피의 맛을 맛보지 않으
며, 원수가 상대자에게 독약을 섞은 것의 맛을
맛보지 않으며, 탐애(貪愛)와 번뇌를 생기게 하는
맛을 맛보지 않겠나이다.

오직 항상 감로로 된 백 가지 아름다운 맛을
맛보며, 여러 하늘에 자연히 피는 음식을 맛보
며, 향적세계의 향기로운 밥을 맛보며, 부처님들
이 잡수시는 맛을 맛보며, 법신의 계(戒)와 정(定)
과 혜(慧)로 훈수한 음식을 맛보며, 법희(法喜)와
선열(禪悅)의 맛을 맛보며, 무량한 공덕으로 혜명
(慧命)을 자양하는 화평한 맛을 맛보며, 해탈의

일미(一味)의 맛을 맛보며, 여러 부처님의 열반의 낙(樂)인 최상의 맛을 맛보겠나이다.

설근의 원을 발하였으니, 지극한 정성으로 현겁의 부처님께 오체투지 절하옵니다.

951 지심귀명례 불순불 (不瞬佛)

952 지심귀명례 순선고불 (順先古佛)

953 지심귀명례 취성불 (聚成佛)

954 지심귀명례 사자유불 (獅子遊佛)

955 지심귀명례 최상업불 (最上業佛)

956 지심귀명례 신청정불 (信淸淨佛)

957 지심귀명례 행명불 (行明佛)

958 지심귀명례 용음불 (龍音佛)

959 지심귀명례 지륜불 (持輪佛)

960 지심귀명례 재성불 (財成佛)

시방의 다함없는 모든 삼보께 귀의하오니, 자비하신 힘으로 애민하여 두호하사 저희들의 소원을 이루어 보리원을 만족케 하여지이다.

⑤ 신근(身根)의 원을 발함

오늘 이 도량의 동참대중과 시방 4생 6도의 일체 중생이 오늘부터 보리에 이르도록 몸으로는 항상 5욕으로 삿되게 아첨하는 감촉을 느끼지 않으며, 확탕지옥·노탄지옥·한빙지옥의 감촉을 느끼지 않으며, 아귀들의 머리에 불이 타고 입에 구릿물이 부어져 볶이고 타는 감촉을 느끼지 않으며, 축생들의 가죽을 벗기고 살을 찢어 고통 받는 감촉을 느끼지 않으며, 4백4가지 병의 괴로운 감촉을 느끼지 않으며, 매우 뜨겁고 매우 차가워 견디기 어려운 감촉을 느끼지 않으며, 모기·등에·벼룩·이 등의 감촉을 느끼지 않으며, 칼·작대기·독약 등으로 해롭게 하는 감촉을 느끼지 않으며, 목마르고 배고픈 괴로움의 모든 감촉을 느끼지 않겠나이다.

오직 항상 제천의 좋은 의복의 감촉을 느끼며, 자연으로 되는 감로의 감촉을 느끼며, 청량하여 차지도 덥지도 않은 감촉을 느끼며, 굶주리지도 목마르지도 않고 병도 없고 괴로움도 없어 강건한 감촉을 느끼며, 칼과 채찍 등의 고초가 없는 감촉을 느끼며, 누워도 편안하고 깨어도 편안하여 근심 걱정이 없는 감촉을 느끼며, 시방의 부처님 정토의 서늘한 바람이 몸에 부는 감촉을 느끼며, 시방의 부처님 정토의 7보 못에서 몸과 마음을 씻는 감촉을 느끼며, 생로병사의 괴로움이 없는 감촉을 느끼며, 비행자재하여 보살들과 함께 법문을 듣는 감촉을 느끼며, 부처님 열반의 여덟 가지 자재한 감촉을 느끼겠나이다.

신근의 원을 발하였으니, 지극한 마음으로 현겁의 부처님께 오체투지 절하옵니다.

961 **지심귀명례 세애불** (世愛佛)

962 **지심귀명례 제사불** (提舍佛)

963 **지심귀명례 무량보명불** (無量寶名佛)

964 **지심귀명례 운상불** (雲相佛)

965 **지심귀명례 혜도불** (慧道佛)

966 **지심귀명례 순법지불** (順法智佛)

967 **지심귀명례 허공음불** (虛空音佛)

968 **지심귀명례 선안불** (善眼佛)

969 **지심귀명례 무승천불** (無勝天佛)

970 **지심귀명례 주정불** (珠淨佛)

시방의 다함없는 모든 삼보께 귀의하오니, 자비하신 힘으로 두호하고 섭수하사 저희들의 소원을 이루고 보리원을 만족케 하여지이다.

⑥ 의근(意根)의 원을 발함

오늘 이 도량의 동참대중과 시방 4생 6도의 일체 중생이 오늘부터 보리에 이르도록 뜻으로는 항상 탐욕과 진심과 우치가 근심거리가 됨을 알며, 살생·투도·음행·망어·기어·양설·악구가 근심거리가 됨을 알며, 아버지와 어머니와 아라한을 죽인 것과 부처님 몸에서 피를 흘리게 한 것과 승단(僧團)의 화합을 깨뜨린 것과 삼보를 비방함과 인과를 믿지 않음이 무간지옥의 죄임을 알며, 사람이 죽으면 다시 나는 보응(報應)의 법을 알며, 악지식을 멀리하고 선지식을 친근할 줄을 알며, 96종의 삿된 법이 그른 줄을 알며, 3루(漏)와 5개(盖)와 10전(纏)의 법이 장애가 되는 줄을 알며, 3악도가 무서운 줄 알고, 생사를 혹독한 고통으로 갚는 곳인 줄을 알겠나이다.

오직 항상 일체 중생이 모두 불성이 있음을 알며, 모든 부처님이 대자비한 아버지이며 위가 없는 의사이며, 일체 존법(尊法)이 중생의 병에 대한 좋은 약이며, 일체 성현이 여러 중생의 병을 간호하는 어머니임을 알며, 삼보에 귀의하고 5계를 받고 10선을 행함이 천상 인간의 수승한 과보임을 알며, 생사를 면하지 못하였거든 일곱 가지 방편과 난위[2]·정위[3] 등의 법을 닦아야 할 줄을 알며, 무루(無漏)의 고인(苦忍)·16성심(聖心)을 행하되 먼저 16행관(行觀)을 닦고 4진제(眞諦)를 관함을 알며, 4제가 평등 무상(無相)하므로 4과를 이루는 줄 알며, 총상(總相)과 별상(別相)이 일체종지의 법임을 알며, 12인연이 3세의 인과로서 바퀴 돌듯 쉬지 아니함을 알며, 6바라밀과 8만의 모든 행을 수행할 줄을 알며, 8만4천의 번뇌를 끊을 줄을 알며, 무생을 체달하여 생사를 끊어야 할 줄을 알며, 10주(住)의 계품(階品)을 차례로 구족할 줄을 알며, 금강심으로 무명을 끊고, 무상과(無上果)를 증(證)할 줄을 알며, 체(體)가 궁극에 이르면 한 번 비침으로 만덕이 원만히 갖춰지고, 모든 누(累)가 다 없어져서 대열반을 이룸을

알며, 불지(佛地)의 10력과 4무소외(無所畏)와 18불
공법(不共法)과 무량한 공덕과 무량한 지혜와 무량
한 선법을 알겠나이다.

의근의 원을 발하였으니, 지극한 마음으로 현
겁의 부처님께 오체투지 절하옵니다.

971 지심귀명례 선재불 (善財佛)

972 지심귀명례 등염불 (燈焰佛)

973 지심귀명례 보음성불 (寶音聲佛)

974 지심귀명례 인주왕불 (人主王佛)

975 지심귀명례 부사의공덕광불 (不思議功德光)

976 지심귀명례 수법행불 (隨法行佛)

977 지심귀명례 무량현불 (無量賢佛)

978 지심귀명례 보명문불 (寶名聞佛)

979 지심귀명례 득리불 (得利佛)

980 지심귀명례 세화불 (世華佛)

시방의 다함없는 모든 삼보께 귀의하오니, 자비하신 마음으로 애민히 여기시고 두호하여 섭수하사 저희들의 소원을 이루고 보리원이 만족케 하여지이다.

⑦ 구원(口願)을 발함

오늘 이 도량의 동참대중과 시방 4생 6도의 일체 중생이 오늘부터 보리에 이르도록 입으로 항상 삼보를 훼방하지 않으며, 법을 널리 펴는 사람을 비방하여 그 허물을 말하지 않으며, 선한 일을 하여도 즐거운 과보를 받지 못하고 나쁜 일을 하여도 괴로운 과보를 받지 않는다고 말하지 않으며, 사람이 죽으면 단멸(斷滅)하여 다시 태어나지 않는다고 말하지 않으며, 남을 해롭게 하는 이익이 없는 일을 말하지 않으며, 삿된 소견을 가진 외도가 지은 경전을 말하지 않으며, 사람들이 10악업을 짓게 하지 않으며, 5

역죄를 짓게 하지 않으며, 남의 악을 드러내지 않으며, 세속에서 부질없이 희롱하고 우스개하는 일을 말하지 않으며, 삿된 스승이나 귀신을 편벽되이 믿게 하지 않으며, 인물의 좋고 나쁜 것을 평론하지 않으며, 부모와 스승과 어른과 선지식을 꾸짖지 않으며, 사람에게 악을 지으라 권하지 않으며, 사람의 복짓는 일을 끊지 않겠나이다.

오직 입으로 항상 삼보를 찬탄하며, 법을 널리 펴는 사람을 찬탄하고, 그 공덕을 말하여 사람들에게 선과 악의 과보를 보이며, 깨달은 사람은 몸이 죽어도 신명(神明)은 멸하지 않음을 말하며, 선한 말을 하여 사람을 이익케 하며, 여래의 12부경(部經)을 말하며, 일체 중생이 불성이 있으므로 상(常)·락(樂)·아(我)·정(淨)을 얻는다 말하며, 사람들이 부모에게 효도하고 스승과 어른을 공경하게 하며, 사람에게 삼보에 귀의하도록 권하여 5계와 6념을 받아 지니게 하며, 경전을 독송함을 찬탄하여 선한 일을 말하며, 사람들이 선지식을 가까이하고 악지식을 멀리하게 하며, 10주(住)와 불지(佛地)의 무량한 공덕을 말하여, 사람들이 정토의 행을 닦아서 위없는 과를 장엄케 하며, 사람들이 삼보를 예경케 하며, 사람들이 불상을 건립하고 공양을 받들게 하며, 사람들이 선한 일 하기를 머리에 붙은 불을 끄듯 하게 하며, 사람들이 궁핍하고 괴로워하는 이를 구제하되 쉬지 않겠나이다.

구원을 발하였으니, 지극한 마음으로 현겁의 대자대비하신 부처님께 오체투지 절하옵니다.

981 **지심귀명례 고정불** (高頂佛)

982 **지심귀명례 무변변재성불** (無邊辯才成佛)

983 **지심귀명례 차별지견불** (差別知見佛)

984 지심귀명례 사자아불 (獅子牙佛)

985 지심귀명례 법등개불 (法燈蓋佛)

986 지심귀명례 목건련불 (目犍蓮佛)

987 지심귀명례 무우국불 (無憂國佛)

988 지심귀명례 의사불 (意思佛)

989 지심귀명례 법천경불 (法天敬佛)

990 지심귀명례 단세력불 (斷勢力佛)

시방의 다함없는 모든 삼보께 귀의하오니, 자비하신 힘으로 두호하고 섭수하사 저희들이 소원을 이루고 보리원을 만족케 하여지이다.

⑧ 제행법문(諸行法門)

시방의 다함없는 법계의 4생 6도의 중생들이 지금 발원한 후부터 각각 모든 행의 법문을 구족하되, 삼보를 굳게 믿고 공경하는 법문과 의혹을 품지 않은 견고한 법문과 나쁜 짓을 끊으려는 참회의 법문과 청정하려고 뉘우치는 법문과 3업을 훼방하지 않는 호신(護身)의 법문과 네 가지 일을 깨끗이 하려는 호구(護口)의 법문과 마음을 쉬고 청정하려는 호의(護意)의 법문과 소원을 구족하는 보리의 법문과 일체를 상해하지 않은 비심(悲心)의 법문과 교화하여 덕을 세우는 자심(慈心)의 법문과 다른 이를 헐뜯지 않는 환희의 법문과 남을 속이지 않는 지성(至誠)의 법문과 3악도를 없애려는 삼보의 법문과 마침내 허망하지 않는 진실의 법문과 나와 남이 교만하지 않고 해(害)를 버리는 법문과 미루지 않고 끊고 맺는 법문과 투쟁할 뜻을 끊는 무쟁(無諍)의 법문과 받들어 행하기를 평등히 하는 응정(應正)의 법문을 구족하겠나이다.

중생이 이 같이 무량한 법문을 구족할진댄, 심취(心趣)의 법문으로 마음이 환술과 같음을 관하며, 의단(意斷)의 법문으로 선하지 않은 근본을 버리며, 신족(神足)의 법문으로 몸과 마음이 가볍고 편하며, 신근(信根)의 법문으로 물러가는 바퀴를 원치 않으며 진근(進根)의 법문으로 선한 수레를 버리지 않으며 염근(念根)의 법문으로 도업(道業)을 지으며, 정근(定根)의 법문으로 정도(正道)에 마음을 두며, 혜근(慧根)의 법문으로 무상하고 공함을 관하며, 신력(信力)의 법문으로 마군의 위세를 초월하며 진력(進力)의 법문으로 한번 가고는 돌아오지 않으며 염력(念力)의 법문으로 조금도 잊어버리지 않으며, 정력(定力)의 법문으로 모든 망상을 멸하며 혜력(慧力)의 법문으로 주선하고 왕래하며 진각(進覺)의 법문으로 불도를 행하며 정정(正定)의 법문으로 삼매를 얻으며 정성(淨性)의 법문으로 다른 승(乘)을 즐기지 않으며 모든 중생이 모두 보살마하살의 이러한 108의 법문을 구족하여 불토를 청정케 하며 간탐한 이를 권하여 여러 가지 악한 8난에 있는 이를 제도케 하며 다투고 성내는 사람을 섭수하여 선한 일을 부지런히 행하게 하며, 게으른 이를 거두어 선정의 뜻과 신통으로 생각이 산란함을 섭수하겠나이다.

이미 발원하였으니, 지성으로 현겁의 대자대비하신 부처님께 오체투지 절하옵니다.

991 **지심귀명례 극세력불** (極勢力佛)

992 **지심귀명례 멸탐불** (滅貪佛)

993 **지심귀명례 견음불** (堅音佛)

994 **지심귀명례 선혜불** (善慧佛)

995 **지심귀명례 묘의불** (妙義佛)

996 **지심귀명례 애정불** (愛淨佛)

997 **지심귀명례 참괴안불** (慚愧顔佛)

998 **지심귀명례 묘계불** (妙髻佛)

999 **지심귀명례 욕락불** (欲樂佛)

1000 **지심귀명례 누지불** (樓至佛)

시방의 다함없는 모든 삼보께 귀의하오니, 자비하신 힘으로 구호하고 섭수하사 3계의 4생 6도 중생이 지금 자비도량참법에서 발심하고 발원한 공덕의 인연으로 각각 공덕과 지혜를 구족하고 신통력으로 마음 따라 자재케 하여지이다.

38. 촉루 囑累

오늘 이 도량의 동참대중이여, 이미 6도 4생의 중생들을 위하여 서원을 발하였으니, 다음은 중생들을 모든 대보살에게 부촉하오리다.

자비심으로 가피하고 섭수하소서. 지금 참회하고 발원한 공덕 인연과 자비의 염력(念力)으로 일체 중생이 모두 가장 높은 복전을 구하여 깊은 신심으로 부처님께 보시하고 무량한 과보를 얻으며 일체 중생이 일심으로 부처님께 향하며 무량하고 청정한 과보를 얻으며, 일체 중생이 부처님 처소에 있게 하고, 간탐하는 마음이 없고 보시를 구족하여 아끼는 것이 없으며 일체 중생이 부처님 계신 곳에서 가장 높은 복전을 닦아 2승의 원을 여의고 보살도를 행하여 여래의 걸림없는 해탈과 일체 종지를 얻으며, 일체 중생이 부처님 계신 곳에서 무진한 선근을 심고 부처님의 무량한 공덕과 지혜를 얻으며, 일체 중생이 깊은 지혜를 섭취하여 청정하고 위가 없는 지혜를 구족하며, 일체 중생이 다니는 곳마다 자재하여 여래의 일체처에 이르시는 무애한 위신력을 얻으며, 일체 중생이 대승을 섭취하여 무량한 종지(種智)를 얻고 평안히 머물러 동하지 않으며, 일체 중생이 제일의 복전을 구족히 성취하여 모두가 일체지지[4]를 낳고, 일체 중생이 모든 부처님에게 원망하는 마음이 없고, 선근을 심어 부처님의 지혜를 구하며, 일체 중생이 묘한 방편으로 장엄된 모든 부처님 세계에 가서 일념중에 법계에 깊이 들어가되 고달픔이 없으며, 일체 중생이 무변한 몸을 얻고 시방 세계에 두루 다니되 고달픔이 없으며, 일체 중생이 광대한 몸을 성취하여 마음대로 다님을 얻으며, 모든 부처님의 신력으로 장엄함을 얻고, 필경에 저 언덕에 이르며 일념중에 여래의 자재하신 신력을 나투어 허공계에 편만하게 하소서.

이미 이러한 큰 원을 발하였으니, 광대하기 법성과 같고, 구경에 허공과 같아지이다. 일체 중생이 소원을 이루고 보리원을 만족케 하소서.

지극한 마음으로 오체투지하오니, 만일 저희들이 괴로운 과보를 받아서 중생을 구제할 수 없거든, 이 모든 중생들을 헤아릴 수 없고 다함이 없는 법계의 무생법신보살과 헤아릴 수 없고 다함이 없는 법계의 발심보살과 정법을 일으킨 마명대사보살과 상법(像法)을 일으킨 용수대사보살과 시방의 다함없는 법계의 무변신보살과 시방의 다함없는 법계의 관세음보살·문수사리보살·보현보살·사자유희보살·사자분신보살·사자번보살·사자작보살·견용정진보살·금강혜보살·기음개보살·적근보살·혜상보살·허공장보살·금강장보살·상정진보살·불휴식보살·묘음보살·묘덕보살·보월보살·월광보살·살타파륜보살·월삼계보살에게 부탁하나이다.

이와 같은 시방의 다함없는 모든 보살에게 부탁하옵나니, 여러 보살마하살은 본원의 힘과 중생을 제도하려는 힘으로 시방의 무궁무진한 일체 중생을 섭수하시며, 모든 보살마하살은 일체 중생을 버리지 마시고, 선지식과 같이 분별하는 생각이 없으며 일체 중생이 보살의 은혜를 알고 친근하고 공양하게 하며 모든 보살은 자민(慈愍)

하고 섭수하여 중생들이 정직한 마음으로 보살을 따르고 멀리 떠나지 말게 하며, 일체 중생이 보살의 가르침을 따라 위반하지 말게 하고 견고한 마음을 얻으며, 선지식을 버리지 말고 모든 때를 여의어 마음을 파괴하지 않으며, 모든 중생들이 선지식을 위하여 신명을 아끼지 말고 모든 것을 버려서 그 교화를 어기지 말게 하며, 모든 중생들이 대자대비를 수습하여 나쁜 것을 여의고 부처님의 정법을 듣고 모두 받아 지니게 하며, 모든 중생들이 보살들의 선근업보와 같게 하고, 보살의 행과 원과 같게 하여 구경에 청정케 하며, 신통을 구족하여 뜻대로 자재하며 대승을 의지하며 내지 일체종지를 구족하되 그 중간에 게으름이 없으며, 지혜의 법을 의지하여 평안한 곳에 이르며, 무애한 법을 얻어 구경에 자재케 하소서.

삼보에 귀의함으로써 의심을 끊고, 신심을 내며, 참회하고 발심하여 과보를 나타내고, 지옥에서 나오며, 원결을 풀고 스스로 기뻐하며, 발원하고 회향하며, 부탁하기에 이르기까지 지은 공덕을 모두 시방의 다함없는 모든 중생에게 보시합니다.

미륵 세존이시여 저희를 위하여 증명하시며 시방의 모든 부처님께서는 애민하고 두호하여 참회하며 발한 서원을 다 성취케 하시며, 모든 중생은 자비하신 부처님과 함께 이 국토에 나서 첫 회에 참여하여 법문 듣고 도를 깨달으며, 공덕과 지혜를 모두 구족하고, 보살들과 같이 차별이 없이 금강심에 들어가 등정각을 이루게 하여지이다.

찬불축원 讚佛祝願

다타아가도 아라하 삼먁삼붓다시여, 10호를

구족하시고 무량한 사람을 제도하사 생사고에서 빼어내시옵네.

지금 참회하고 예불한 공덕 인연으로 모든 중생이 각각 구족하게 소원을 이루고, 보리원을 만족케 하소서. 저희들이 오늘 발한 서원은 시방의 다함없는 모든 부처님과 대보살의 세우신 서원과 같습니다. 모든 부처님과 보살의 세우신 서원이 끝날 수 없기에 저희 소원도 그와 같아서 광대하기가 법성과 같으며, 구경에 허공과 같으며, 미래세를 다하고 일체 겁이 끝나도록 중생이 다할 수 없으므로 저희 원도 다할 수 없으며, 세계가 다할 수 없으므로 저희 원도 다할 수 없으며, 허공이 다할 수 없으므로 저희 원도 다할 수 없으며, 법성이 다할 수 없으므로 저희 원도 다할 수 없으며, 열반이 다할 수 없으므로 저희 원도 다할 수 없으며, 부처님 출세가 다할 수 없으므로 저희 원도 다할 수 없으며, 모든 부처님의 지혜가 다할 수 없으므로 저희 원도 다할 수 없으며, 마음의 반연이 다할 수 없으므로 저희 원도 다할 수 없으며, 일어나는 지혜가 다할 수 없으므로 저희 원도 다할 수 없으며, 현겁의 도종[5]과 법의 도종과 지혜의 도종이 다할 수 없으므로 저희 원도 다할 수 없으니, 만일 이 열 가지가 다할 수 있다면 저희 원도 다할 수 있습니다.

3승의 거룩한 이들에게 예경올리나이다.

찬 讚

피로를 무릅쓰고 참례하여 부처님의 자비를 바라옵나니 6근의 원만한 서원이 여기 있어 모든 행을 굳게 지니며 보리에 회향하여 사람을 제도하는 스승에게 부탁합니다.

나무 법운지보살마하살 (法雲地菩薩摩訶薩) 〔3칭〕

출참 出懺

10신의 상호 우뚝하고 뛰어나 움직이지 않는 자금산(紫金山)이시고 10호의 능인(能仁) 훤출하여 원만한 벽옥(碧玉)의 모습이시니, 신비한 기회 널리 응하고 미묘한 교화 방소(方所)가 없네. 장애 없는 광명을 펴서 뒷날의 불사를 증명하소서.

시방의 부처님께 정례하오며 10악의 허물을 뉘우쳐 없애고자 합니다. 이제까지 뉘우쳐 없애고자 하는 저희들 자비도량참법을 수행하여 제 10권을 당하였으니 선한 과보 뚜렷하오리다.

참회하는 단상에 등을 켜서 찬란하고 꽃을 흩어 장엄하며, 차 드리고 과일 올려 공양하며 정성 드리오니 갖가지 공훈(功勳)을 펴며 간 곳마다 불사에 예경하나이다.

크고 정중한 마음으로 정성껏 회향하오니 시방의 부처님과 3장(藏)의 경전과 5안(眼)의 벽지불과 6신통의 아라한과 천상의 진인(眞人)과 지하(地下)의 성현과 수중(水中)의 현철과 양계(陽界)의 성인, 4부를 모두 통하니, 무변한 심령이시여, 범부의 정성 살피시와 선한 인연 증명하소서.

참회하는 저희들은 미세한 허물까지 씻어 버리고 무변한 복리를 성취하려 하니, 10사(使)의 번뇌를 없애고, 10전(纏)의 얽힘을 벗어나며, 10심(心)을 발하니 10원(願)이 만족하여 허공에 달이 명랑하듯, 10지를 수행하니 10장(障)이 끊어지고 보리 동산에 꽃이 핀 듯, 티끌마다 해탈의 문이 열리고 곳곳마다 진여의 작용이 드러나며, 원수와 친한 이를 두루 요익하고 범부와 성인이 함께 의지하니 참회하는 좋은 인연 함께 받고, 참되고 항상한 도를 같이 증득하니 비록 미세한 글로 참회하나 가느다란 번뇌 다 없어지지 않을 듯 다시 여러분께 청하여 함께 참회를 구합니다.

찬 讚

자비보참 10권의 공덕으로 저희들과 망령의 10전의 죄가 소멸되고 보살의 법운지를 증득하며, 참문을 외우는 곳에 죄의 꽃이 스러지며, 원결은 풀리고 복이 더하여 도리천에 왕생하였다가 용화회상에서 다시 만나 수기를 받아지이다.

나무 용화회보살마하살 (龍華會菩薩摩訶薩) 〔3칭〕

거찬 擧讚

자비보참 제10권 모두 마치고 4은(恩) 3유(有)에 회향하오니 참회하는 저희들은 수복이 증장하고, 망령들은 정토에 왕생하여지이다.

법운지보살이시여, 어여삐 여기사 거두어 주소서.

나무 등운로보살마하살 (登雲路菩薩摩訶薩) 〔3칭〕

삼귀의 三歸依

부처님께 귀의하오니 모든 중생 큰 도리를 이해하고 위없는 맘 내어지이다.

법보에 귀의하오니 모든 중생 3장 속에 깊이 들어 큰 지혜를 얻어지이다.

스님께 귀의하오니 모든 중생 많은 대중 통솔하여 온갖 장애 없어지이다.

모든 거룩한 이에게 예경하옵니다.

---

1) 칠방편인(七方便人): 도를 깨닫기 전의 세 가지 어진 이의 지위와 네 가지 선근을 가진 이의 지위 등 일곱.
2) 난위(煖位): 네 가지 선근 중의 제 一, 즉 유루(有漏)의 선근을 낳는 지위.
3) 정위(頂位): 네 가지 선근 중 제 二, 즉 불안정한 선근 중 최고로서 지옥에 떨어져도 선근이 끊이지 않는 지위.
4) 일체지지(一切智地): 모든 것을 다 아는 지혜. 또 그러한 지위. 부처님 지혜의 이명(異名).
5) 도종(道種): 불도의 종자.

참고자료

『詳校正本慈悲道場懺法』,『韓國佛敎儀禮資料叢書』第一輯, 三聖庵, 1993.

『慈悲梁皇寶懺』, 上海佛學書局.

耘虛 譯,『慈悲道場懺法』, 大覺會 出版部, 불기 2523년.

耘虛 譯, 선나원 펴냄,『慈悲道場懺法』, 운주사, 불기 2549년.

光德 編譯,『禮佛大慈懺悔文』, 백련선서간행회, 불기 2531년.

황산 편,『禮念彌陀道場懺法』, 불기 2550년.

이성운,『금강경 '우리말화'에 대한 언어학적 연구』, 동국대학교 불교대학원
        석사학위논문, 2004년.